Gérard Grisey

Fondements d'une écriture

Collection Musique et Musicologie : les Dialogues
dirigée par Danielle Cohen-Lévinas

Cette nouvelle collection a pour but, d'une part, d'ouvrir la musicologie au présent de la création musicale, en privilégiant les écrits des compositeurs, d'autre part, de susciter des réflexions croisées entre des pratiques transverses : musique et arts plastiques, musique et littérature, musique et philosophie, etc.
Il s'agit de créer un lieu de rassemblement suffisamment éloquent pour que les méthodologies les plus historiques cohabitent auprès des théories esthétiques et critiques les plus contemporaines au regard de la musicologie traditionnelle.
L'idée étant de "dé-localiser" la musique de son territoire d'unique spécialisation, de la déterritorialiser, afin que naisse un Dialogue entre elle et les mouvements de pensées environnants.

Eveline ANDRÉANI, Michel BORNE, *Les Don Juan ou la liaison dangereuse. Musique et littérature,* 1996.
Dimitri GIANNELOS, *La musique byzantine*, 1996.
Jean-Paul OLIVE, Alban BERG, *Le tissage et le sens*, 1997.
Henri POUSSEUR, *Ecrits*, 1997.
Morton FELDMAN, *Ecrits et paroles,* monographie par Jean-Yves BOSSEUR, 1998.
Jean-Paul OLIVE, *Musique et montage*, 1998.
L'Espace : Musique - Philosophie, avec la collaboration du CDMC et du groupe de Poïétique Musicale Contemporaine de l'Université Paris IV, 1998.
Marie-Lorraine MARTIN, La Célestine *de Maurice Ohana*, 1999.

Série – coédition avec L'Itinéraire

Danielle COHEN-LEVINAS (dir.), *Vingt-cinq ans de création musicale contemporaine. L'Itinéraire en temps réel,* ouvrage collectif, 1998.
Betsy JOLAS, *Molto espressivo*, textes rassemblés, présentés et annotés par Alban Ramaut, 1999.
Danielle COHEN-LEVINAS (dir.), *La création après la musique contemporaine*, ouvrage collectif, 1999.
Philippe MANOURY, *La note et le son. Écrits et entretiens, 1981-1998*, 1999.
Danielle COHEN-LEVINAS, *Causeries sur la musique. Entretiens avec des compositeurs*, 1999.
Danielle COHEN-LEVINAS (texte réunis et présenté par), *La loi musicale. Ce que la lecture nous (dés)apprend,* 1999.

Jérôme BAILLET

Gérard Grisey

Fondements d'une écriture

Avec le soutien de la Mission de la Recherche et de la Technologie
du Ministère de la Culture et de la Communication

Ainsi que celui de la SACEM

L'Itinéraire
Fondation Avicenne
27 d, Bd Jourdan – 75014 Paris

L'Harmattan
5-7, rue de l'École Polytechnique
75005 Paris - FRANCE

L'Harmattan Inc.
55, rue Saint-Jacques
Montréal (Qc) - CANADA H2Y 1K9

ISBN : 2-7384-9590-7

À Mireille et Raphaël

Remerciements

Mes recherches sur l'œuvre de Gérard Grisey ont bénéficié de la consultation des archives du compositeur, mises à mon entière disposition par Mireille Deguy et Raphaël Grisey. Que tous deux reçoivent mes chaleureux remerciements.

Je tiens à remercier Danielle Cohen-Levinas qui m'a encouragé à écrire ce livre, et conseillé dans sa mise en forme finale.

Ma reconnaissance va également à Fabien Levy et Anne Périssé dont les critiques m'ont convaincu de supprimer certains passages inutiles.

Enfin je remercie les éditions Ricordi qui ont autorisé la reproduction des partitions de Gérard Grisey.

Avant-propos

La disparition de Gérard Grisey en 1998 a sans doute signifié la fin d'une esthétique et d'un style qui ont marqué le dernier quart du XXe siècle. Né en 1946, Gérard Grisey fut avec Tristan Murail au début des années 70 l'initiateur et la figure emblématique de la *musique spectrale.* Plus qu'une technique d'écriture, l'appellation voulait manifester une attitude générale face à la composition, en rapport avec certaines propriétés physiques du son. Mais le terme a parfois pu porter à confusions ou réductions. Il est temps de porter un regard rétrospectif sur l'œuvre de Gérard Grisey, en déceler les principes stylistiques, en apprécier la place dans l'histoire de la musique récente.

Ce livre s'articule en trois parties. La première retrace dans sa chronologie le parcours du compositeur et l'évolution de son style. Elle constitue une présentation des concepts fondamentaux nécessaires à la compréhension de l'art de Grisey. C'est pourquoi elle contient quelques rappels sans doute inutiles au lecteur averti.

La deuxième partie est une synthèse des principes esthétiques et techniques de Grisey. Elle est centrée autour de l'étude du processus, notion fondamentale dans sa musique. Elle permettra de relativiser la place de la physique du son dans une définition de la *musique spectrale*.

La troisième partie enfin est consacrée à la présentation analytique des principales œuvres, parfois détaillée, parfois plus générale. Les exemples musicaux sont malheureusement peu nombreux, en raison de la taille des partitions de Grisey qui rendrait en général illisible leur reproduction au format de ce livre. De plus, donner un exemple de structure musicale reviendrait souvent à citer une dizaine de pages. Mais l'audition de la musique peut être plus éloquente qu'une lecture rapide de partitions ne recelant rien de plus qu'une simple notation. Une discographie est présente en fin de volume, et j'indique si nécessaire le minutage exact des parties étudiées. Les partitions de Grisey sont dans leur grande majorité éditées par Ricordi.

Histoire d'un style

1

Du spectre à la musique spectrale

Gérard Grisey a vingt-six ans lorsqu'il achève ses études au conservatoire de Paris en 1972, doté des diplômcs d'un musicien accompli : prix d'harmonie, de fugue, d'accompagnement au piano, d'histoire de la musique. Il a aussi suivi pendant quatre ans les cours de composition d'Olivier Messiaen, en qui il reconnaîtra plus tard un de ses principaux maîtres à penser, pour, dit-il, « la couleur et l'amour de la musique »[1] mais à qui il devra également certaines techniques de composition (personnages rythmiques, permutations limitées) ou certaines conceptions esthétiques (comme la relativité du temps). « Dans l'incertitude des premiers pas, se rappelle Grisey, tout jeune compositeur débutant se cherche un maître, père ou guru dont il attend conseils et critiques. Ainsi étais-je, attentif à la moindre parole encourageante ou aux critiques les plus exigeantes. Je fus vite déçu : une lecture lente et attentive de mes partitions, et tout au plus, quelques paroles sibyllines, marmonnées entre deux pages et je rentrais chez moi avec pour seul sentiment, l'impression désagréable d'avoir passé quelques heures face à un miroir. Ma musique était sans doute un peu plus loin et il fallait encore chercher. »[2]

Il est vrai que le style de Grisey s'affirme précisément quand il quitte le conservatoire pour la Villa Médicis. Pendant cet été 1972 il assiste au stage de Darmstadt où sont invités entre autres Karlheinz Stockhausen et György Ligeti. La musique de ces deux compositeurs n'est certes pas incon-

---

[1] Lelong, Guy, « Les dérives sonores de Gérard Grisey », *Art Press*, n°123, Paris, 1988, p.45.

[2] Hommage à Olivier Messiaen, 1988, inédit.

nue de Grisey mais leurs cours agissent peut-être sur lui comme une révélation ou une confirmation de sa personnalité musicale.

La pensée de Stockhausen est une référence constante dans la musique de Grisey. On la retrouvera principalement dans une ambition irrépressible de justifier la forme par le matériau, de relier les phénomènes temporels et sonores. Dans l'immédiat, Grisey retient la notion de degré de changement, qui apparaît à partir de *Kontakte* et sert à contrôler la variation entre un instant et le suivant. Il subit surtout l'impact de *Stimmung*, partition qu'il a dû connaître assez tôt. Composé en 1968, *Stimmung* rompait avec beaucoup de principes, d'habitudes et de tabous véhiculés par la musique de l'époque. L'étalement du temps jusqu'à l'hypnose, des rythmes simples et pulsés, l'immuabilité d'un accord consonant issu du spectre harmonique ne peuvent que fasciner Grisey et le conforter dans une recherche d'épuration de son style. « Pourquoi, lorsque j'écrivais un *do*, je le faisais automatiquement suivre d'un *do dièse* ? Cela avait-il un sens musical ? Pourquoi, sitôt que j'installais un rythme, je cherchais à le brouiller ? Était-ce pour faire moderne ? Il était grand temps de trouver un langage personnel. »[1].

Peut-être l'attrait de Grisey pour le spectre harmonique vient en partie de cette partition. Rappelons brièvement que certains sons naturels, le son de la voix chantée ou celui de la majorité des instruments occidentaux peuvent être décomposés en une superposition de sons purs (sinusoïdes), dont les fréquences (nombres de vibrations par seconde) sont en rapport *harmonique*, c'est à dire qu'elles sont les multiples entiers d'une fréquence dite fondamentale. Le *spectre* indique l'amplitude, ou volume sonore, de ces différentes composantes en fonction de leur fréquence, ou hauteur. Il est couramment représenté par un diagramme de ce type :

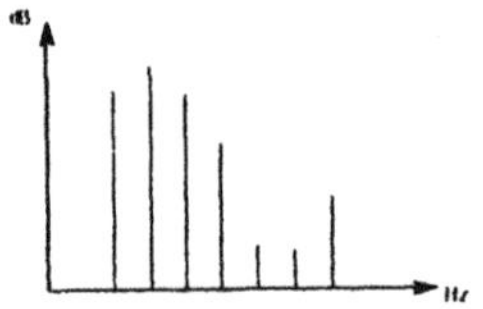

[1] Mérigaud, Bernard, « Pour l'amour du spectre », *Télérama*, n°2526, Paris, 10 juin 1998, p. 62.

Un musicien l'écrira sous la forme d'une superposition de hauteurs, en approchant chaque fréquence selon une échelle donnée, le plus simplement en demi-tons tempérés. La variable amplitude disparaît et le spectre est souvent réduit ainsi aux composantes fréquentielles du son :

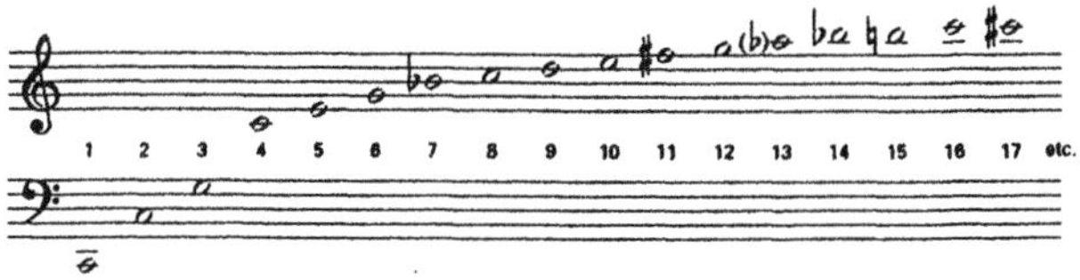

L'usage de ce modèle pour l'élaboration d'un langage harmonique[1] ou mélodique n'est pas neuf au XXe siècle. Bartók, Hindemith, Varèse, Jolivet ou Messiaen s'en inspirèrent. Mais l'attitude de Grisey est plus radicale : perçu véritablement comme une référence objective du sonore, le spectre harmonique est le premier outil envisagé dans une épuration du langage où l'arbitraire et la subjectivité du compositeur sont rejetés. La seule transformation opérée est le filtrage, omission de certains partiels[2]. Utilisé d'abord comme un accord, une harmonie, le spectre est associé aux sentiments de consonance et de repos.

Toutefois le lien le plus étroit entre *Stimmung* et le style naissant de Grisey réside dans la lenteur et la continuité du déploiement temporel, objets de fascination du jeune compositeur. Le contexte de l'avant-garde musicale en France à l'époque est encore dominé par l'esthétique sérielle, contrecarrée par la vogue récente du théâtre musical ou des musiques d'improvisation, et Grisey rejettera rapidement ces musiques pour le caractère événementiel et morcelé de leur déroulement temporel. Les aspirations de Grisey s'inscrivent dans un mouvement esthétique caractéristique des années 70, concevable comme une réaction massive du continu face au

[1] Au sens traditionnel. On ne confondra pas les deux sens du mot *harmonique* : acception musicale d'une technique de superposition des sons, et acception acoustique de rapports entiers de fréquences par rapport à une fondamentale.

[2] Un son partiel est une raie du spectre, harmonique ou inharmonique. La notion de raie exclut l'emploi du mot *partiel* pour une large bande de fréquence. (Émile Leipp définit le partiel comme une raie du spectre en rapport non harmonique avec la fondamentale, mais cette définition est peu répandue. Cf. Leipp, Émile, *Acoustique et musique*, Paris, Masson, 1989)

fragmentaire, du temps ralenti face au temps narratif. Ce n'est pas un hasard si pendant cette période on découvre la musique de Scelsi dont les *Quatre pièces sur une seule note* datent pourtant de 1959. L'électroacoustique qui se caractérisait jusqu'ici par des techniques de montage voire de micro-montage commence grâce aux nouvelles technologies de synthèse à concevoir les phénomènes sonores évolutifs. Les grands tenants du sérialisme eux-mêmes assouplissent leur style vers une gestion de la continuité et des transformations (*Stimmung*, *Inori* chez Stockhausen, *Rituel*, plus tard *Répons* chez Boulez).

Ce renouveau esthétique n'a pu s'épanouir qu'après d'importantes prémices dans les années 60. La série des *Spiegel* de l'autrichien Friedrich Cerha, aux lentes textures orchestrales, est connue de Grisey. Dans un style bien différent, Steve Reich aux États-Unis a pris le parti le plus radical en imaginant des formes musicales faites de transformations lentes et progressives d'un matériau minimal.

C'est sous cet angle que la musique de Ligeti constitue le modèle privilégié et l'influence décisive des premières œuvres de maturité de Grisey. D'*Atmosphères* à *Clocks and clouds*, les œuvres de Ligeti sont pour lui la preuve de « la possibilité d'étaler le discours et d'entrer à l'intérieur du son »[1]. Grisey entend dans cette musique une relation entre temps dilaté et microscopie du son qui préfigure sa propre esthétique. Cependant les lents mouvements de masse sonore sont faits chez Ligeti d'une micropolyphonie qui sature l'espace harmonique. Grisey y voit le point faible de cette musique comme il l'expliquera plus tard : « J'étais fasciné par le temps très étalé tel que le pratiquait Ligeti, ou Stockhausen dans certaines pièces, mais tout en me rendant compte que ce temps profondément étiré n'était pas encore habité par le matériau qui lui convenait : on l'habitait avec des clusters, de la musique chromatique, ce n'était pas du tout cela qui, pour moi en tout cas, devait fonctionner dans ce temps-là. »[2]

Pourtant les œuvres de la fin des années 60, *Lontano* ou *Lux aeterna* par exemple, montrent un enrichissement harmonique des évolutions ligetiennes. À la différence d'*Atmosphères* par exemple, ces partitions organisent leur parcours

[1] Interview par Ivanka Stoïanova, éditions Ricordi, Paris, 1990, p.22.

[2] Entretiens radiophoniques avec Jean-Yves Bosseur, France Culture, 1996.

autour de pivots, sons isolés ou accords, qui éclairent momentanément l'opacité des clusters massifs de cette musique. Parmi ces pivots, est marquée une préférence pour un étagement de tierce et seconde de type :

Très présent dans *Lux aeterna*, cet accord n'est rien d'autre qu'un fragment de spectre harmonique (partiels 6, 7, 8).

Sans qu'il s'agisse nécessairement d'une influence directe, ce procédé d'articulation sera systématisé par Grisey en une utilisation du spectre harmonique comme repère au sein d'une évolution continue. *D'eau et de pierre*, pour deux groupes orchestraux, composée d'avril à octobre 1972, est l'œuvre charnière entre l'apprentissage et la maturité, entre le conservatoire de Paris et le séjour à la Villa Médicis.

Le titre se rapporte au phénomène physique des pierres jetées dans une eau stagnante : chaque choc brutal fait réagir immédiatement le milieu ambiant mais les effets s'estompent peu à peu pour laisser place au statisme initial. L'analogue musical de l'eau stagnante sera un accord issu du spectre harmonique sur *fa*, comme un fond permanent, qui réagit momentanément à des agressions instrumentales soudaines et violentes, sous forme de déviations fréquentielles revenant peu à peu au spectre de référence.

À la différence des pivots ligetiens qui changent en permanence, la fondamentale *fa* est ici immuable. Mais un filtrage toujours différent empêche d'assimiler le spectre à une harmonie mémorisable dont le retour organiserait une forme. Conçu comme une extension de la notion de consonance, associé à l'état de stabilité, le spectre harmonique est un pôle à laquelle la musique est sans cesse ramenée.

Dans cette œuvre, la transformation du spectre est provoquée par des déviations brusques, des *événements* inattendus. Or, dans une ambition de simplicité et d'objectivité du style, l'esthétique de Grisey s'oppose alors, et pour de nombreuses années encore, à cette notion d'événements, gestes arbitraires qui surviennent dans le déroulement musical sans en être issus de manière nécessaire. Composé pendant le séjour romain, *Dérives* (1973-74) pour deux groupes d'orchestre associe toujours la stabilité au spectre harmonique (sur *mi bémol*), et s'attache à s'en échapper non plus par déviations instantanées mais au contraire par changements imperceptibles. Cette recherche du mouvement minimal conduira Grisey à l'écriture de *processus*.

Les chapitres 5 et 6 étudieront la notion de processus dans la musique de Grisey. Disons déjà que ce procédé de composition, qui trouve ses précédents les plus immédiats et les plus frappants dans les musiques de György Ligeti et de Steve Reich, permet de créer une transformation progressive d'une situation musicale dans une autre. Le début de *Dérives* par exemple modifie insensiblement le spectre harmonique de référence par changements minimaux d'instrumentation, d'intensité ou de hauteurs. La partition fait ainsi se succéder différents processus, séparés par le spectre harmonique, qui tous créent une progression orientée du déroulement musical sur de vastes durées. Le compositeur définit d'abord la nature de cette évolution, que l'auditeur devra percevoir, avant de s'appliquer à la variation locale du matériau. On est donc à l'opposé d'une prolifération à partir d'un matériau initial, caractéristique de l'écriture sérielle, dont on ne contrôle les conséquences perceptives qu'après coup, par des enveloppes ou des signaux.[1]

Bien que lents et continus les phénomènes sonores de *Dérives* ne sont pas statiques : le changement entre un instant et le suivant devient l'objet revendiqué de la composition musicale. *Dérives* marque la naissance d'un style qui par cette gestion du déroulement temporel se distingue de la fragmentation de la musique de Messiaen ou des compositeurs sériels, de la *Momentform* de Stockhausen[2] ou de Morton Feldman, tout autant que du statisme contemplatif de

---

[1] Cf. Boulez, Pierre, *Jalons (pour une décennie)*, Paris, Bourgois, 1989, pp.386-387.

[2] Dans la *Momentform*, « chaque "maintenant" (*Jetzt*) n'est pas considéré comme le résultat de ce qui précède et la levée de ce qui suit, de ce à quoi l'on s'attend, mais comme quelque chose d'individuel, d'autonome, de centré, qui peut substituer pour soi ; il ne s'agit pas de formes dans lesquelles un instant (*Augenblick*) ne serait qu'un petit bout d'une ligne de temps, un moment, une particule d'une durée mesurée, mais de formes dans lesquelles la concentration sur le maintenant — sur chaque maintenant — opère des sortes d'incisions verticales qui percent transversalement une représentation horizontale du temps et ce jusque dans l'absence de temps (*Zeitlosigkeit*) que j'appelle éternité (*Ewigkeit*) : une éternité qui ne commence pas à la fin du temps, mais que l'on peut atteindre à [l'intérieur de] chaque moment. » Stockhausen, « Momentform », traduction par Christian Meyer dans *Contrechamps*, n°9, éd. L'Age d'Homme, Paris, 1988, p.110.

la musique de Scelsi que Grisey découvrira à la Villa Médicis. Le modèle de la musique de Ligeti lui-même est dépassé dans la mesure où une simple modification permanente de texture ne suffit pas à créer un trajet dirigé et perceptible entre un moment et un autre. Grisey a très tôt revendiqué cette caractéristique essentielle de sa musique :

> « Il semble qu'il y ait deux types d'appréhension du temps : l'un directionnel, c'est le temps irréversible de la biologie, de l'histoire, du drame, le temps "occidental" ; l'autre non directionnel, c'est le temps de l'inconscient et des psychotropes, l'éternel présent de la contemplation, le temps "oriental". La musique que j'écris s'inscrit résolument et consciemment dans le premier type d'appréhension. »[1]

1973 est aussi l'année de la fondation avec Tristan Murail, Michaël Levinas et Roger Tessier, du groupe de l'Itinéraire, dont le nom même résonne comme un manifeste du travail de Gérard Grisey. Certes le regroupement des quatre compositeurs est plus fédéré par une opposition à la musique sérielle, une attention revendiquée aux phénomènes perceptifs, une esthétique déduite des caractères acoustiques du son, que par des conceptions formelles et temporelles. Seul Tristan Murail rejoindra complètement Grisey dans cette « vectorisation »[2] du discours musical. Les œuvres des deux compositeurs seront d'une similitude frappante pendant une dizaine d'années, réalisant les mêmes principes esthétiques, développant parfois les mêmes techniques.

En 1974, après *Dérives*, Grisey compose *Périodes* pour sept instruments qui radicalise les principes de la nouvelle esthétique. Se fait jour en particulier une articulation ternaire du déroulement musical que Grisey compare à la respiration humaine : inspiration (processus tensionnel), expiration (processus inverse), repos. Les zones de repos sont manifestées par les qualités d'harmonicité (spectre harmonique plus ou moins filtré) et de périodicité (phénomènes répétés à intervalles de temps réguliers ou rythmes pulsés).

Les rythmes périodiques sont récurrents dans la musique de Grisey. Notion tabou dans la musique européenne de

---

[1] Programme Radio France (Journée Gérard Grisey, Perspectives du XXème siècle, 15 mars 1980), daté 1979.

[2] Le terme est de Murail (« Questions de cible », *Entretemps*, n°8, Paris, 1989, p.157).

l'après-guerre, elle est recherchée par Grisey pour son caractère universel, et pour sa capacité à réaliser les sentiments de stabilité nécessaires aux zones de repos. La *berceuse* sera même une figure de style privilégiée, jusque dans les œuvres ultimes.

La périodicité est considérée comme l'équivalent temporel de l'harmonicité du spectre, dont elle partage le rôle de détente au sein de la forme. On touche là une particularité du style de Grisey qui s'attache à conjuguer l'évolution des paramètres rythmiques et fréquentiels. Le passage de l'harmonique à l'inharmonique s'accompagne généralement du passage du périodique à l'apériodique. Sur ce point la musique de Grisey se différencie des œuvres contemporaines de Murail.

La fin de *Périodes* n'a pas de précédent dans la musique de Grisey. Il s'agit d'une zone de repos, conclusion de l'œuvre, qui comme les autres répète périodiquement une harmonie tirée du spectre harmonique sur *mi* (voir ci-contre). Le trombone fait d'abord entendre, *ff*, un *mi* grave (mi_1), accompagné par les répétitions périodiques de la contrebasse sur la même hauteur. Les bois et les cordes jouent alors, « comme surgissant du trombone », les harmoniques du son de trombone, approchés au quart ou sixième de ton, en reproduisant précisément leur ordre d'apparition et leurs amplitudes respectives. Si ces mesures sont proches musicalement des *accords gratte-ciel* varésiens, leur engendrement résulte ici d'une simulation acoustique systématique : le phénomène sonore du *mi* de trombone est comme entendu à travers un « microscope sonore » qui permettrait le discernement des différentes composantes du son, ainsi qu'un ralentissement gigantesque.

Les sons instrumentaux ne sont pas des sinusoïdes et possèdent leur propre structure spectrale : malgré la finesse de la reconstitution, le résultat n'est pas une synthèse additive d'un son de trombone. Cependant, la fusion qui s'opère entre les différents sons crée un phénomène sonore différent d'un simple accord, hybridation entre accord et son, entre harmonie et timbre.

Il ne s'agit donc plus de prendre le spectre comme modèle harmonique, mais de simuler par des instruments la structure interne d'un son précis, entendu en outre immédiatement auparavant. Le modèle acoustique est le sonagramme, représentation visuelle de l'objet sonore. Grisey entamera des

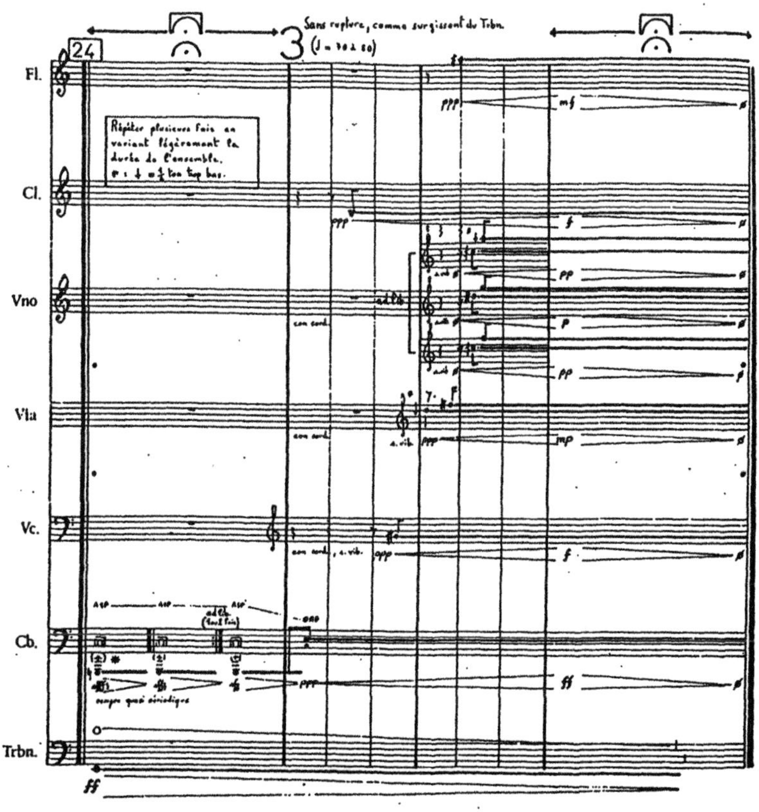
24
3
Sans rupture, comme surgissant du Trbn.
Répéter plusieurs fois en variant légèrement la durée de l'ensemble.
Fl.
Cl.
Vno
Vla
Vc.
Cb.
Trbn.
con sord.
ad lib.
ppp
mf
f
pp
p
mp
ff

études d'acoustique avec Émile Leipp au retour de Rome, mais à l'évidence il doit, au moment ou il compose *Périodes* (printemps 1974), avoir déjà eu en sa possession des sonagrammes[1].

L'acoustique moderne a montré que le modèle du spectre, issu des travaux de Helmholtz, est impropre à décrire complètement les caractéristiques du timbre. Le spectre est une représentation où sont absents tout phénomène temporel et tout phénomène « bruité », or il est désormais vérifié que les transitoires d'attaque et d'extinction, la variation de l'amplitude, le décalage des partiels, ou encore la conjugaison des évolutions entre différents paramètres, sont prépondérants dans la caractérisation du timbre. Le sonagramme est une méthode concrète de transcription graphique du son qui permet de visualiser *l'objet sonore* dans sa dimension temporelle. Le temps est figuré en abscisse, les fréquences en ordonnée, l'amplitude est proportionnelle à la noirceur du trait. Le sonagramme ci-contre représente cinq sons de trombone successifs.

N'importe quel son peut ainsi être visualisé, et tous ont un « visage » différent. Pour le musicien, le sonagramme est un outil immédiatement parlant, et il faut souligner que les axes du diagramme sont les mêmes que celui de la notation musicale traditionnelle. Le compositeur peut donc projeter mentalement le dessin du sonagramme sur une partition, et quelques pages de Grisey offrent une réelle ressemblance graphique, comme le début de *Transitoires* (ci-contre).

Si l'on poursuit cet exercice de projection mentale, les quelques secondes que représente le sonagramme occuperont sur une page de partition (en prenant un tempo raisonnable !) une durée bien supérieure. En d'autres termes, la structure interne du son, le décalage des partiels, qu'on peut *voir* sur le sonagramme, ne peuvent être *entendus* que par un ralentissement adéquat. Soit on entend un son dans une temporalité normale, et sa micro-structure est inaudible (perception macrophonique), soit on veut écouter celle-ci et on doit dilater le temps (perception microphonique).

Grisey fera de ce phénomène son credo esthétique, car c'est là une justification théorique de l'association entre spectre harmonique et lenteur du déroulement temporel qui caractérise son style depuis quelques années.

---

[1] Sans doute grâce aux cours d'électroacoustique de Jean-Etienne Marie.

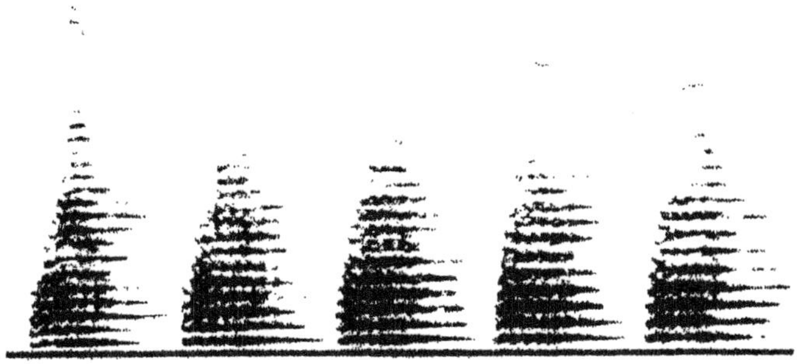

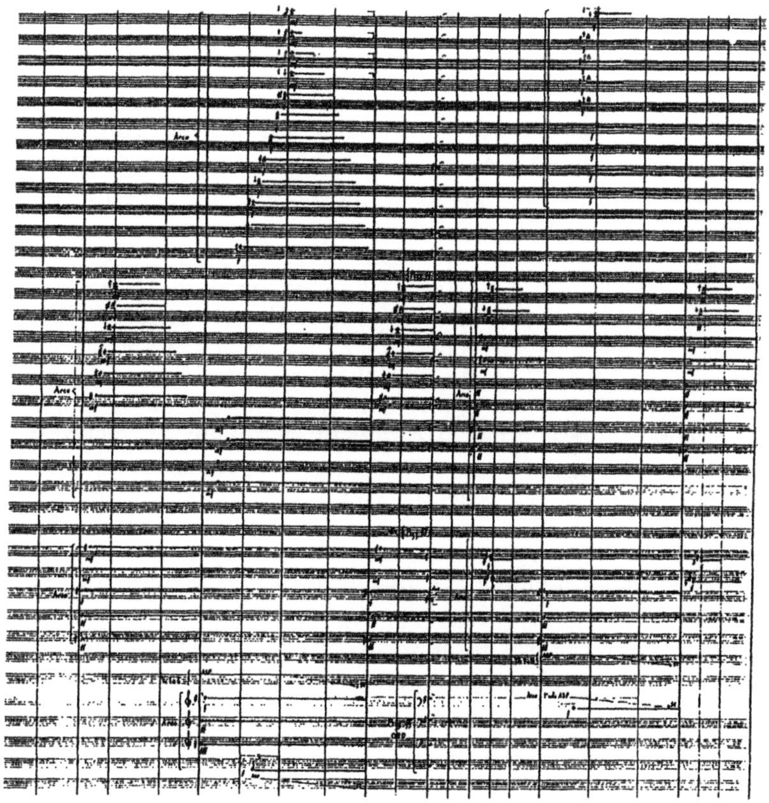
Arco

> « Tout se passe comme si l'effet de "zoom" qui nous rapproche de la structure interne des sons ne pouvait fonctionner qu'en raison inverse concernant le temps. Plus nous dilatons notre acuité auditive pour percevoir le monde microphonique, plus nous rétrécissons notre acuité temporelle, au point d'avoir besoin de durées assez longues. Peut-être est-ce là une loi de la perception qui pourrait se formuler ainsi : *l'acuité de la perception auditive est inversement proportionnelle à celle de la perception temporelle.* »[1]

Mais Grisey ne s'arrête pas là et y verra un peu plus tard une justification de l'usage de processus :

> « L'objet sonore, dans sa complexité et son dynamisme, nous incite à l'ouvrir, à l'étaler, à le grossir démesurément de manière à créer un processus formel. En retour l'objet sonore n'est autre qu'un processus contracté. À ces deux organismes respirant à des altitudes différentes correspondent deux atmosphères — autrement dit deux temps — différents. »[2]

En dehors de ces rapports entre son et temps, la technique de synthèse instrumentale de sonagrammes aura des conséquences harmoniques immédiates et déterminantes. Tout d'abord l'écriture en micro-intervalles, quarts et sixièmes de ton le plus souvent, s'impose comme l'outil d'une approximation des fréquences réelles obtenues par l'analyse du son. Il ne s'agit pas d'une division théorique de l'échelle tempérée, mais bien d'une harmonie *fréquentielle* où la notion d'échelle et de gamme disparaît. En corollaire, la science de l'harmonie ne se définit plus seulement par une élaboration de superposition de sons, mais veut devenir une écriture du timbre, où le spectre harmonique n'est qu'un modèle particulier parmi d'autres structures du son. Spectres défectifs[3], spectres inharmoniques[4], sons « bruités »[5], structure forman-

---

[1] « Zur Enstehung des Klanges », *Darmstädter Beitrage zur Neuen Musik*, XVII, Mainz, Schott, 1978, p.77, en français dans « Tempus ex machina », *Entretemps*, n°8, Paris, 1989, p.101.

[2] « La musique, le devenir des sons », *Darmstädter Beitrage zur Neuen Musik*, XIX, Mainz, Schott, 1982, p.21.

[3] Spectres dénués de certains harmoniques, comme le spectre de trombone aux harmoniques pairs quasiment inexistants.

[4] Spectres dont les composantes sont en rapport non harmonique avec la fondamentale.

[5] Sons composés non plus de raies spectrales, mais de bandes de fréquence.

tique de la voix[1], font désormais partie de l'attirail harmonique du compositeur. Certes ces aspects harmoniques sont déjà contenus dans l'analyse spectrale. Le passage du spectre au sonagramme a pu correspondre en fait chez Grisey au passage d'un modèle abstrait de superposition de notes, pouvant s'accommoder du tempérament égal ou d'autres échelles, à un modèle concret d'élaboration de sonorités nécessitant la précision des fréquences et une finesse extrême de l'écriture instrumentale. Les deux aspects cohabiteront toujours dans le style harmonique de Grisey, ce qui en fera toute l'ambiguïté et la souplesse.

Si la synthèse instrumentale a donc joué un rôle clé dans l'évolution du style de Grisey, en revanche la place de son utilisation dans les œuvres est limitée. De nombreuses études ou critiques de la musique de Grisey ont pris appui sur quelques passages particuliers (le début de *Partiels* notamment), qui en tout et pour tout représentent quelques minutes de musique dans l'ensemble du catalogue. L'exemple tiré de *Transitoires*, que j'ai cité plus haut pour montrer la ressemblance avec les sonagrammes, a été soigneusement choisi ! Il est vrai que le procédé est spectaculaire et a pu faire figure de manifeste. Il n'est pas pour autant représentatif de la musique de Grisey.

Bien plus fréquent par exemple est un procédé harmonique de sons de combinaison, issu de la technique électroacoustique de modulation en anneau. C'est peut-être grâce aux cours d'Émile Leipp qu'il suit à Paris en 1974-75 que Grisey apprend le phénomène naturel des sons résultants ou différentiels, observé depuis Helmholtz : la superposition de deux fréquences A et B entraîne l'apparition d'une troisième fréquence A–B. Si A et B sont très proches, la fréquence très grave résultante s'entend sous forme du phénomène bien connu des *battements*. Si A et B sont plus éloignés, le son différentiel peut être une hauteur perceptible. Le modulateur en anneau est un appareil permettant d'engendrer à partir de deux fréquences A et B, la fréquence A-B et la fréquence A+B. Utilisé sur des sons instrumentaux de fréquences fondamentales A et B, le principe s'effectue entre tous les harmoniques, ce qui donne 2A±B, A±2B, 3A±B, etc.

---

[1] Un formant est un pic d'amplitude de l'enveloppe spectrale. Chacune des voyelles possède deux formants caractéristiques.

Les partitions de Grisey simulent cette technique par l'écriture instrumentale. En se limitant la plupart du temps à des facteurs peu élevés (jusqu'à 3A±3B), Grisey imagine une technique d'harmonie à deux plans : un avant-plan formé d'un accord de quelques sons, parfois deux seulement, et un arrière-plan, moins fort, « ombre » du premier, formé des sons de combinaison générés à partir de cet accord. C'est la seule influence directe de l'électroacoustique sur l'écriture de Grisey, alors que le modèle technologique est déterminant dans le style de Murail pendant les années 70.

Avec *Partiels* composé en 1975 débute la période la plus fructueuse de la carrière de Grisey, tant par le rythme de production que par l'importance des œuvres écrites qui montrent l'épanouissement de l'esthétique et des techniques nouvelles. Ces années sont marquées par l'entreprise du cycle des *Espaces acoustiques*, enchaînant six œuvres d'effectif instrumental croissant, de l'instrument soliste au grand orchestre[1]. Cet ensemble de plus d'une heure et demie est une des plus hautes réalisations musicales du dernier quart de siècle, dépassant largement son statut d'emblème d'un courant esthétique et historique à la fin des années 70.

En 1978, après *Prologue* et *Modulations*, Grisey compose l'œuvre la plus radicale de son esthétique, marquant le point limite d'un style et d'une première époque. Il s'agit de *Sortie vers la lumière du jour*, pour orgue électrique et 14 musiciens, qui sera transformé en 1979 en *Jour, Contre-jour* par l'ajout d'une bande magnétique. Jamais Grisey n'est allé aussi loin dans une conception de la musique comme simple mouvement du temps musical, sans aucun événement saillant venant perturber une écoute qui doit s'adapter à la lenteur et la ténuité de l'évolution pour pouvoir en saisir l'étrange beauté.

1978 est pour Grisey l'année de la théorisation, les conférences qu'il donne à Darmstadt constituent le premier manifeste de son esthétique. Le texte publié à l'occasion[2] défend une conception de la musique comme *devenir du son*, distingue différentes perceptions du temps musical en rela-

---

[1] *Prologue* pour alto seul (1976), *Périodes* pour sept musiciens (1974), *Partiels* pour 16 ou 18 musiciens (1975), *Modulations* pour 33 musiciens (1976-77), *Transitoires* pour grand orchestre (1980-81), *Épilogue* pour quatre cors soli et grand orchestre (1985).

[2] « Zur Enstehung des Klanges », *Darmstädter Beitrage zur Neuen Musik*, XVII, Mainz, Schott, 1978, pp.73-79.

tion avec l'attention portée aux dimensions microscopiques du son. Grisey se fait le porte-parole des jeunes compositeurs de l'Itinéraire, sans toutefois proposer une appellation fédératrice.

Pourtant la musique nouvelle se cherche alors un nom. Hugues Dufourt, qui fait partie de L'Itinéraire depuis 1976, écrit un texte célèbre intitulé *musique spectrale*[1]. Davantage que celle de Grisey, l'argumentation d'Hugues Dufourt met l'accent sur une déduction des nouveaux principes de composition à partir de la morphologie du son issue des technologies modernes. S'affirme en outre une confrontation rationnelle et systématique à la musique sérielle, à laquelle la *musique spectrale* entend ainsi succéder dans une perspective historique et moderniste. Globalement, le texte n'entre pas dans le détail de l'écriture musicale, et ses préceptes sont assez généraux pour pouvoir convenir aux différents compositeurs du groupe. En tous cas, le mot *spectre* est compris dans une acception très large.

> « Ce travail de la composition musicale s'exerce directement sur les dimensions internes à la sonorité. Il prend appui sur le contrôle global du spectre sonore et consiste à dégager du matériau les structures qui prennent naissance en lui. Les seules caractéristiques sur lesquelles on puisse opérer sont d'ordre dynamique. Ce sont des formes fluentes, des milieux de transition dont la détermination des mouvements dépend des lois de transformation continue. On peut parler à cet égard d'une composition de flux et d'échanges. La musique se pense sous la forme de seuils, d'oscillations, d'interférences, de processus orientés. »[2]

On voit par cet extrait significatif que les revendications concernent essentiellement les aspects transitoires, temporels, formels de la composition. Le choix du mot *spectre* pour qualifier la nouvelle musique est donc malheureux si l'on songe à sa définition scientifique, représentation d'un instantané du son où n'apparaît pas la variable temps. Auraient de ce point de vue été plus adéquats *objet sonore*, si la référence à Pierre Schaeffer n'avait pas été inévitable, ou *sonagramme* si la langue française en avait permis une dérivation en adjectif aussi riche et séduisant que *spectral*. Mais

---

[1] Première parution en 1979, repris dans Dufourt, Hugues, *Musique, pouvoir, écriture*, Paris, Christian Bourgois, 1991, pp.289-294.
[2] *ibidem* p. 291.

ceci n'aurait pas empêché pour autant l'assimilation journalistique et même musicologique qui s'est faite ensuite, de la musique spectrale avec une esthétique de l'harmonie et du beau son où la synthèse instrumentale de spectres ou de sonagrammes serait la technique de composition essentielle.

L'expression s'impose progressivement dans les années 80 mais plaît peu à ses principaux protagonistes, Gérard Grisey et Tristan Murail. Grisey proposera encore en 1982 les termes de *différentielle*, *liminale* ou *transitoire*[1], dans l'espoir de rétablir les notions de temps et de perception dans l'appellation même de sa musique. Tristan Murail se montrera plus tard agacé par l'étiquette qu'il juge « fortement réductrice »[2], mais tout en l'employant par commodité.

C'est paradoxalement juste au moment de la naissance du terme *musique spectrale* que *Sortie vers la lumière du jour* et *Jour, Contre-jour* marquent la limite du style qui a caractérisé l'œuvre de Grisey depuis 1973. À la fin des années 70, Grisey commence — prudemment — à s'éloigner de la continuité et de l'écoute microphonique du son pour des qualités qui seront dominantes dans les œuvres plus tardives : rupture et contraste, articulation et dramatisme des progressions temporelles.

---

[1] « La musique, le devenir des sons », *op. cit.* p.16.

[2] « Questions de cible », *op. cit.* p.151.

2

De *Tempus ex machina* à *Vortex Temporum*

On peut voir dans l'expression *Tempus ex machina* la devise de l'esthétique de Grisey. C'est d'abord le titre d'un important paragraphe des conférences de Darmstadt de 1978. Grisey l'étendra en 1982 en un article fondamental, texte théorique majeur du compositeur où il présente avec précision et rigueur ses « réflexions sur le temps musical »[1]. Le temps, déjà au centre des préoccupations de Grisey dans les années 70 occupera une place sans cesse grandissante dans sa pensée et ses travaux, obsession qui rejaillira dans les titres mêmes des œuvres (*Le Temps et l'Écume*, *Vortex Temporum*), dans les écrits (*La musique : le devenir du son*, *Le temps de le prendre*), et surtout dans les techniques de composition.

Tempus ex machina est par ailleurs une œuvre pour six percussionnistes composée en 1979. L'instrumentarium ne comporte que des percussions à hauteur indéterminée, comme pour éviter toute référence à des notions harmoniques et mélodiques qui gêneraient le projet même de l'œuvre : une composition du rythme et du temps. Sans renouveler fondamentalement les principes esthétiques de Grisey, la partition révèle déjà deux axes de travail qui orienteront une lente évolution du style du compositeur pendant une quinzaine d'années.

---

[1] « Tempus ex machina. Réflexions sur le temps musical », en allemand dans *Neuland*, Ansätze zur Musik der Gegenwart, Jahrbuch, Band 3, 1982/83, pp.190-202. En français dans *Entretemps*, Paris, n°8, septembre 1989, pp.83-119.

L'objectif est avant tout d'accroître le potentiel dramatique des processus. Les progressions temporelles se doteront des qualités de rapidité, d'articulation, voire de discursivité et d'oppositions dialectiques. La continuité toujours présente au niveau des parcours globaux, pourra se fragmenter en une succession de phénomènes moins prévisibles qu'auparavant. Le rythme, généralement dissous jusqu'ici dans une simple élaboration de durées, sera recherché à terme dans sa nature pulsatoire et métrique.

En parallèle se fait jour dans *Tempus ex machina* une technique de composition qui sera plus tard chère à Grisey. L'extrême fin consiste en une dilatation temporelle, énorme mais exacte, d'un motif rythmique entendu dans les premières minutes de la partition à la grosse caisse et aux tambours de bois. Il ne s'agit pas d'une simple augmentation des durées, mais d'une simulation par l'ensemble des percussions d'un sonagramme du motif initial. Rien de bien différent donc de la synthèse instrumentale d'un *mi* de trombone à la fin de *Périodes*, à ceci près qu'on passe d'une simulation immédiate d'un *son*, à une simulation différée d'un *motif musical*. Le compositeur choisit et fixe une ou plusieurs échelles temporelles qui permettent le grossissement d'un fragment précis de musique entendu antérieurement, parfois même ultérieurement.

L'œuvre suivante, *Transitoires* (1980-81) pour grand orchestre, systématise le procédé en dilatant des motifs rythmiques de contrebasse selon deux échelles différentes[1]. L'alternance abrupte des différentes temporalités assure la progression du discours.

> « Ce qui retient mon attention, c'est la possibilité d'imaginer désormais des structures *qui ne soient plus rivées à un seul type de perception*. Les structures temporelles elles-mêmes acquièrent une plasticité relative au changement d'échelle. *Ces échelles de proximité du son* — auxquelles on pourra toujours substituer un continuum — créent une nouvelle dimension du son : *la profondeur ou degré de proximité*.
> Plus encore, ce jeu de zoom avant arrière peut à son tour devenir structurel et gérer une nouvelle dynamique des formes sonores relative à la densité spatiale des sons et à leur durée. »[2]

---

[1] Voir analyse page 137.

[2] « Tempus ex machina », *Entretemps*, op. cit., p.102.

Dans les œuvres des années 70, le changement d'échelle se faisait de manière progressive, selon le *continuum* que mentionne Grisey, soit lentement par processus de transformation, soit rapidement par dilatation immédiate du son de trombone à la fin de *Périodes*. On peut effectivement faire l'analogie avec un *zoom* de cinéma.

En revanche le mot n'est plus vraiment adéquat pour décrire l'ambition de Grisey au moment où il écrit ces lignes : il s'agit désormais d'établir un ensemble discret de temporalités fixées, dont la juxtaposition renvoie à la technique du *montage* (cinématographique ou électroacoustique).

En 1982 le collectif de L'Itinéraire est invité à Darmstadt, ce qui est l'occasion d'un bilan de presque dix années de recherches. Grisey publie à la suite *La musique, le devenir des sons*, dernier jalon de ces années de théorisation[1]. Ce n'est que peu avant sa mort que le compositeur « spectral » apportera de nouveaux éléments d'appréciation de son art.[2]

C'est aussi l'heure des bilans pour Grisey face à sa musique. *Transitoires* qui vient de porter à son effectif maximal le cycle des *Espaces acoustiques*[3], consacre une esthétique que le compositeur veut renouveler. Dès lors le rythme de composition se ralentira, jalonné par quelques œuvres majeures, mais aussi par des pièces moins ambitieuses ou moins réussies.

Un constat s'impose, celui de l'absence de la voix et du chant depuis le début des années 70. Pas une ligne vocale non plus dans les œuvres contemporaines de Tristan Murail. Le style des deux compositeurs, similaire pendant cette période, est marqué par le goût du continu et du temps dilaté, inhumain, ainsi qu'un rejet des effets rhétoriques ou gestuels. La voix, par essence humaine et expressive, peut difficilement s'y insérer. De plus, des caractéristiques techniques comme l'harmonie fréquentielle ou la fusion instrumentale, ne permettent pas d'incorporer des lignes mélodiques saillantes.

Mais le désir d'intégrer le médium musical le plus universel est légitime, et c'est alors pour Grisey l'occasion d'emprunter des voies nouvelles. *Les Chants de l'Amour* sont une entreprise ambitieuse qui occupera trois années. L'œuvre est

---

[1] *Darmstädter Beitrage*, XIX, Mainz, Schott, 1982, pp.16-23.

[2] « Vous avez dit spectral ? », *Écrits*, Paris, L'Itinéraire / L'Harmattan, à paraître.

[3] *Épilogue* (1985), conçu comme une conclusion, ne rajoutera pas d'instruments.

écrite pour douze voix mixtes et bande magnétique (voix synthétisée), ce qui permet d'éviter la difficulté de la confrontation de la voix, et en particulier de la voix soliste, avec un ensemble instrumental. Est évité aussi le problème de la mise en musique d'un texte précis, le matériau vocal étant composé essentiellement d'onomatopées et de mots isolés.

La partition ne remet pas en question les principes de composition des œuvres antérieures. Elle regarde même plutôt quelques années en arrière, en cherchant manifestement à entériner un style par son application à la voix. *Les Chants de l'Amour* sont une tentative isolée dans l'évolution de Grisey. Dix ans passeront avant qu'un nouveau projet vocal prenne forme, mais entre-temps le style de Grisey se sera transformé.

Cette transformation amorcée avec *Tempus ex machina*, mise provisoirement de côté avec *Les Chants de l'Amour* puis *Épilogue*, dernière pièce des *Espaces acoustiques*, franchit un seuil décisif avec *Talea*, écrit en 1986 pour violon, violoncelle, flûte, clarinette et piano. Ne faisant pourtant que pousser plus loin des techniques esquissées auparavant, l'œuvre apparaît comme un tournant dans la carrière de Grisey à cause de l'alacrité de ses figures instrumentales et les brisures de son discours.

> « Si ce que j'écris est généralement constitué de métamorphoses progressives, ici [dans *Talea*] je cherche les contrastes et les ruptures, mais — et ceci est important — sans que ceux-ci détruisent le sentiment de la continuité qui doit rester le plus fort. En d'autres termes, les processus sont plus complexes, moins prévisibles, quelquefois polyphoniques et souvent morcelés. » [1]

Grisey veut désormais rompre avec la lenteur caractéristique des œuvres plus anciennes. Mais il aspire aussi à une intégration cohérente de la vitesse dans son esthétique, tant il répugne aux gestes gratuits et aime légitimer l'ensemble de son écriture. C'est ainsi qu'apparaît à cette époque une conception des temps relatifs plus systématique qu'elle ne l'était avec *Tempus ex machina*. Deux temporalités principales existaient jusqu'à présent : le temps normal, temps du langage, temps du son, opposé au temps dilaté, temps « cosmique », temps du sonagramme et de sa simulation. Grisey imagine alors une troisième temporalité, symétrique au temps dilaté, un temps qui compressera la musique à la limite de

---

[1] Lelong, Guy, « Les dérives sonores de Gérard Grisey », *op. cit.*, p.47.

l'audible. Il a recours à une métaphore naturaliste, sans doute héritée de l'enseignement de Messiaen[1], pour expliquer sa démarche :

> « Pensez aux baleines, aux hommes et aux oiseaux. Si l'on écoute les chants des baleines, ils sont tellement étalés que ce qui paraît être un gigantesque gémissement étiré et sans fin n'est peut-être pour elles qu'une consonne. C'est à dire qu'il est impossible avec notre constante de temps de percevoir leurs discours. Parallèlement, à l'audition d'un chant d'oiseaux, on a l'impression qu'il est très aigu et agité. Car il a une constante de temps beaucoup plus courte que la nôtre. Difficile pour nous de percevoir ses subtiles variations de timbre, alors que lui nous perçoit, peut-être, comme nous percevons les baleines. »[2]

Composé en 1988-89, *Le Temps et l'Écume* pour orchestre de chambre applique directement cette idée. Un unique matériau musical est projeté successivement dans les trois temporalités, temps des hommes, des oiseaux et des baleines. Il ne varie bien sûr pas uniquement dans sa durée et sa vitesse, mais dans toutes ses dimensions, comme si l'on changeait la vitesse d'une bande enregistrée : registre et ambitus fréquentiel, « épaisseur » sonore, précision des attaques, etc. Ce matériau ne peut se soumettre aux variations de temporalités que s'il est réduit à des caractères fondamentaux. Pas même motif musical, encore moins *thème*, il est un simple geste constitué d'une opposition binaire : bruit contre son, discontinuité contre continuité, rythme pulsé contre harmonie étale, etc. Le caractère *archétypal* du matériau sonore est le corollaire indispensable de la notion de temps relatifs. Il est de toute façon un des principes de la musique de Grisey depuis *Dérives*.

Pourtant l'évolution future de cette technique de composition s'éloignera d'une transformation systématique d'une même figure musicale. Conçus peu à peu comme des *sentiments* temporels abstraits, les trois temporalités acquièrent des propriétés individuelles et des attributs musicaux spécifiques. Le temps des baleines, temps expansé, est depuis toujours le cœur de la musique de Grisey : à lui de gérer l'évolution harmonique et spectrale, de dilater une cellule mélodique simple, ou même, pourquoi pas, de synthétiser des sonagrammes. Le

---

[1] *Traité de rythme, de couleur et d'ornithologie*, tome 1, Paris, Leduc, 1994, p.36.

[2] Interview par Ivanka Stoïanova, *op. cit.*, p.22.

temps des oiseaux, temps compressé, apporte la rapidité et la netteté des brefs motifs suraigus nés des contractions. Ce sont là de larges portions de musique, parfois non encore entendues, qui sont ainsi réduites en quelques secondes. Le temps humain enfin, permet d'intégrer ce que le style de Grisey refusait au départ, un déroulement musical calqué sur le langage, comme l'était celui de la musique tonale. S'il y a langage et discours, il peut y avoir voix et sens. Le chant trouvera ainsi une réelle place dans le style tardif de Grisey, étape intermédiaire au centre de l'éventail temporel.

Les caractères que je viens de décrire seront ceux des deux grandes œuvres des années 90, *L'Icône paradoxale* et *Vortex Temporum*. Auparavant, un projet d'envergure occupe Grisey : *Le Noir de l'Étoile*, pour « six percussions disposées autour du public, bande magnétique et retransmission *in situ* de signaux astronomiques », écrit en 1989-90. Spectacle de près d'une heure, il s'agit de l'œuvre la plus longue après le cycle des *Espaces acoustiques*. En collaboration avec l'astrophysicien Jean-Pierre Luminet, Grisey imagine d'exploiter dans une œuvre musicale des sons de pulsars dont il a appris l'existence peu auparavant à Berkeley[1].

Les pulsars sont une des découvertes de l'astrophysique moderne. L'explosion d'une étoile massive engendre un résidu très petit et très dense, une étoile à neutron, qui tourne sur elle-même à très grande vitesse et de manière exceptionnellement régulière. Elle constitue ainsi une source de pulsations électromagnétiques appelée *pulsar* qu'on peut transformer en signal sonore. Si la fréquence de rotation est élevée (>20Hz env.), on entend une hauteur fixe, si elle est faible, on entend une pulsation périodique. Parmi cette dernière catégorie, Grisey choisit deux pulsars qu'on entendra dans le cours de l'œuvre. L'un est enregistré sur une bande magnétique, mais l'autre est reçu en direct, transmis depuis un observatoire astronomique. La date et l'heure du concert doivent donc être choisies pour permettre la réception du pulsar au moment indiqué dans la partition.

Ces sons vieux de plusieurs milliers d'années, Grisey veut les intégrer

> « sans les manipuler, les laisser exister simplement comme des points de repère au sein d'une musique qui en serait en

[1] Gérard Grisey a enseigné la composition à l'Université de Californie de 1982 à 1986.

quelque sorte l'écrin ou la scène, enfin utiliser leurs fréquences comme tempi et développer les idées de rotation, de périodicité, de ralentissement, d'accélération et de "glitches"[1] que l'étude des pulsars suggère aux astronomes. La percussion s'imposait parce que comme les pulsars, elle est primordiale et implacable, et comme eux cerne et mesure le temps, non sans austérité. Enfin, je décidai de réduire l'instrumentarium aux peaux et métaux à l'exclusion des claviers. »[2]

Or Grisey a déjà écrit une partition pour un tel effectif, *Tempus ex machina*, dont *Le Noir de l'Étoile* ne sera en fait que l'extension. L'œuvre de 1979 est reprise intégralement et sans changement pour constituer le premier tiers de l'œuvre nouvelle. La suite est par son style semblable à ce début, le matériau musical est développé et déformé légèrement dans ses caractéristiques temporelles afin de correspondre à la vitesse des pulsars. Il est donc abusif de dire que la musique du *Noir de L'Étoile* est déduite des pulsations de pulsars, on a affaire ici à une adaptation d'une œuvre déjà composée à un phénomène rythmique naturel découvert par la suite.

Les dernières années de la vie de Gérard Grisey constituent l'aboutissement de l'évolution stylistique des années 80. Près de vingt ans après les premiers chefs-d'œuvre se place la seconde époque florissante de sa carrière. Conçue de 1992 à 1994, *L'Icône paradoxale* permet ce que les *Chants de l'Amour* avaient sans doute tenté prématurément : l'intégration du chant dans une esthétique qui s'y oppose à l'origine. Écrite pour soprano, mezzo-soprano et grand orchestre, la partition revendique un prétexte extra-musical, fait nouveau chez Grisey qui proclamait haut et fort dix ans plus tôt : « Nous sommes musiciens et notre modèle est le son et non la littérature, le son et non les mathématiques, le son et non le théâtre, les arts plastiques, le physique des quanta, la géologie, l'astrologie ou l'acupuncture ! »[3] On a déjà pu constater un goût pour l'astrophysique, désormais les références de Grisey seront la littérature et les arts plastiques.

L'Icône paradoxale est un hommage à Piero della Francesca. L'art de Piero touche Grisey en particulier pour la rigueur de la construction sous-jacente, support indispensable

---

[1] Ralentissements brusques de la vitesse de rotation des pulsars.
[2] Notice de présentation du *Noir de l'Étoile*, in *Écrits*, op. cit.
[3] « La musique, le devenir des sons », *op. cit.*, p.22

de l'expression qui doit *affleurer*. Mieux encore, Grisey dira plus tard que « le désir utopique d'un langage musical articulé sur des données scientifiques, rêve toujours renouvelé d'un art-science, apparente les compositeurs inventeurs du spectralisme aux artistes du Quattrocento. »[1] Il ajoute également que « la mise en abîme des sons que je pratique depuis plusieurs années n'est pas sans rapport avec la perspective telle que la redécouvre la peinture renaissante et particulièrement Piero ».[2]

Cette mise en abîme se manifeste chez Grisey par la relativité temporelle de la perception musicale, principe moteur, on l'a dit, de son art le plus récent. Elle se manifeste aussi par son goût des structures gigognes, particulièrement sensible dans les techniques harmoniques (voir ch.7). Elle est enfin présente dans la fresque inspiratrice de la partition : « À la fois chrétienne et païenne, ardente et paisible, vierge et déesse matriarcale, archétype de la naissance et de l'interrogation, la *Madonna del Parto* se lit aussi à la façon des matriochkas, cet autre archétype matriarcal. Au geste violent des anges écartant le rideau et à l'arrondi du dais damassé, répond le geste des doigts écartant la robe et l'arrondi de celle-ci. Un espace s'ouvre sur un espace qui s'entrouvre : l'infini est suggéré. »[3]

L'œuvre réunit toutes les techniques, tous les principes de composition propres à la musique de Grisey depuis *Dérives* : harmonies dérivées du spectre harmonique ; simulation orchestrale de sonagrammes, ici provenant de la lecture des diverses signatures de Piero della Francesca ; confrontation des trois temporalités, hommes, baleines et oiseaux ; détermination des progressions temporelles par des processus inflexibles ; conception unitaire de la forme.

La construction élaborée de la partition permet une densité d'événements qui compense la continuité et la lenteur inhérentes au style de Grisey. Toutefois l'œuvre n'apporte pas le réel renouveau rythmique que Grisey recherche désormais, et qu'il admire dans les récentes *Études pour piano* de Ligeti. Prenant aussi comme modèle les polyrythmies centrafricaines, Grisey souhaite associer les ruptures et les motifs rapides contenus dans sa musique depuis *Talea* à la perception d'une pulsation et d'une métrique, même irrégulières.

---

[1] « Vous avez dit spectral ? », *op. cit.*

[2] Notice de présentation de *L'Icône paradoxale*, in *Écrits*, op. cit.

[3] *ibid.*

C'est ce que réalise *Vortex Temporum*, du moins son premier mouvement. Comme *Tempus ex machina, Vortex Temporum*, littéralement « tourbillon de temps », inscrit dans son titre même le temps musical, objet revendiqué de la composition. L'œuvre est écrite entre 1994 et 1996, pour un effectif de chambre proche de celui de *Talea* : piano, flûte, clarinette, violon, alto, violoncelle.

Le fractionnement d'une œuvre en pièces séparées était réservé jusqu'ici à quelques opus de moindre envergure (*Accords perdus*, *Anubis-Nout*), tellement le style de Grisey requiert l'unité des formes et la continuité des progressions. La division de *Vortex Temporum* en trois mouvements est donc remarquable, même si des interludes faiblement bruités sont là pour empêcher le relâchement de l'attention et donner un sentiment de globalité.

Moments autonomes, aux caractères musicaux contrastants, les trois mouvements partagent cependant un même matériau mélodique fondamental, issu de *Daphnis et Chloé* de Ravel. Sans être une citation, un tel emprunt est exceptionnel dans la musique de Grisey mais stigmatise pourtant une constante esthétique : prendre une courbe mélodique existante, choisie pour sa forme rudimentaire, c'est réduire le travail du compositeur à la seule élaboration de son devenir au cours du temps.

Vortex Temporum est autant la concrétisation aboutie des recherches de Grisey depuis une quinzaine d'années, que l'expression de ses aspirations les plus anciennes. Relativité temporelle, rythmique jubilatoire, dramatisme des formes côtoient bercement pulsé, rythmes du sommeil, raffinement sonore. Le style de Grisey aura au passage perdu de son intransigeance pour apprivoiser des techniques d'articulation éprouvées, mais il parvient ici à une de ses plus belles manifestations.

3

Quatre chants pour franchir le seuil

L'Icône paradoxale et *Vortex Temporum* sont des œuvres de synthèse, aboutissements d'un parcours de plus de vingt ans marqué autant par une fidélité à de grands principes esthétiques que par une volonté constante d'enrichissement et de renouvellement. La composition d'une nouvelle œuvre dépend toujours pour Grisey du désir de concrétiser une nouvelle idée ou de pousser plus loin la réalisation d'idéaux inébranlables.

Après *Vortex Temporum*, cette nécessité du renouvellement devient plus délicate. Pour la première fois, Grisey doit remettre en cause certains principes fondamentaux de son écriture, en particulier l'auto-génération du matériau sonore et le déterminisme formel des processus.

Élaborés à partir de 1996, les *Quatre Chants pour franchir le seuil* marquent ce relâchement des structures temporelles. Ils sont en outre la première œuvre depuis 1967 opposant une voix soliste à un ensemble instrumental : Grisey aborde ici un genre qui ne lui est pas familier, pas plus que ne l'est le problème du rapport entre texte et musique.

On a déjà pu remarquer la faible présence de musique vocale depuis *Dérives* : seuls les *Chants de l'Amour* et *L'Icône paradoxale* précèdent les *Quatre Chants*. Les œuvres de jeunesse et de formation, antérieures à *Dérives*, donnent quant à elles une large place à la voix soliste ou au chœur. Grisey n'a jamais rejeté la voix par principe, mais bien à cause d'une incompatibilité esthétique et technique dont les raisons sont multiples : une revendication du son comme modèle au détriment de tout élément extra-musical, une temporalité étirée et inhumaine qui s'oppose au temps du langage, une écriture cultivant la fusion instrumentale où disparaissent les individualités sonores.

Dix ans après l'essai isolé des *Chants de l'Amour*, Gérard Grisey aspire au début des années 90 à écrire pour la voix. L'évolution de son style pendant les années 80 lui permet désormais, on l'a vu, de concevoir des lignes vocales s'inscrivant dans une temporalité plus humaine.[1] L'*Icône paradoxale* réussit cette intégration du chant, sans toutefois offrir un réel épanouissement vocal, à cause de deux aspects de l'écriture qui témoignent du rapport ambigu et peu spontané qu'a Grisey avec la voix. On remarque d'abord une rigidité des lignes vocales, faites surtout de longues tenues, de montées de gammes, ou de motifs hachés sur deux ou trois notes. On pourrait y voir un hiératisme proche de la peinture de Piero della Francesca, mais c'est surtout la contrainte formelle des processus qui impose une neutralité du matériau sonore peu propice au déploiement du lyrisme. La spécificité humaine du matériau vocal est peu exploitée, les deux chanteuses forment un groupe instrumental supplémentaire dans l'orchestre symphonique, certes dominant et détaché. Grisey compare volontiers les voix de femmes à des trompettes, et apprécie la doublure ou l'alternance des deux sonorités.

Par ailleurs, Grisey évite délibérément le problème du rapport entre texte et musique. On se souvient que les *Chants de l'Amour* faisaient surtout appel à des onomatopées ou quelques mots perdus dans la polyphonie. Le matériau sémantique est ici lié à la personne de Piero della Francesca, mais choisi pour être le plus inexpressif possible. D'un côté des extraits de son traité de perspective, *De prospectiva pingendi*, préceptes pédagogiques et prosaïques (« ... trace A puis B, prend un compas, mesure AB et pose deux fois la distance AB »). De l'autre diverses signatures du peintre en latin et en italien (« Opus Petri de Burgo », « Piero della Francesca »...).

Ces signatures ne sont pas seulement chantées par les deux voix de femmes, mais l'analyse sonagraphique de leur prononciation par Grisey lui-même est aussi simulée par l'orchestre. Cette utilisation de signatures est intéressante car révélatrice de l'attitude de Grisey. Des signatures, inscriptions sur une toile ou une fresque, constituent bien le matériel littéraire le moins adéquat pour être dit ou *a fortiori* chanté : leur

---

[1] On peut ajouter aux motivations musicales des motivations plus personnelles car Gérard Grisey partage alors sa vie avec la mezzo-soprano Mireille Deguy.

mise en musique pour des chanteuses est déjà paradoxale. Comme un deuxième filtre, la synthèse instrumentale de leur analyse sonagraphique ajoute une distance supplémentaire entre texte et musique.

Dans *L'Icône paradoxale*, la sémantique s'efface donc derrière l'organisation musicale. Les *Quatre Chants pour franchir le seuil* renversent ce rapport et s'attachent à rendre compréhensible un texte et perceptible son sujet, ce qui est sans précédent chez Grisey, en dehors des œuvres de jeunesse. Prescience ou coïncidence, la mort est la thématique commune aux quatre textes choisis par Grisey pour ce qui sera sa dernière œuvre achevée.[1] Séparés par des interludes, les quatre chants utilisent chacun un texte provenant d'une civilisation différente, chrétienne avec un poème de Christian Guez Ricord, égyptienne avec un catalogue des textes des sarcophages égyptiens du Moyen Empire, grecque avec deux vers d'Erinna, enfin mésopotamienne avec l'Épopée de Gilgamesh.

Grisey se donne avec cette œuvre un nouveau défi, celui de résoudre la question du rapport entre un texte et sa mise en musique. Comme à son habitude, il envisage quasiment toutes les solutions possibles dans sa partition. Cependant il exclut l'analyse sonagraphique du texte récité, qu'il utilisait dans *L'Icône paradoxale* et dans *Les Chants de l'Amour*. Ce changement est révélateur de l'accent mis désormais sur la sémantique, et dans une moindre mesure sur la métrique.

Le premier chant est encore proche dans son style vocal de *L'Icône paradoxale*, par la sécheresse et la rigidité des interventions de la soprano. C'est encore ici le processus formel qui gouverne l'ensemble, mais ce processus est déterminé par la structure métrique du poème. Ce sont par ailleurs les instruments qui vont *réciter* le poème sous forme de brèves lignes descendantes comptant autant de notes que les vers de syllabes. On peut voir là un nouveau filtre entre un texte et sa mise en musique. Dans le deuxième chant la voix se libère, elle n'est plus assujettie au processus pour pouvoir développer deux types d'expression vocale : déclamé, en imitation du langage parlé pour les numéros et les commentaires du catalogue des sarcophages, souple et lyrique sur les fragments de textes retrouvés. Le troisième chant cultive les

---

[1] Il n'est pas inutile de rappeler que la mort de Gérard Grisey, survenue le 11 novembre 1998, fut accidentelle.

liens entre le sens de certains mots comme *ombre*, *dérive*, *écho*, et les procédés de composition de Grisey. Ceci a pour effet d'aboutir fatalement à une conception *figuraliste*[1] de la mise en musique d'un texte, prépondérante dans le quatrième chant.

Ce quatrième mouvement est surprenant. Il est difficile d'imaginer Grisey, apôtre de l'auto-génération des formes, du déterminisme calculé de l'organisation temporelle, soumettre le déroulement musical au mimétisme d'une narration. Le choix du compositeur est bien pourtant celui d'une adéquation systématique, presque naïve, de la musique et du texte : courbes ascendantes-descendantes et percussions tonitruantes pour évoquer la tempête du déluge[2], ralentissement progressif pour simuler le retour au calme, ou même immobilisme muet des musiciens après la phrase « Tous les hommes étaient retransformés en argile ». Les processus, fondements de l'écriture de Grisey, sont toujours là, mais leur multiplicité, leur indépendance, leur entrecroisement, inhabituels, instaurent une imprévisibilité des événements qui, tout en figurant les « coups distribués au hasard » par la tempête, s'inscrit dans une remise en cause des principes mêmes du style de Grisey.

On pourrait y voir un relâchement occasionnel, lié à la présence et la prédominance d'un texte, novation dans le parcours de Grisey. Mais la relation de cause à effet agit à l'évidence dans les deux sens : comme souvent dans l'histoire de la musique (songeons simplement aux débuts de la musique atonale à Vienne), le recours à la voix et aux mots peut être un garde-fou momentané dans une période d'instabilité du style et de renouvellement des techniques.

Gérard Grisey vit un moment crucial de sa carrière, qui a pour seul équivalent le séjour à la Villa Médicis. En a-t-il conscience ou non, toujours est-il qu'il écrit peu avant l'achèvement en 1998 des *Quatre Chants pour franchir le seuil* un article intitulé *Vous avez dit spectral ?*. Dans ce texte court et dense, il porte un regard historique sur vingt-cinq ans de création. Il dénombre toutes les caractéristiques de la mu-

[1] Le figuralisme, caractéristique des madrigaux du début de l'époque baroque, consiste en l'évocation ou l'imitation par la musique de la sémantique contenue dans le texte chanté. Déjà démodé à la fin du XVIIIe siècle, le procédé est condamné et méprisé par le modernisme du XXe siècle.

[2] L'épisode de l'Épopée de Gilgamesh choisi par Grisey est celui de la narration par l'immortel Utanapishti de sa survie au déluge.

sique spectrale, mais on s'aperçoit vite que l'énumération ne peut concerner dans son intégralité que sa propre musique. Grisey laisse ainsi entendre qu'il accepte la dénomination de musique spectrale, ou même de spectralisme, pour l'ensemble de sa musique jusqu'aux dernières œuvres, à condition de l'entendre de manière non restrictive.

Le texte n'adopte pas le ton du manifeste mais est davantage rétrospectif. Pour cette raison même, il est d'un grand intérêt pour le musicologue qui peut mesurer l'écart séparant ce qu'un compositeur voudrait voir — et voudrait qu'on voie — dans sa propre musique de ce qu'un examen objectif peut en révéler. L'analyse faite par Grisey peut en effet souvent prêter à discussion.

S'il fait avant tout un bilan et une description, Grisey insère cependant par deux fois la mention *à terme*, en ce qui concerne la « réinvention mélodique » et la « réactualisation d'une métrique souple ». Souci de modestie pour ces deux domaines de recherches qui sont les plus récents dans son travail. Preuve possible aussi d'une projection vers l'avenir à un moment qu'il perçoit peut-être alors comme une charnière dans son évolution.

Durant les derniers mois de sa vie, Gérard Grisey ébauche une œuvre pour voix de mezzo et contrebasse. Ce projet semble s'inscrire dans la continuité de son évolution en poursuivant son travail récent sur la voix, mise progressivement à nu. Mais comme pour les *Quatre Chants*, le texte choisi, court poème de Samuel Beckett[1], apporte une conclusion troublante à sa carrière comme à sa vie :

> nuit qui fais tant
> implorer l'aube
> nuit de grâce
> tombe

[1] *Poèmes* suivi de *Mirlitonnades*, Paris, Les Éditions de Minuit, 1978, p.39.

Esthétique et techniques

4

Le rejet de l'arbitraire

Le parcours chronologique de l'œuvre de Grisey a révélé une constante stylistique, la propension au déterminisme des formes musicales. On touche là un des traits majeurs de l'esthétique de Grisey qu'on pourrait définir comme un rejet de tout arbitraire. Ceci ne concerne pas l'élaboration, la composition de la musique, qui relève fondamentalement d'un choix créateur, mais bien de la manière dont la musique se déroule dans le temps. On peut en effet percevoir et analyser toute œuvre de musique en fonction du degré plus ou moins prononcé de *nécessaire* ou d'*arbitraire* contenus dans chacun de ses instants. Serait nécessaire ce qui résulte d'une progression logique, ce qui conditionne l'autosuffisance de la forme musicale. Serait arbitraire tout ce qui ne procède pas de ce déterminisme temporel : matériau nouveau, événement, rupture...[1]

Or il est patent que la majeure partie des musiques composées pendant les années 50 et 60 ont cultivé l'arbitraire à un degré extrême. Jamais peut-être la musique n'avait été aussi généralement qu'à cette époque négligeante d'une *nécessité* de la progression temporelle de l'œuvre, comme en témoignent tous les concepts de formes ouvertes, de all-over musical, de Momentform, ou plus globalement l'assimilation de la forme musicale à sa projection spatiale. Qu'il s'agisse du courant sériel, de musique électroacoustique, de Iannis Xenakis, de John Cage, à plus forte raison de théâtre musical

[1] On verra plus loin que, par leur nature, les formes de la musique spectrale doivent être appréciées selon ce couple nécessaire-arbitraire, ou détermi-né-événementiel, et non selon le couple semblable-différent, propre entre autres à l'analyse thématique, qui serait inadapté.

ou d'improvisation, que les procédures de composition soient rigoureusement structuralistes, ou au contraire volontairement indéterministes, pour Grisey et d'autres compositeurs de sa génération, ces musiques se perçoivent comme une succession de *gestes* dont la gratuité apparente n'est ni cause ni effet du déroulement sonore. Même la musique de Ligeti qui par sa mise en mouvement de masses sonores constitue la plus belle antithèse à cette esthétique dominante, n'échappe pas à un arbitraire du schéma formel, du contenu fréquentiel et de son évolution.

Il était inévitable qu'à cet excès d'arbitraire réponde l'attitude inverse. La première réaction radicale fut sans doute celle de Steve Reich, qui entre 1965 et 1973 assimila les formes musicales à des processus d'engendrement automatiques, à partir de matériau réduit au minimum. *Piano phase* ou *Violin phase* en sont l'archétype : un motif mélodique simple, un principe de déphasage élémentaire suffisent à programmer le déroulement temporel de l'œuvre.

L'esthétique de Steve Reich est sous certains aspects très éloignée de celle de Grisey et Murail, qui ne peuvent admettre le recours exclusif à des formules mélodiques modales et des harmonies tonales, pas plus que l'immuabilité d'une pulsation marquée. Au-delà de ces différences se dessine pourtant une filiation historique entre les deux courants musicaux, la musique spectrale naissant au moment même où Reich commence à se détacher de l'écriture de processus. La démarche de Grisey et Murail veut peut-être aller plus loin que celle de Reich, car si elle recherche l'objectivité du déroulement, elle veut aussi épurer le matériau, le réduire à une expression première, alors que les processus de Reich prennent encore appui sur des mélodies, des rythmes très caractérisés, imposés arbitrairement par le compositeur.

C'est dans cette quête qu'intervient le rôle du *modèle* dans les premières œuvres spectrales, comme un garde-fou indispensable pour éviter provisoirement l'emprise trop autoritaire du créateur sur son œuvre. Grisey préférera les modèles naturels et Murail les modèles technologiques, tous deux utiliseront les modèles physiques et acoustiques.

La question du naturalisme

Les modèles naturels sont fréquents dans l'esthétique de Grisey. On a déjà observé l'articulation ternaire des *Espaces acoustiques*, évoquant le rythme respiratoire inspiration - expiration - repos. La périodicité rythmique, ou la quasi-périodicité, est associée quant à elle aux pulsations cardiaques. *Prologue*, première pièce du cycle, débute par l'alternance d'une figure mélodique calquée sur la respiration humaine, et d'une cellule rythmique ïambique évoquant des battements de cœur : le cycle entier veut ainsi naître et croître à partir de ces deux rythmes biologiques. Grisey ne se limite pas aux archétypes humains mais peut faire appel, on l'a vu, à la relativité de la perception temporelle entre baleines, hommes et oiseaux pour étayer sa réflexion théorique sur les temps relatifs. Même les pulsations extra-terrestres des pulsars du *Noir de l'Étoile* peuvent être utilisées comme une légitimation des rythmes initialement contenus dans *Tempus ex machina.*

À un niveau supérieur, les modèles acoustiques sont, on le sait, liés à l'histoire de la musique spectrale. L'onde sinusoïdale par exemple est un modèle privilégié de mouvement mélodique, en raison de la simplicité et de la neutralité de sa courbe. Le spectre sonore, harmonique ou inharmonique, est le point de départ de nombreux agencements harmoniques. Dans ce cadre naturaliste, la simulation de l'analyse sonagraphique d'un son instrumental ou vocal peut être considérée sous un angle particulier : elle permettrait de s'éloigner d'harmonies ou de rythmes conventionnels et culturels, pour rejoindre un stade sonore archétypal, voire mythique. De ce seul point de vue, Grisey fut précédé en particulier par François-Bernard Mâche, qui dès 1964, dans *Le son d'une voix*, réalisait la synthèse instrumentale de l'analyse sonagraphique d'un poème d'Eluard récité.

> « Au lieu d'attribuer par une décision arbitraire une hauteur ou un agrégat fixe à chaque voyelle, j'ai utilisé, pour affiner l'étude du modèle, un sonagraphe qui révèle les fluctuations affectant sans cesse les valeurs moyennes des formants. La voyelle d'une syllabe ne se comporte pas comme une unité stable, mais son contenu harmonique évolue en fonction de la voyelle suivante. Ces fluctuations, trop rapides pour être analysées en temps réel, sont observées à la

loupe en quelque sorte, grâce aux sonogrammes, et l'oeuvre introduit un important changement d'échelle temporelle. Les étapes du travail ont donc été les suivantes : choix du modèle pour sa richesse en récurrences et anaphores ; lecture à voix haute et enregistrement du texte d'Eluard, en insistant moins sur l'expressivité sémantique que sur les potentialités phonétiques (les assonances, par exemple) ; réalisation des sonogrammes ; repérage et transcription des fréquences et des durées correspondant aux phonèmes ; choix d'une grille traduisant les fréquences en hauteurs et élargissant l'échelle des durées, ce qui peut se définir comme un calibrage du modèle ; choix de timbres instrumentaux correspondant à cette transcription ; et enfin, libres remaniements et enrichissements de la transcription. »[1]

La recherche systématique et scientifique d'archétypes et d'universaux telle que l'effectue Mâche dans son œuvre est très éloignée de la démarche spectrale. Certes Grisey revendique cette notion d'archétype, mais le terme n'a pas chez lui le sens que lui donnerait l'ethnomusicologie. Les « gestes » élémentaires de Grisey se définissent par un dualisme de leurs qualités (son-bruit, ascendant-descendant, etc.), mais ne constituent pas pour autant des universaux sonores ou musicaux. Certaines caractéristiques de la musique spectrale vont même à l'encontre des universaux : pensons en particulier à l'absence de répétition dans le déroulement temporel. De plus Grisey comme Murail répugnent à l'insertion d'un matériau sonore brut dans la musique, sans qu'il ait été projeté et intégré dans un système d'écriture.

Le naturalisme n'est pas une qualité déterminante de la musique spectrale — sa rareté chez Murail en témoigne. Qu'ils soient issus du domaine du vivant ou de l'acoustique des sons, les modèles sont généralement métaphoriques (comme l'analogie théorique entre son et processus), au mieux ils servent d'alibi au choix d'un matériau initial (une ligne mélodique respiratoire, un accord issu du spectre harmonique). Ils ne sont jamais le moteur du déploiement temporel car celui-ci ne peut se calquer sur un principe extérieur à lui-même mais doit au contraire procéder par nécessité interne. C'est pourquoi l'auto-engendrement de la musique sera l'objet premier des recherches formelles de Grisey et Murail au début des années 70.

---

[1] Mâche, François-Bernard, *Musique, mythe, nature*, Paris, Klincksieck, 1983, p.120.

La musique comme auto-engendrement

Pour réaliser cet auto-engendrement, on peut à la limite supprimer le début et la fin de l'œuvre, qui sont forcément des gestes arbitraires. *Jour, Contre-jour* déborde sur les applaudissements initiaux et terminaux du public, *Dérives* naît de l'accord de l'orchestre sur le *la*. On peut aussi supprimer tout *événement* qui perturberait une continuité de textures poussée à un stade extrême (début de *Dérives*, *Sables* de Murail). Il faut enfin et surtout que chaque instant soit la conséquence directe et immédiate de ce qui précède, comme la cause de ce qui suit, et c'est dans cette problématique que s'inscrit le recours aux modèles électroacoustiques.

Je ne peux m'étendre ici sur la place prépondérante des modèles électroacoustiques dans les œuvres de Murail entre 1975 et 1979. Il est important néanmoins de distinguer, parmi les nombreuses techniques de studio que ces œuvres simulent ou évoquent par les instruments, celles qui comme les mouvements de potentiomètres, le *phasing*, ou même le clic de fin de bande, se révéleront anecdotiques et sans lendemain, de celles qui comme l'écho[1], la réinjection[2], la modulation en anneau[3], s'inscrivent dans une évolution du style de Murail et porteront leurs fruits : elles fournissent en effet des principes simples et puissants d'engendrement du son à partir du son.

Un seul de ces modèles électroacoustiques sera utilisé par Grisey, la modulation en anneau, qui apparaît pour la première fois dans *Partiels*. J'en ai décrit plus haut le principe, dont Grisey a tiré l'idée d'*ombre* des sons manifestant une harmonie à deux plans. Mais je n'ai pas signalé l'aspect temporel et structurel du procédé, pourtant essentiel. Le modulateur en anneau permet l'engendrement de sons de combinaison à partir de deux sons générateurs ou plus. Cet engendrement n'étant pas instantané, les sons résultants peuvent à leur tour devenir sons générateurs et créer ainsi une réaction en chaîne où les fréquences se déduisent les unes des autres.

L'intérêt n'est donc pas tant dans l'élaboration d'harmonies que dans la possibilité de concevoir un engendrement de fréquences en fréquences, engendrement irréversible car si a

---

1 Dans *Territoires de l'oubli.*

2 Dans *Mémoire/Érosion.*

3 Dans *Treize couleurs du soleil couchant.*

et b peuvent engendrer c et d, l'inverse n'est pas nécessairement vrai. On comprend l'enthousiasme de Murail et Grisey pour ce modèle, car cette irréversibilité d'un système de hauteurs n'a jamais été retrouvée hors des hiérarchies du système tonal. Cependant il faut bien reconnaître les limites du procédé qu'on ne saurait comparer à la fonctionnalité tonale. Si l'on observe son application dans les partitions, dans la deuxième section de *Partiels* par exemple (chiffres 12 à 22)[1], on constate que si les sons naissent effectivement les uns des autres, ils ne s'en déduisent pas par nécessité. Le procédé est très vite incontrôlable s'il est livré à lui-même, et parmi toutes les fréquences possibles que la musique pourrait générer à chaque instant, le compositeur doit faire un choix qui corresponde à la direction globale qu'il veut donner à cette succession de fréquences. Dans ce passage de *Partiels* Grisey veut passer du grave à l'aigu tout en amenant progressivement l'harmonicité sur *mi*. Il doit pour y parvenir choisir minutieusement chaque fréquence afin de respecter aussi bien le principe local de modulation en anneau que le processus formel souhaité. Le deuxième processus de *Transitoires*[2], similaire à ce passage de *Partiels*, se dotera de contraintes musicales supplémentaires qui réduiront le principe de modulation en anneau à un simple alibi acoustique.

La notion d'auto-engendrement des fréquences se distingue de celle du processus telle que la conçoit Grisey dans ses œuvres.[3] Le procédé aurait plutôt comme faculté d'assurer une continuité de l'enchaînement fréquentiel, puisque chaque nouvelle fréquence est engendrée par les fréquences qui précèdent. Cependant on peut déjà objecter que le modèle est technologique avant d'être acoustique ou musical. Il n'est pas évident que la fréquence 3A-2B soient ressentie comme proche de A et B. C'est d'ailleurs pour cette raison que Murail et Grisey privilégient au maximum les engendrements simples, en particulier l'engendrement purement spectral où la nouvelle fréquence est un harmonique de la précédente.

Mais cette continuité est avant tout créée par les caractéristiques de l'écriture de ces passages qui se résument en

---

[1] CD Accord 206532, CD1 plage 3 de 3:38 à 6:05.

[2] Analyse page 143.

[3] Il y a là une contradiction dont Grisey ne semble pas avoir pris conscience. Voir en particulier « La musique, le devenir des sons », *op. cit.* p.21.

deux principes simples : d'une part des soufflets dynamiques doivent faire naître le son sans attaque, augmenter naturellement son intensité et le ramener au silence. Ils se succèdent en s'emboîtant de façon à ce que le sommet de l'un corresponde au début du suivant. Aucune attaque, aucun événement ne vient contrarier l'apparente réaction en chaîne. D'autre part les jeux de notes communes ou d'anticipations ont un rôle de lien harmonique beaucoup plus puissant que le rapport entre sons générateurs et sons de combinaison.

Ni les modèles naturels, ni les modèles technologiques ne fournissent donc à la musique de Grisey les principes de son organisation temporelle. C'est par la technique du processus que Grisey parvient à l'auto-engendrement formel qu'il recherche. Alors que Murail s'appuiera pendant les années 70 sur certains modèles électroacoustiques pour élaborer progressivement des processus plus abstraits, Grisey s'installe dès *Dérives* dans une conception du processus détachée de tout référent extra-musical. Le processus n'est pas un outil occasionnel d'écriture, un simple canevas au même titre que certains modèles. Il est le principe même de la musique de Grisey qui avouait ne pas pouvoir composer sans cela, et aucune œuvre écrite depuis *Dérives* n'y échappe.[1]

[1] Néanmoins certaines pages des dernières œuvres (à partir de *L'Icône paradoxale*) sont hors-processus.

5

Typologie du processus

Quand on parle de processus chez Ligeti, Nancarrow, Reich, Grisey, Murail, ou chez de nombreux compositeurs plus jeunes, on parle d'une succession de phénomènes sonores donnée à entendre dans le déroulement temporel de la musique. Mais le mot processus à d'autres sens, en particulier celui d'une suite ordonnée de procédures, qu'on rencontre aussi en musicologie. Il s'agit alors d'un processus de création, engendrements déductifs opérés par le compositeur sur un matériau, avant toute organisation temporelle dans la partition : les proliférations sérielles en sont un exemple. Pour reprendre les termes de la tripartition Molino-Nattiez[1], cette dernière acception du processus concerne le niveau poïétique, et la première, qu'on utilisera exclusivement ici, concerne le niveau neutre.

Chez Grisey, la succession des différents instants du processus est chronologiquement causale. Deux instants séparés ne peuvent se déduire l'un de l'autre sans les étapes intermédiaires, car ils ne résultent pas d'une élaboration externe à la progression temporelle. Cela dit le simple auto-engendrement terme à terme ne suffit pas à constituer un processus, car est nécessaire une orientation générale qui définit la nature d'un changement. En ce sens le processus chez Grisey se différencie de la mise en route d'un engendrement mécanique ou automatique dont résulte *a posteriori* une évolution (modèle électroacoustique) ; pour autant, il n'est pas seulement mouvement continu selon un parcours prédéfini arbitrairement (modèle ligetien). Synthèse des deux conceptions,

---

[1] Cf. Nattiez, Jean-Jacques, *Musicologie générale et sémiologie*, Paris, Bourgois, 1987.

il est un programme de transformation temporelle d'une situation musicale, où les bornes initiale et finale sont définies comme origine et but de l'engendrement.

Les processus de Grisey se répartissent en six types fondamentaux auxquels peut se ramener toute la diversité de sa musique. Le présent chapitre les présente successivement, dans un ordre qui correspond grossièrement à leur apparition chronologique. La première catégorie mise à part, ces différents principes d'organisation musicale sont souvent combinés.

1. métamorphose continue de textures sonores

C'est dans cette catégorie que se placent les processus des œuvres de Ligeti des années 60. Il n'est donc pas étonnant que ce type de processus se rencontre surtout dans les premières œuvres de la maturité (*Dérives* en particulier). L'évolution joue sur différents critères liés entre eux :

• instrumentation : fréquent chez Ligeti, le passage d'un groupe instrumental à un autre est rare chez Grisey (début de *Dérives*, deuxième processus de *Modulations*), en raison de l'annihilation des spécificités instrumentales qui doivent fusionner, le timbre naissant de la structure fréquentielle ;

• intensité : crescendo / decrescendo ;

• fréquences : changement de bande de fréquence (aigu / grave, contracté / dilaté), changement d'harmonicité (harmonique / inharmonique et plus généralement son / bruit) ;

• agogique : accélération / décélération des mouvements internes, soit plus globalement

• densification / raréfaction de matière sonore, moteur important des premières œuvres de Grisey et Murail, en liaison avec le couple tension / détente.

Les processus sont figurés par des sons tenus tuilés, ou plus souvent par des micro-figures mélodiques, imperceptibles comme telles, qui se noient dans la masse sonore (principe de micropolyphonie ligetienne, mais sans traitement imitatif).

2. évolution discontinue en phases successives

La phase, est, plus que la section, une terminologie adéquate au découpage du processus car elle est une donnée temporelle plutôt que spatiale. Elle est l'état d'un principe évolutif à un moment donné (pensons à son sens premier des phases de la lune).[1]

La caractéristique première d'une phase est sa durée, qui peut être aussi bien une fraction de seconde que plusieurs minutes. Les processus de Grisey se réduisent volontiers, surtout dans les dernières œuvres, à une simple succession de durées.

Afin de rendre cette durée perceptible, chaque phase doit être délimitée par des éléments sonores. À la limite, seul le début peut être marqué, par un coup de percussion, par un changement d'harmonie... D'un autre côté les phases successives doivent posséder des caractéristiques communes, dont la variation progressive créera le processus. Une phase est ainsi un ensemble de phénomènes sonores définis par le mouvement dynamique global, la direction fréquentielle globale, la répartition fréquentielle des événements, le nombre d'événements et leur répartition temporelle. La variation de ces critères est précisément déterminée et calculée.

Plus une phase est longue, plus difficile est son appréhension comme un tout, et périlleuse la comparaison entre ses états successifs. À partir d'un certain point, les événements de la phase peuvent devenir eux-mêmes des phases internes.

À l'inverse, si la phase est suffisamment courte et ses caractères sonores forts, elle peut être assimilée à un *objet* et le processus s'apparente alors au changement progressif de cet objet répété. L'objet est généralement un geste neutre « archétypal » (mouvement ascendant, onde sinusoïdale, rythme de ralenti...). Il peut aussi, plus rarement, avoir une identité plus affirmée, c'est la cas en particulier du sonagramme orchestré.

L'objet autonome, fortement caractérisé, se trouvera surtout dans les dernières œuvres. L'objet n'est en fait qu'un

---

[1] Le mot a certes le défaut d'appartenir au vocabulaire de l'acoustique, et définit la valeur du décalage temporel entre deux ondes périodiques. On est ainsi amené à parler par exemple d'*opposition de phases*, de *déphasage*, ou de *mise en phase*.

stade extrême de la phase, et les processus de phases successives oscillent entre une perception d'objets unitaires et une perception d'épisodes temporels.

Qu'il s'agisse de phase ou d'objet, il est important de signaler que la variation s'effectue selon les mêmes axes primordiaux que ceux d'un processus de type 1 (catégorie précédente). En revanche l'idée de métamorphose d'un objet caractérisé en un autre, dans un processus complexe de *morphing* sonore, est étrangère à la musique de Grisey.[1]

À l'inverse des processus de type 1, les processus de cette catégorie sont par définition sécables en épisodes successifs, ce qui permettra l'évolution stylistique de la musique de Grisey — comme celle de Murail — dans les années 80[2]. Ce type de processus est un fondement de l'écriture de Grisey et se retrouve dans la quasi-totalité de sa musique, souvent intégré dans les processus plus complexes des catégories suivantes.

Les deux premières catégories de processus s'excluent donc mutuellement à cause de cette opposition entre continu et discontinu. Néanmoins il est clair qu'elles obéissent aux mêmes principes de transformation, et qu'aucune limite ne peut être tracée entre les deux : en effet, les micro-figures constituant les masses sonores évoluantes peuvent devenir en se ralentissant des courbes mélodiques concevables comme objets, puis comme phases. Cette transformation est d'ailleurs un processus privilégié des premières œuvres spectrales, surtout chez Murail. Grisey l'exploite par exemple dans la deuxième partie de *Périodes* (chiffres 5 à 7)[3]. Il s'agit là d'un processus de passage du continu au discontinu, qu'on peut rattacher à la troisième catégorie.

---

[1] Cette idée d'interpolation, qu'on décèle plus facilement chez Tristan Murail, est un concept majeur de compositeurs plus jeunes revendiquant une filiation « spectrale ». Ce que j'ai appelé objet peut prendre chez eux le nom d'*image sonore* (Jean-Luc Hervé) ou encore d'*action sonore* (Philippe Leroux). Cf. *La création après la musique contemporaine*, Paris, L'Itinéraire / L'Harmattan, 1999.

[2] Murail peut ainsi omettre ou intervertir certaines phases du processus.

[3] CD Accord 206532, CD1 plage 2 de 3:17 à 4:18.

3. passage d'un type de perception à un autre

Alors que les deux catégories précédentes peuvent s'appliquer à la musique d'autres compositeurs (notamment Ligeti, Reich, Nancarrow), on aborde ici une particularité primordiale de la musique spectrale[1]. Deux stades sont à distinguer :

« changement d'état » de l'élément sonore

L'image du changement d'état au sens physique est efficace pour se représenter ce phénomène de basculement, à un instant qu'on ne peut établir avec précision, dans une perception autre du phénomène musical. Grisey, comme Murail ou parmi les plus jeunes Philippe Hurel en particulier, cultive l'équivoque des situations sonores née d'un jeu sur les seuils de perception. On sait que plutôt que spectrale, Grisey voulait qualifier sa musique de « *liminale*, parce qu'elle s'applique à déployer les seuils où s'opèrent les interactions psycho-acoustiques entre les paramètres et à jouer de leurs ambiguïtés. »[2] Les processus fonctionnent à l'intérieur des couples suivants :

• non pulsé / pulsé : mouvement caractéristique des partitions de Grisey, lié aux couples asynchrone / synchrone, apériodique / périodique, arythmique / rythmique ;

• continu / discontinu : outre l'exemple cité plus haut, une remarquable illustration se trouve dans *Dérives* où Grisey, en 1973-74, élabore un long processus qui contient en germe les principes esthétiques et formels auxquels il sera toujours attaché. Dans ce passage (des chiffres 11 à 22, la section la plus importante de l'œuvre),

> « les hauteurs s'organisent statistiquement sur la forme d'une onde sinusoïdale d'amplitude croissante et de fréquence décroissante. Les durées procèdent de la même manière : d'abord presque périodiques, elles deviennent de plus en plus différenciées. Les changements de hauteur, de timbre, et d'intensité évoluent vers un maximum de densité. Le profil va du son lisse aux blocs extrêmement secs et hachés en passant par tous les intermédiaires (sons à grain plus ou moins complexe, blocs avec résonance, etc.).

---

[1] On en trouve les prémices dans certaines études de Conlon Nancarrow.
[2] « La musique, le devenir des sons », *op. cit.* p.16.

> L'image que je désire laisser à ceux pour lesquels le son est insuffisant serait celle d'une mer progressivement agitée jusqu'à une formidable tempête mais dont les vagues se solidifieraient peu à peu, ne laissant finalement entendre que les craquements isolés des icebergs se chevauchant... Jusqu'au silence, point ultime de cette dérive. Mais j'insiste sur le fait que cette image m'est venue bien après avoir composé cette séquence. »[1]

• texture / figures, ou timbre / notes : puisque la musique spectrale cultive la fusion des fréquences et des instruments en un timbre unique, on peut jouer sur la qualité de cette fusion et faire osciller la perception entre la globalité d'un son unique et la distinction de lignes ou mouvements individuels ;

• monophonie / polyphonie : dans la quatrième partie de *Modulations* (1976-77), des chiffres 31 à 41, « le processus consiste à transformer par coagulation progressive une écriture polyphonique à vingt parties réelles en polyphonie de blocs puis en homophonie dont la courbe mélodique n'est autre qu'un agrandissement démesuré des mélodies qui constituaient le tissu polyphonique initial. »[2]

changement d'échelle temporelle

Dans ce dernier exemple, l'ambition, (pas vraiment réalisée, voir analyse page 124), est de créer une transformation d'échelle de perception d'un même phénomène sonore, ici une courbe mélodique. Les couples timbre / notes, monophonie / polyphonie se doublent toujours chez Grisey du couple microphonie / macrophonie.

> « On a fréquemment allégué que pour complexes que soient ces structures [spectrales], elles ne sont finalement que monophoniques. Mais qu'est-ce que la polyphonie ? N'est-elle pas une conséquence directe de la proximité, donc de l'espace ? Une fugue entendue de très loin nous apparaît comme une coagulation indifférenciée. À l'inverse, un son unique ausculté par le microphone peut révéler une véritable polyphonie de ses composantes spectrales. »[3]

---

[1] Notice de présentation de *Dérives*, in *Écrits*, op. cit.
[2] « La musique, le devenir des sons », *op. cit.*, p.23.
[3] « Structuration des timbres dans la musique instrumentale », *Le timbre : métaphore pour la composition*, Paris, IRCAM/Bourgois, p.377.

La première partie de *Vortex Temporum I*, composée presque vingt ans après ce passage de *Modulations*, épouse le même principe directeur : elle débute par une cellule mélodique ondulatoire et s'achève par sa projection ralentie dans toute l'étendue des fréquences, les quatre hauteurs constitutives de la cellule initiale devenant quatre bandes de fréquence séparées.[1]

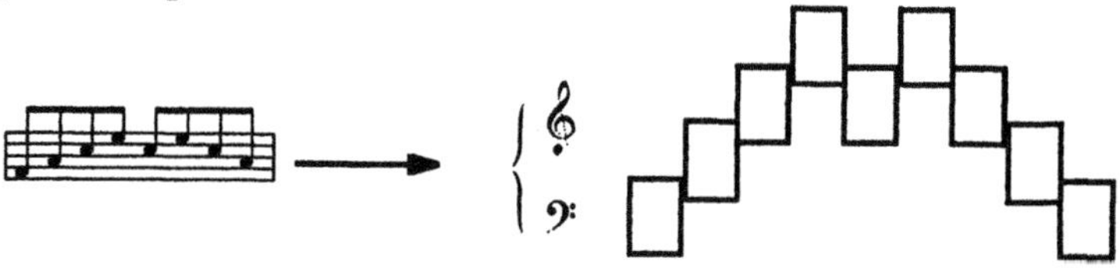

Toutefois le concept de projection d'un même objet selon différentes temporalités (ou différents degrés d'éloignement perceptif) se plie difficilement au principe du processus : la juxtaposition, la séparation de ces différentes temporalités (première partie de *Transitoires* par exemple, voir page 137) sont plus aisément réalisables que le passage de l'une à l'autre (projet formel de *Tempus ex machina*, voir page 175).

La transition entre différentes temporalités est plus réussie quand elle prend un caractère plus abstrait, sans référence à un objet précis, c'est le cas surtout dans les dernières œuvres, *Vortex Temporum III* en particulier. Chaque échelle de temps s'y caractérise par des types d'écriture et de sonorité spécifiques, ce qui permet le passage continu de l'une à l'autre. Mais par-là même la transformation perd son caractère temporel et n'est de toute façon qu'un procédé local qui a peu à voir avec les processus formels de Grisey.

---

[1] Analyse de *Vortex Temporum* p.213.

4. mise en phase progressive d'une superposition polyrythmique

Les trois premières catégories décrites jusqu'ici sont toutes contenues dans *Dérives*. *Partiels*, écrit en 1975, inaugure un nouveau type de processus entre les chiffres 34 et 41[1] (voir schéma ci-dessous). Le passage superpose cinq couches constituées chacune d'une succession périodique de courbes mélodiques de forme descendante - ascendante, d'intensité croissante, et contenant progressivement de plus en plus de notes (précédées de fusées). La distribution des notes de chaque courbe va du périodique à l'apériodique. La simultanéité finale des cinq couches est marquée par les traits descendants homophones des bois *fff*, au chiffre 41.[2]

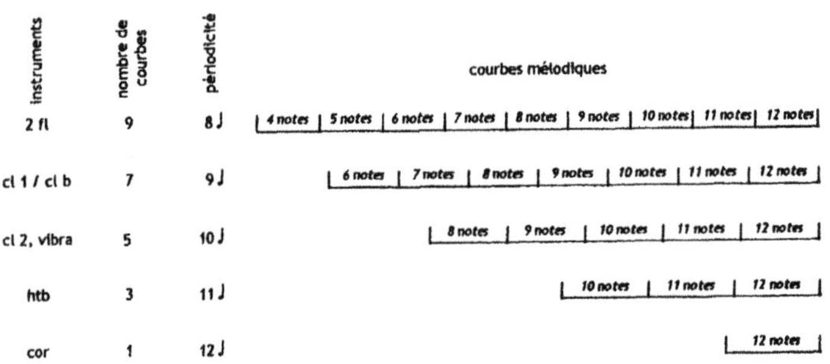

Ce principe polyrythmique pourrait être justifié par le modèle acoustique de la mise en phase d'ondes sonores de périodicités inégales. Mais ce rapport métaphorique disparaît dès la deuxième utilisation de cette technique au début de *Tempus ex machina*, qui supprime la périodicité de chaque couche au profit d'une diminution de la durée des phases :

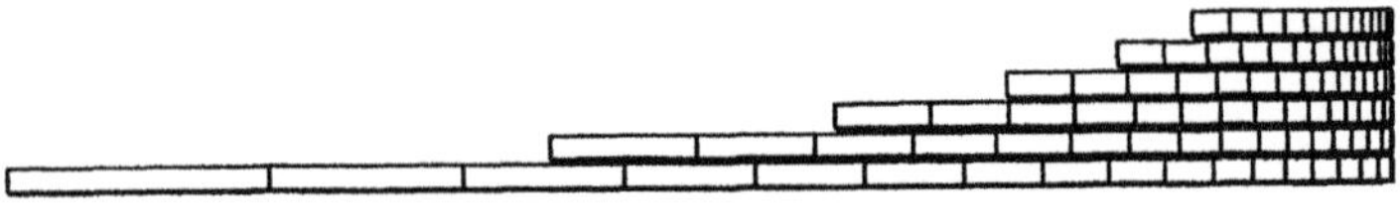

[1] CD Accord 206532, CD1 plage 3 de 11:00 à 12:00.
[2] Tout ce passage sera repris, amplifié et orchestré, dans *Transitoires* de 52 à 58. (Voir analyse page 147)

Ce type de processus trouve une origine plus évidente dans les processus rythmiques qu'on trouve chez Ligeti et surtout Nancarrow. Son usage dès 1975 est révélateur, car il témoigne d'un souci de dramatisation des formes : la mise en phase finale est considérée comme l'aboutissement nécessaire d'une progression temporelle inéluctable. Certes son rôle dans *Partiels* est encore faible, masqué par les évolutions les plus perceptibles du passage (crescendo, densification, élargissement fréquentiel...), mais l'accélération ajoutée dans *Tempus ex machina* confirme le caractère irréversiblement orienté de ce processus.

L'entrée successive des différentes voix n'est pas inhérente au principe de mise en phase, mais elle l'enrichit par densification rythmique progressive. On peut appeler cela un canon rythmique, mais sans nécessité d'un canon instrumental. Dans *Talea* par exemple (1986), Grisey installe un système de doublures pour éviter l'entrée successive, voix après voix, des cinq instruments. Dans *L'Icône paradoxale* enfin (1993-94), le canon rythmique lui-même disparaît, les différentes couches du processus de mise en phase apparaissant simultanément au début de l'œuvre.

5. transformation symétrique de deux objets

La dramatisation progresse avec cette nouvelle catégorie qui acquiert la notion de dialectique. Ce type de processus est cher à Grisey mais absent de la musique de Murail.

On en trouve la première ébauche dans *Modulations* (1976-77). La première partie de l'œuvre[1] passe de l'alternance de deux accords (un accord inharmonique aux vents, un accord de sons engendrés par le premier aux cordes), à leur fusion, instrumentale et harmonique. Mais les deux accords sont englobés dans un processus général commun : ralentissement, passage de l'apériodique au périodique, allongement de la durée des accords par rapport à celle des silences jusqu'à l'enchaînement ininterrompu, amortissement des attaques, progression de l'inharmonique à l'harmonique. Ce processus global dirige l'évolution du passage, et comme les deux objets sont en fait faiblement opposés (par l'instrumentation surtout), l'ensemble peut être ramené à un processus de deuxième et troisième catégories.

---

[1] Du début au chiffre 19. Voir analyse détaillée page 116.

Composé peu après, *Jour, Contre-jour* présente des caractères très proches de ceux d'un processus de transformation symétrique. L'œuvre contient un seul processus de phases successives, représentées chacune par une ligne dans la figure ci-dessous.

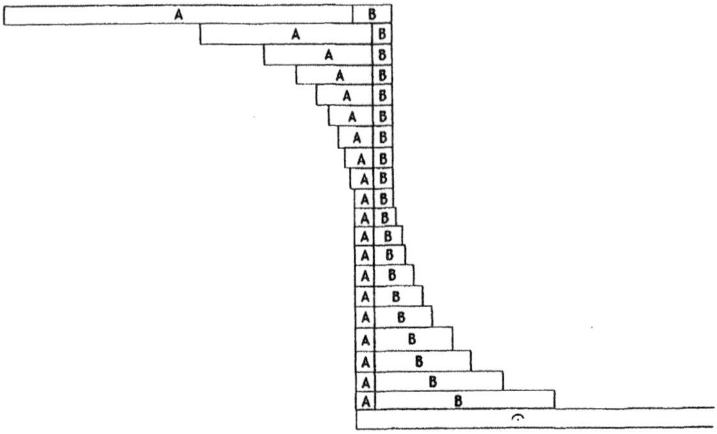

Chaque phase est délimitée par un son de percussion résonnante (crotales, glockenspiel...) et l'arrivée d'un nouvel accord. L'évolution, continue quant au registre fréquentiel, entre extrême aigu et extrême grave, est symétrique pour tous les autres paramètres : durées des phases, intensité, ambitus fréquentiel, degré d'harmonicité, degré de périodicité, densité d'événements.

Chaque phase est divisée en outre en deux parties A et B, dont les durées évoluent de façon symétrique. Cette division est faiblement audible, B ne se distinguant de A que par des sonorités plus bruitées (souffles colorés des vents, sons écrasés des cordes, bande magnétique). De plus cette opposition sonore est immuable et ne se dirige pas vers une similitude entre A et B. Mais on trouve là en germe un processus de transformation symétrique : il suffira de caractériser fortement A et B, de marquer franchement leur séparation, d'estomper ou d'accroître leur dissemblance, pour créer une évolution dialectique entre deux objets. Cette évolution prend dans *Jour, Contre-jour* deux directions possibles, la convergence et la divergence. On distinguera les deux types de processus, très inégalement représentés dans la musique de Grisey.

convergence

Le principe consiste à passer de l'antinomie à la similarité de deux objets (ou phases), par affaiblissement symétrique progressif de leurs caractéristiques définies selon des critères fondamentaux : registre fréquentiel (aigu / grave), direction fréquentielle (ascendant / descendant), registre dynamique (fort / doux), mouvement dynamique (cresc. / decresc.), degré d'harmonicité (harmonique / inharmonique, son / bruit), degré de périodicité (périodique / apériodique, pulsé / non pulsé), vitesse (lent / vite), durée (long / court).

Le processus de convergence apparaît dans la première partie de *Tempus ex machina* (1979), qui va en quelque sorte faire la synthèse des deux exemples précédents : la division des phases en deux parties séparées de *Jour, Contre jour* est associée au principe de fusion de deux objets antinomiques esquissé dans *Modulations*. Le processus débute par l'alternance de longues plages de coups répétés aux peaux (très lents, *pp*, graves, ascendants) et d'interventions très brèves de coups répétés aux bois (très rapides, *ff*, aigus, descendants), et progresse vers la similitude des durées, des vitesses, des intensités et des registres : seule reste constante la direction fréquentielle. Ce processus est superposé à lui-même dans un canon rythmique à six voix (processus de type 4, voir plus haut), sans doute par souci d'enrichissement de la progression temporelle, et devient de ce fait moins clairement audible.[1]

Les deux objets d'un processus de convergence ne peuvent être totalement étrangers l'un à l'autre mais doivent être antinomiques. On peut en effet considérer théoriquement ces deux objets A et B comme les stades extrêmes d'un processus de type 2, transformation continue de l'un à l'autre en passant par un stade intermédiaire indifférencié[2] :

A ——▶ état indifférencié ——▶ B

---

[1] La première partie de *Talea* (1986) sera structurée de la même façon. Voir analyse page 177.

[2] Ce processus théorique n'apparaît en fait jamais chez Grisey.

Dans ce cas le stade indifférencié n'a pas de statut particulier entre les états successifs dans lequel il s'insère. Dans le processus convergent, il devient l'aboutissement d'une progression temporelle qui ne pourrait être dépassé :

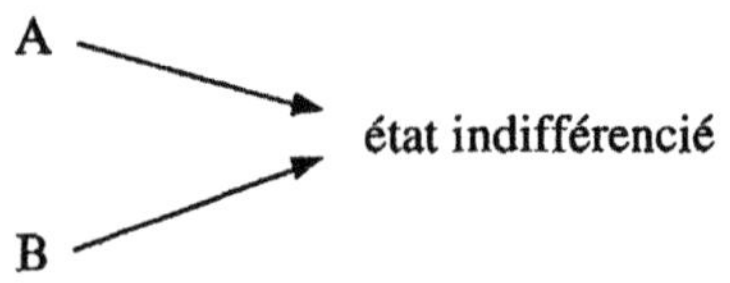

Le but du processus se définit alors comme la *résolution symétrique* de l'opposition dialectique de deux objets, dimension absente des catégories précédentes.

divergence

Contraire du précédent, le processus divergent est un processus ouvert, dans le sens où seul le début peut en être défini, la fin pouvant toujours être poussée vers une opposition plus grande des deux objets. Pour cette raison cette technique est rare. On la trouve dans la deuxième partie de *Talea*, pensée comme reflet de la première, processus de convergence. Elle est en outre intégrée dans une élaboration plus complexe qui appartient quant à elle au sixième et dernier type de processus.

6. évolution d'une alternance d'objet

Les cinq premières catégories sont toutes présentes dans la musique composée avant 1980. La dernière en revanche subira une lente maturation à partir de *Prologue* (1976) pour trouver sa forme définitive dans *Vortex Temporum* (1994-95). Elle est pourtant la technique la moins originale de Grisey et s'inspire de modèles éprouvés. C'est sans doute la difficulté, voire le rejet inconscient ressenti à intégrer une telle technique à son style qui empêche Grisey de l'utiliser pleinement avant ses dernières œuvres. L'évolution de ce type de processus dans les œuvres de Grisey est liée à l'évolution de son style dans les années 80.

Au contraire des objets ou phases d'un processus de type 5, les objets sont ici forcément des objets brefs, caractérisés et perceptibles comme une unité. Ils peuvent être de différente nature car est absente l'idée d'évolution symétrique ou conjuguée. Le processus est créé par l'ordre et la fréquence d'apparitions d'objets au nombre restreint, apparitions toujours successives et jamais superposées. Chaque objet peut rester identique à lui-même tout au long du processus, ou, plus fréquemment, varier d'une apparition à l'autre et créer ainsi un processus individuel (type 2). Ce procédé est issu des personnages rythmiques de Stravinsky et Messiaen, auquel s'ajoute la nécessité d'une évolution globale de la répartition de ces différents « personnages »[1]. Une simple alternance informe ne suffit pas à créer un processus, même si chaque objet se transforme d'une apparition à l'autre.

Cette technique n'est donc pas propre à la musique de Grisey et elle introduit un aspect discursif totalement étranger à l'esthétique des premières œuvres spectrales. Mais Grisey y trouve une manière efficace de conjuguer la nécessité fondamentale de la progression générale de la musique avec le besoin de contrastes et de ruptures locaux. La continuité du processus est évitée, mais sont conservés sa linéarité et son potentiel d'articulation formelle.

Le procédé est ébauché dès 1976 dans la première partie de *Prologue*[2], où l'alternance entre une cellule mélodique, un rythme ïambique et un effet d'écho se conjugue au processus de dégradation de la cellule mélodique. C'est là une application directe des personnages rythmiques de Messiaen qui vont toujours par trois, le premier constant, le deuxième diminuant, le troisième augmentant. Ici la cellule mélodique est présente d'un bout à l'autre du processus, alors que les apparitions de la cellule ïambique se font de plus en plus rares quand celles de l'écho envahissent peu à peu la musique.

La première partie de *Transitoires* (1980-81), du chiffre 18 au chiffre 43, adapte la technique au concept des échelles de temps relatives. Les trois objets ne sont que trois grossissements selon différents facteurs des motifs de contrebasse qui scandent la structure. L'alternance de ces trois échelles assure la progression formelle.

Dans la deuxième partie de *Talea* (1986), le procédé est accusé d'une part par un nombre plus grand d'objets (six), d'autre part par leur plus forte individualisation. Les objets sont tous des dérivés, plus ou moins reconnaissables, d'un

---

[1] Ce qui n'est que rarement le cas chez Messiaen ou Stravinsky : par ex. *Symphonies d'instruments à vent.*
[2] Analyse page 99.

couple initial antinomique A B, et en fait la structure générale contient également un processus symétrique divergent. En voici le schéma global :

A	B				
A	B				
A	B	A'			
A	B	A'			
A	B	A'	B'		
A	B	A'	B'		
A	B	A'	B'	A"	
A	B	A'	B'	A"	
A	B	A'	B'	A"	B"
A	B	A'	B' *(coupé)*		

Le Temps et l'Écume (1988-89) reprend ce dernier schéma mais sans le processus de transformation symétrique entre A et B[1]. Le processus peut être renversé (section 40-52):

A	B	A	B	A'	B	A'	C
A	B	A	B	A'	B		C
A	B	A	B	A'			C
A	B	A	B				C
A	B	A					C
A	B						

Il peut aussi être perturbé par la contraction temporelle de certains objets, notés ici en minuscules (section 59-68):

						A	
			B	A	B	A	a
		a'	B	A	B	A	a
	b	a'	B	A	B	A	a
a'	b	a'	b	A	B	A	
a'	b	a'	b	A	B		

On aboutit finalement avec *Vortex Temporum* (1994-95) au stade définitif de ce type de processus. Chacune des trois parties du premier mouvement de l'œuvre est un processus

[1] Analyse page 190.

d'alternance[1], mais la troisième (solo de piano) pousse plus loin le procédé. Pas moins de huit objets individualisés se côtoient, selon un schéma que Grisey aurait figuré ainsi :

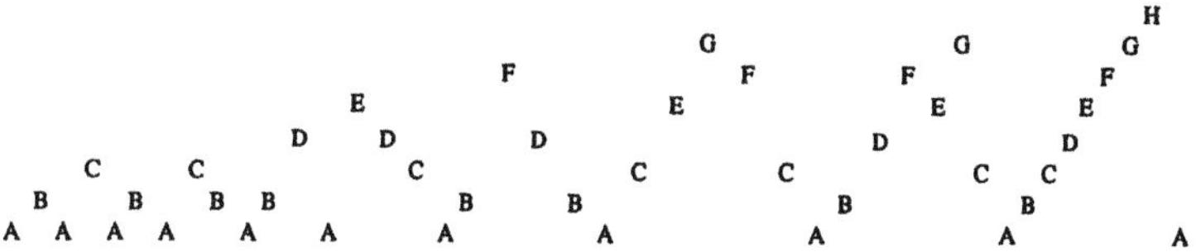

car le projet formel est d'aboutir à la figure d'une onde en dent de scie (de même que la première partie prenait pour modèle l'onde sinusoïdale et la deuxième l'onde carrée). Il est évident que ce modèle n'est pas audible, il ne serait même pas visible dans une représentation paradigmatique semblable à celles des exemples précédents :

A	B						
A		C					
A	B						
A		C					
	B						
A	B		D				
A				E			
			D				
		C					
A	B				F		
			D				
	B						
A		C		E		G	
					F		
		C					
A	B		D		F		
				E		G	
		C					
A	B	C	D	E	F	G	H
A							

On atteint un stade limite du processus, réduit finalement à un ajout progressif mais non régulier d'éléments nouveaux, et qu'on peut considérer comme un schéma global préalable d'agencement des différents objets. C'est ainsi qu'il faut également appréhender la structure du troisième mouvement de *Vortex Temporum*, élaboration formelle la plus abstraite sans doute de l'œuvre de Grisey. Les objets alternés sont trois

---

[1] Voir analyse page 215.

temporalités fortement différenciées (A temps normal, α temps étiré, *a* temps contracté), opposées surtout par la particularisation de leur contenu musical. Leur répartition conduit à une onde sinusoïdale si on la représente de la manière suivante :

```
                                 a     a     a       a
A A A A A   A A A   A A   A   A    A A   A     A   A   A
          α       α     α   α             α     α       α
```

À ce niveau de conceptualisation, l'alternance d'objets n'est qu'un algorithme antérieur à la composition. La transformation globale a un rôle formel moindre que les processus individuels de chacun des objets. Dans ces deux derniers exemples relevés dans *Vortex Temporum*, le processus d'alternance d'objets engendre une forme assimilable à plusieurs processus de type 2 fonctionnant à tour de rôle.

Combinaison des différents types

Il faut être vigilant sur la notion de simultanéité de multiples processus chez Grisey. Les derniers exemples sont des cas extrême et rares, où le projet formel, processus d'alternance menant à la forme d'une onde, a peu de pertinence sonore. Ce processus virtuel occupe cependant dans la structuration formelle du passage, un niveau hiérarchique supérieur aux processus de chacun des objets.

Les combinaisons des différents types de processus au sein d'une même unité formelle (c'est à dire une partie d'œuvre, parfois une œuvre entière), ne se réduisent jamais à la superposition de plusieurs processus indépendants.[1] Il existe une hiérarchie de leur emboîtement qui permet toujours de réduire cette unité formelle à un unique processus de niveau supérieur.

Si l'on prend pour exemple la première partie de *Tempus ex machina*, trois niveaux hiérarchiques apparaissent :

- niveau 1 (processus global) : processus de mise en phase progressive, type 4.

La structure est un canon rythmique à six voix, formées chacune d'une même suite de phases (avec quelques variantes), mais à des tempi différents : les six voix ne sont donc jamais synchrones avant la mise en phase située après la dernière durée de 3 noires.

---

[1] Une exception toutefois : *Épilogue*, voir page 153.

schéma structurel en nombre de noires :

⑥	♩=120						21	17	14	12	10.5	8	7.5	5.5	5.5	1.5	3.5	3
⑤	♩=105					24	21	17	14	12	10	9	6.5	5.5	5.5	4.5	3.5	3
④	♩=90				28	24	21	17	14	12	10.5	8	7	6.5	5.5	4.5	3.5	3
③	♩=75			34	28	24	21	17	14	12	10.5	8.5	7	6	5	4.5	3.5	3
②	♩=60		42	34	28	24	21	17	14	12	10.5	8.5	7	5.5	5.5	4.5	3.5	3
①	♩=45	56	42	34	28	24	21	17	14	12	10.5	8.5	7	5.5	5.5	4.5	3.5	3

représentation chronométrique :

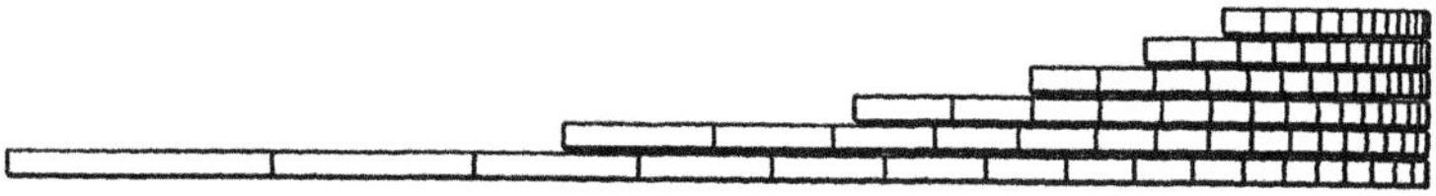

- niveau 2 (processus de chaque voix) :
  processus de diminution de la durée des phases, type 2
  processus de convergence symétrique de deux objets (bois / peaux), type 5

- niveau 3 (processus de chacun des deux objets, type 2)
  peaux : raccourcissement, accélération, crescendo, montée vers l'aigu
  bois : allongement, décélération, diminuendo, descente vers le grave.

Il est intéressant d'observer que la perception de ce passage n'obéit pas à cette hiérarchie, et procède selon des principes biaisés. L'impression globale est une augmentation d'intensité, une densification d'événements, ainsi qu'une accélération. L'ensemble, ressenti comme une montée de tension, résulte à la fois de l'entrée successive des instrumentistes (issue de la structure de premier niveau), de la diminution de durée des phases (de niveau 2) qui fait s'accélérer l'alternance entre bois et peaux, enfin du processus des peaux (niveau 3), que le processus contraire des bois ne semble pas pouvoir contrebalancer. Le processus de convergence entre les deux objets est quant à lui beaucoup moins évident, sauf pour un auditeur prévenu et attentif. Enfin il est peu probable que cet auditeur puisse, même avec la meilleure volonté, ressentir une progression temporelle née de la seule mise en phase progressive des six voix, qui semble inaudible.

Celle-ci constitue pourtant (ou est-ce lié ?) la base de l'édifice structurel.

Les deux aspects les moins perceptibles du processus semblent être la convergence d'objets et la mise en phase progressive, c'est à dire les principes qui sont censés théoriquement faire de la fin du processus l'aboutissement inéluctable d'une progression temporelle dramatique et dialectique. Le dynamisme du passage serait donc plutôt dû aux évolutions les plus rudimentaires : accélération et crescendo. Ces réflexions, fatalement subjectives, relèvent aujourd'hui davantage de la psycho-acoustique que de la musicologie qui peut difficilement y apporter solutions ou hypothèses. Il est néanmoins indispensable d'en être conscient quand on étudie les principes structurels de la musique de Grisey.

6

Processus et forme

Quel que soit son principe, quelle que soit la catégorie à laquelle on le rattache, le processus chez Grisey est toujours un procédé dynamique. Il a pour rôle d'orienter le discours musical, d'assurer une progression vers le futur de l'œuvre. La technique du processus se donne pour normes les capacités perceptives de l'auditeur : elle doit user à chaque instant de la sensation immédiate d'une variation par rapport à l'instant qui précède, sur un seuil étroit entre immobilisme par répétition du même et rupture par intrusion du nouveau. Chaque instant du processus doit donc être doté d'un minimum de prévisibilité :

> « Définir à chaque instant donné ce qui change par rapport à ce qui précède, structurer la quantité de changement, la différence entre chaque événement et le suivant, cette notion issue de la théorie de l'information fut reprise par Stockhausen (*Veränderungsgrad*) notamment dans *Carré* pour quatre orchestres et quatre chœurs. En incluant non seulement le son mais, plus encore, les différences perçues entre les sons, le véritable matériau du compositeur devient le *degré de prévisibilité*, mieux : de *pré-audibilité*. »[1]

> « Il me semble [...] important d'établir pour l'auditeur une certaine prévisibilité qu'il n'a plus depuis la musique tonale. Les déviations non linéaires, les catastrophes, les émergences en tout genre n'ont de sens que sur un fond relativement prévisible. »[2]

---

[1] « Structuration des timbres dans la musique instrumentale », *op. cit.* p.373

[2] Lelong, Guy, « Les dérives sonores de Gérard Grisey », *op. cit.*, p.46

Le processus exclut tout matériau initial dont la trop grande prégnance en ferait un objet appréhendé et mémorisé par l'auditeur. Seule la mémoire immédiate est sollicitée, aucun phénomène de retour ou de réminiscence ne pouvant survenir à l'intérieur du processus. Les formes de la musique de Grisey, surtout entre 1973 et 1985, ne peuvent s'établir sur la reconnaissance de l'identique ou du semblable, puisque générant perpétuellement du *différent*. C'est plutôt le jeu entre ce qui est déterminé, prévisible et ce qui survient comme un événement dans le déroulement, qui permet l'articulation des formes par processus.

L'intégration du rôle de la mémoire dans une musique de processus a été une des conditions du renouvellement et de la descendance de la musique spectrale dans les années 80. Marc-André Dalbavie et Philippe Hurel notamment se sont ingéniés à trouver les moyens d'associer principes de transformation ou de métamorphose et principes de reconnaissance ou de rappel. L'apparition contemporaine et tardive des processus d'alternance d'objets dans la musique de Grisey s'inscrit dans cette perspective : les objets deviennent plus caractérisés pour pouvoir être reconnus d'une apparition à l'autre. Mais fondamentalement, la musique de Grisey comme celle de Murail — et comme la musique sérielle aussi — donnent une place très limitée à la mémoire dans leur organisation temporelle.

Le processus chez Grisey transforme sans cesse, inexorablement, une situation musicale dans une autre sans pouvoir s'arrêter sur l'une d'entre elles. Il est donc par nature un phénomène instable, et son seul terme possible, son point d'achèvement, ne peut être qu'une situation stable. La stabilité peut revêtir différents attributs sonores, pour Grisey elle est essentiellement liée au spectre harmonique et à la périodicité rythmique, car ce sont des situations bloquées ne pouvant générer qu'elles-mêmes sans l'apport d'un événement extérieur. C'est également en raison de cette nécessité de la stabilité finale que les processus de convergence d'objets sont prisés par Grisey : leur aboutissement, indépassable, se définit par l'indifférenciation sonore entre deux objets d'abord opposés.

Le processus, instable, est borné par des phénomènes stables. Il est un objet temporel fermé, formé, qui exclut toute ouverture ou indétermination. La musique spectrale s'oppose à toutes les techniques aléatoires et formes mobiles encore très présentes dans la musique des années 70, et qu'on trouve dans la musique de Grisey jusqu'à *D'eau et de pierre*. Elle s'oppose aussi à la notion de *all-over* musical, revendiquée aussi bien par Karlheinz Stockhausen que par Philip Glass, où la structure (virtuelle) peut dépasser le cadre (actuel) de l'exécution sonore. Stockhausen est ainsi amené, pour expliquer sa conception de la forme musicale, à distinguer d'une part *Anfang* et *Ende* (commencement et fin de l'exécution temporelle), d'autre part *Begin* et *Schluß* (début et terme de l'œuvre)[1]. La musique spectrale nécessite en revanche des formes closes et définies, où les bornes du processus doivent être entendues car elles déterminent les articulations de l'œuvre. Rares sont chez Grisey les processus infinis devant être interrompus arbitrairement (fin de *Talea* notamment, processus divergent).

Le processus est dès l'origine (*Dérives*) recherché pour son rôle formel. L'apparition chronologique des différents types de processus montre une progression de leur potentiel d'articulation et de dramatisation temporelle. L'évolution du style de Grisey se résume par l'accroissement de la longueur des processus, de leur discursivité, de leur capacité à engendrer une forme. Considéré comme une unité formelle, le processus se confond avec une partie d'œuvre, ou avec une œuvre entière. C'est pourquoi la question de l'agencement des processus au sein d'une œuvre, que la suite de ce chapitre veut étudier, amène fatalement des concepts simples, excluant le tuilage ou la pure superposition, et se résumant en fait à la succession de processus et au processus unique.

Succession de processus

C'est une conséquence formelle simple et directe de la constitution même du processus, phénomène instable s'insérant entre des phénomènes stables. La stabilité est manifestée par des zones de repos harmoniques et périodiques, parfois non mesurées ou répétées *ad libitum*. Un processus s'en échappe progressivement pour mener vers l'inharmonicité et l'apériodicité. Synonymes d'instabilité et de tension maximales pour Grisey, celles-ci ne sont qu'un point limite débouchant immédiatement sur un second processus

---

[1] Stockhausen, Karlheinz, « Momentform », *op.cit.*, p.118.

qui ramène au repos initial. Ainsi se crée l'articulation ternaire propre en particulier aux œuvres des *Espaces acoustiques*, que Grisey compare à la respiration humaine :

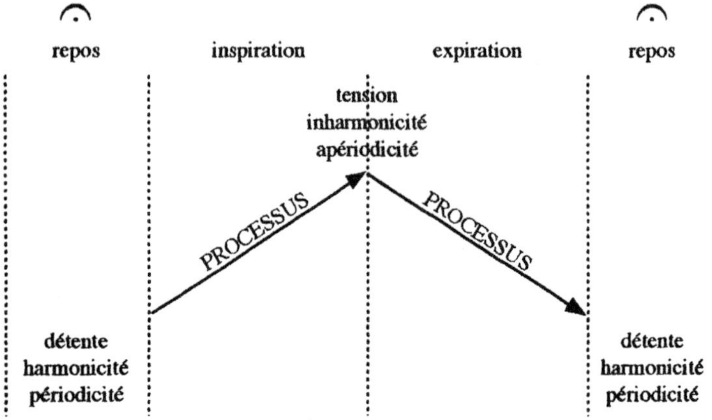

Périodes par exemple accole quatre cycles de ce type, la forme est une suite d'épisodes correspondant aux divers processus, tous différents (F n'est pas un processus mais un épisode théâtral) :

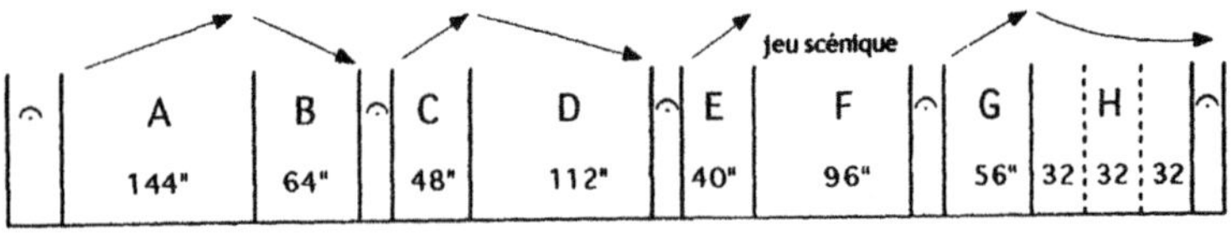

L'enchaînement des processus se fait sans tuilage, et de trois façons possibles :

• par borne commune. L'aboutissement d'un processus devient le début d'un autre, c'est le cas surtout des zones de repos entre deux processus.

• par similitude sonore. Le début d'un processus possède un caractère sonore en commun avec la fin du précédent (registre, densité d'événements...). C'est le procédé le plus courant.

• par transition. *A priori*, les transitions peuvent paraître inutiles aux musique de processus qui ne sont que transformations. Elles existent pourtant chez Grisey, en particulier à la fin des processus de mise en phase progressive (type 4). Que ce soit dans *Partiels* (chiffre 41), dans *Tempus ex machina* (chiffre 14), dans *Transitoires* (chiffre 58), dans *Talea* (chiffre 16), l'arrivée sur la mise en phase finale semble devoir être marquée par un court moment qui n'est pas assujetti aux processus qu'il sépare.

Une telle conception d'un enchaînement d'épisodes pose le problème d'une absence de cohérence de la grande forme, puisque chaque cycle ternaire peut s'enchaîner sur une autre musique. Une des solutions apportées par Grisey est un artifice numérique : dans les œuvres des *Espaces acoustiques*, les durées chronométriques des différents processus sont définies proportionnellement aux intervalles du spectre d'un son de trombone (synthétisé à la fin de *Périodes*)[1]. Cela revient mathématiquement à l'élaboration de durées à partir d'une suite harmonique, et toutes les œuvres ou presque de Grisey obéissent à une structuration d'ordre numérique, souvent systématique et méthodique (*Transitoires*, *Tempus ex machina*).

Un autre principe de lien entre processus existe dans la musique de Grisey, et consiste dans le retour, déformé, d'un processus entendu auparavant. Il s'observe uniquement dans les œuvres très longues (*Les Espaces acoustiques*, *Le Noir de l'Étoile*, *Vortex Temporum*) car une durée suffisamment importante doit séparer les deux apparitions. La déformation du processus peut prendre trois aspects : rétrogradation formelle (*Le Noir de l'Étoile*), distorsion instrumentale (*Épilogue* par rapport à *Prologue*, *Transitoires* par rapport à *Partiels*), distorsion temporelle (premier processus de *Transitoires*, *Vortex Temporum III*)[2].

Les déformations sont si importantes, et le processus par nature si peu mémorisable comme un tout, que la reconnaissance à long terme par l'auditeur est en général impossible. Seul un matériau fortement caractérisé peut signaler le retour du processus, comme le motif rythmique sur la quatrième corde de la contrebasse (début de *Partiels* et de *Transitoires*), ou la cellule mélodique initiale de *Vortex Temporum*, qui revient au début du troisième mouvement.

---

[1] Voir analyse p. 97.
[2] Voir analyses p.137 et 227.

Enveloppe d'une succession de processus

La succession de processus est souvent englobée dans une enveloppe dynamique et tensionnelle qui caractérise la forme de l'œuvre. Ce procédé est nécessaire pour éviter une simple juxtaposition d'épisodes sans évolution globale. L'idée s'est imposée à Grisey après la composition de *Périodes*. Le plan de l'œuvre, représenté plus haut, montre que la succession de divers processus, purement linéaire, pourrait se poursuivre. En outre, la zone de repos finale est manifestée par la synthèse instrumentale du *mi* de trombone, phénomène sonore sans précédent dans l'œuvre, qui par son étrangeté ne peut jouer un rôle conclusif. Ce sentiment d'inachèvement est à l'origine du cycle des *Espaces acoustiques*.

> "Lorsque j'ai composé *Périodes* je me suis aperçu que la fin n'était pas une fin, qu'il fallait une suite, et j'ai imaginé *Partiels* qui a été composé immédiatement après. Et comme *Périodes* commençait par un alto seul, évidemment immédiatement est venue l'idée de faire une sorte de *prologue* pour tout ce cycle, et peu à peu est né ce concept d'une grande pièce."[1]

La fin de chacune des six œuvres du cycle est le début de la suivante, cela permet leur enchaînement qui serait ininterrompu si un entracte n'était pas, pour des raisons pratiques, placé entre *Partiels* et *Modulations*. De plus le spectre harmonique sur *mi*, référence des six pièces, assure un lien fréquentiel. Mais si ces différentes œuvres gagnent à être jouées en cycle plutôt qu'individuellement, c'est parce qu'elles sont conçues comme une suite de fragments que leur mise bout à bout ne fait qu'allonger : l'élargissement instrumental progressif, et l'élargissement dynamique qu'il entraîne, assurent une évolution et une cohérence globales.

Une enveloppe est plus ou moins présente à l'intérieur de chacune des six œuvres, mais son rôle est plus faible. Par exemple le plan de *Partiels*, œuvre composée immédiatement après *Périodes*, montre une volonté nouvelle d'accroître peu à peu l'amplitude « respiratoire » des trois premiers cycles ternaires :

[1] Entretiens radiophoniques avec Marc Texier, 1993

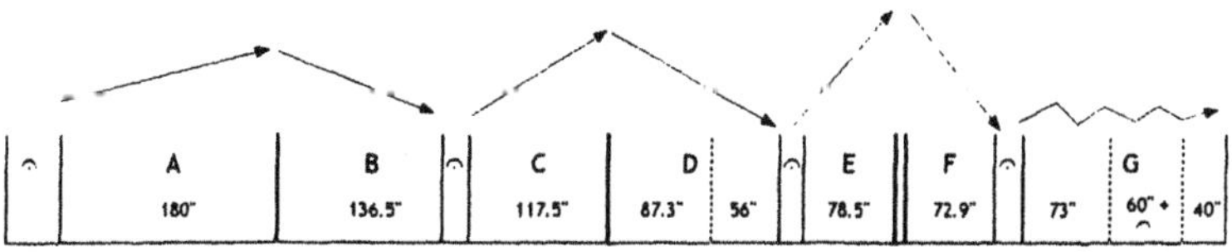

On constate que le nombre de processus successifs est moindre que dans *Périodes*, et cette réduction se poursuivra, corollaire de l'allongement de durée des processus. À partir de 1976, les partitions de Grisey ne contiennent pas plus de cinq parties. Seuls *Le Noir de l'Étoile* et bien sûr les *Espaces acoustiques*, œuvres de longue durée, font exception.

En raison de ce nombre réduit de processus, et du rôle formel qui leur est conféré, l'enveloppe ne saurait être pour Grisey le moyen premier d'engendrer une forme. Les phénomènes de tension-détente, d'évolution dynamique, qui résultent inévitablement d'une musique de processus, se succèdent souvent sans forme globale. Sans doute la musique de Grisey gagne parfois à être écoutée comme une simple suite d'épisodes, de tableaux.[1]

Cela dit, une structure formelle trop abstraite peut s'effacer derrière l'efficacité perceptive de l'enveloppe, comme dans *Le Temps et l'Écume*. La partition est une application directe du concept d'échelles relatives de temps. Un geste fondamental est constitué de deux objets antinomiques : un objet « bruit » (rythme, pulsation, discontinuité), suivi d'un objet « son » (temps étale, sans sentiment pulsatoire, continuité). L'organisation formelle consiste en la projection successive du geste dans les trois temporalités chères à Grisey (voir schéma ci-dessous). Après le temps des hommes, temps normal où le geste, aisément perceptible, est entendu plusieurs fois de suite, le temps des oiseaux contracte cette succession en quelques secondes. Puis un seul geste occupe toute la durée du temps des baleines, tellement sa dilatation est importante.

---

[1] On peut opposer l'attitude de Tristan Murail, privilégiant un nombre plus grand de processus plus courts, et reléguant la forme à l'enveloppe de leur succession.

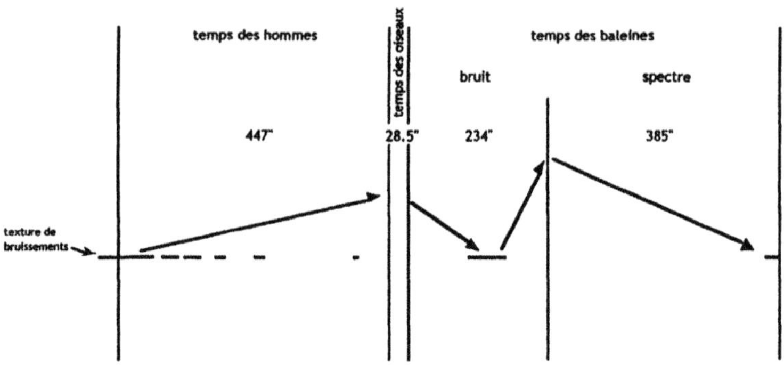

Cette juxtaposition des différents temps n'entre pas dans une logique de progression générale, de processus : elle est un principe discursif où l'auditeur est censé reconnaître, malgré ses énormes transformations, un élément qu'on lui présente au début. Néanmoins l'œuvre comporte des processus, semblables à ceux des autres œuvres, représentés par les flèches du schéma qui en montrent aussi la direction tensionnelle. L'enveloppe créée à partir d'eux forme deux cycles tension-détente entre des zones de repos, le deuxième plus ample que le premier. C'est elle qui assure la cohérence formelle de l'œuvre.

Processus unique

Le goût pour un nombre réduit de processus mène au stade limite du processus unique. C'est la meilleure solution qu'on puisse apporter au rapport entre forme et processus, mais elle apparaît très rarement chez Grisey, pour la simple raison qu'un seul processus est trop court pour occuper une œuvre entière — Grisey a peu composé de miniatures —, ou bien doit être allongé et ralenti à un point tel qu'on arrive à un stade limite d'une musique de processus.

Jour, Contre-jour, en 1978-79, a marqué ce stade non renouvelable, à partir duquel la musique de Grisey a dû chercher des techniques d'articulations nouvelles. Deux schémas suffisent à décrire le processus, d'une durée de vingt minutes. Le premier schéma, déjà vu au chapitre 5 (page 56), montre la succession des durées des phases, déterminées chacune par un nouvel accord, et partagées en deux parties opposées A et

B, l'une étant plus bruitée que l'autre. Le second schéma (ci-dessous) montre l'évolution globale des fréquences et des dynamiques, qui est symétrique dans tous ses aspects sauf pour le registre fréquentiel. Les deux schémas sont calqués l'un sur l'autre[1]. Le passage continu de l'aigu au grave, prépondérant pour la perception, ainsi que l'opposition rigoureusement symétrique de l'évolution des autres paramètres, empêche d'assimiler la forme de *Jour, Contre-jour* à la succession enveloppée de deux processus (comme dans *Talea* par exemple).

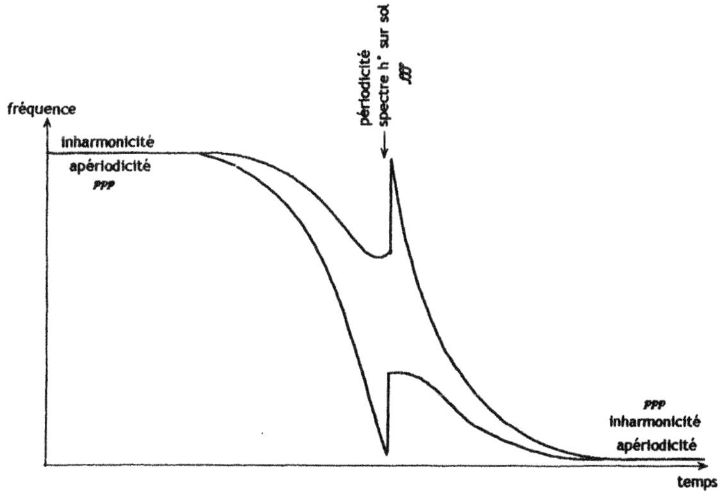

Grisey ne pourra pas renouveler tel quel ce concept de processus unique sans se répéter. Mais quinze ans plus tard, l'évolution de son style lui permet de concevoir à nouveau une forme unitaire, certes plus fragmentée et contrastée, à laquelle s'ajoute un dramatisme de la progression : il s'agit de *L'Icône paradoxale*. On pourra voir page 200 le plan global de l'œuvre. La structure de base est une synthèse du procédé des personnages rythmiques de Messiaen et d'un processus de mise en phase progressive. Chacune des trois couches du processus correspond à une temporalité particulière : le temps contracté, qui réduit le parcours de l'œuvre entière, le temps humain, représenté par la voix et le petit

[1] Mais ils n'ont pas les mêmes axes. Voir analyse plus détaillée p.157.

orchestre, le temps dilaté, manifesté d'une part par des spectres en soufflets cresc.-decresc., d'autre part par des simulations de sonagrammes de signatures. Deux mises en phase apparaissent dans le cours de l'œuvre, la seconde débouchant sur une coda.

La non-synchronisation des trois couches temporelles en dehors des points de mise en phase donne à l'auditeur l'impression d'une diversité d'événements dont le rythme d'occurrence est imprévisible. La continuité de l'œuvre est néanmoins assurée par les évolutions des différentes couches, qui se résument en un croisement entre l'orchestre et la voix. L'orchestre passe de la présence nombreuse des contractions et la rareté des spectres, donc d'une situation bruitée, rythmique, à la situation finale inverse. La voix suit le trajet contraire : les longues tenues initiales sur des voyelles se transforment peu à peu en brèves formules rythmiques mettant en valeur les consonnes. Deux axes son-bruit, axes fondamentaux des premières œuvres spectrales, s'apparentent ainsi à deux diagonales qui se rencontrent au centre de l'œuvre. C'est cette transformation générale qui donne à l'œuvre un enjeu formel, la multiplicité des temporalités apportant quant à elle articulations et contrastes locaux.

7

Le sonore et le musical

Le dernier texte théorique de Gérard Grisey, *Vous avez dit spectral ?* (1998)[1] est pensé comme un bilan rétrospectif des principes et des apports de la musique spectrale. La première phrase affirme sans ambiguïté une déduction des principes musicaux à partir de la science de l'acoustique :

> « Venue au monde dans les années soixante quinze, curieusement à peu près en même temps que la géométrie fractale, la musique spectrale proposait une organisation formelle et un matériau sonore directement issus de la physique des sons telle que l'accès à la microphonie nous les donnait alors à découvrir. »

Cette revendication est celle des manifestes théoriques de la fin des années 70, en premier lieu de l'article d'Hugues Dufourt qui a proposé l'appellation même de la musique spectrale. Afin d'éviter un malentendu fréquent, Grisey, dans la suite de son texte, prend soin de signaler l'importance des principes temporels dans son esthétique : l'analyse acoustique du son ne fournit pas seulement des modèles harmoniques, mais entraîne surtout une attitude générale face à l'écriture du temps musical. Dans la citation ci-dessus, Grisey distingue les deux aspects : « une organisation formelle et un matériau sonore ». Le présent chapitre conservera cette séparation en présentant les diverses manifestations dans la musique de Grisey du rapport entre acoustique et musique.

---

[1] *Écrits,* op. cit.

1. Son et temps

Certaines pages des œuvres tardives mises à part, l'organisation formelle de la musique de Grisey est entièrement réductible à la technique du processus, dont les chapitres précédents ont montré le fonctionnement. Pour prendre au mot Grisey, dans quelles mesures les aspects formels de sa musique seraient alors « directement issus de la physique des sons » ?

Le rapport le plus frappant a été observé dans les processus de mise en phase progressive, à cause de leur ressemblance avec la mise en phase d'ondes périodiques (voir ch.5). Mais ce type de processus est entre tous celui qui obéit le moins à un principe de transformation perceptible, la mise en phase finale n'étant pas nécessairement ressentie comme un aboutissement si d'autres processus n'entrent pas en jeu (accélération, convergence d'objets par exemple). La technique est souvent combinée à d'autres principes purement rythmiques plus efficaces, comme le raccourcissement progressif des phases du processus, ou la superposition de *personnages rythmiques*.

Les processus les plus complexes comme la convergence dialectique de deux objets et l'alternance d'objets multiples trouvent difficilement des parallèles dans les phénomènes acoustiques. C'est surtout la conception de continuité évolutive des processus les plus simples, en particulier des transformations de textures (issues de Ligeti mais rapidement abandonnées par Grisey) qui a appelé une comparaison avec la physique de l'objet sonore, idée centrale des théories de Grisey résumée dans la formule : « *L'objet sonore n'est qu'un processus contracté, le processus n'est qu'un objet sonore dilaté* ».

objet sonore et processus

Cette phrase ne saurait évidemment être prise à la lettre. L'analyse sonagraphique du son a conduit, on l'a vu, au concept d'une interrelation entre écoute microscopique du son et dilatation du temps. Mais le passage à l'analogie entre son et processus est abusif puisque le processus, tel qu'il existe dans la musique de Grisey, n'est pas simple étirement du temps. Il implique une discontinuité née de la séparation en phases successives, et surtout une transformation globale irréversible et programmée, deux principes absents de la pure morphologie de l'objet sonore.

En revanche on pourrait plus légitimement associer objet sonore et *forme* : l'enveloppe dynamique de l'objet sonore trouve un pendant dans l'enveloppe formelle qui englobe une succession de processus. Toutes deux sont régies par le même archétype naissance-vie-mort, comme se plaisait à le remarquer Grisey :

> « Le son par définition est transitoire. Il passe, il a une sorte de naissance, de vie et de mort. Et un processus formel, une évolution dans le temps, une forme est exactement basée sur le même phénomène de naissance, de vie et de mort, phénomène donc transitoire par définition. [...] »[1]

La terminologie utilisée n'est pas très précise, associant les termes *processus*, *forme* et *évolution*, mais il faut noter que Grisey s'exprime ici oralement. Il est certain en tous cas que le mot *processus* n'a pas dans sa théorie la définition stricte qui se déduit de l'analyse de sa musique. La réciprocité revendiquée entre objet sonore et processus est à considérer comme une métaphore esthétique et non comme une réalité technique observable dans l'organisation interne des œuvres.

La dilatation de l'objet sonore existe dans la musique de Grisey, réalisée par la synthèse instrumentale de sonagramme. J'ai déjà précisé que son emploi est rare, et sans doute cette rareté vient de la difficulté à intégrer ces simulations dans l'écriture de processus. Par sa nature même, l'objet sonore dilaté s'oppose au principe du processus en raison du rapport inverse entre perception du son et perception du temps, idée clef de l'esthétique de Grisey :

> « Imaginons-nous, écrit-il, tels ce héros des ouvrages de Carlos Castaneda, contemplant l'eau au bord du fleuve, puis progressivement et mentalement rapetissés à la taille des molécules d'eau jusqu'à devenir nous-mêmes molécules : nous serons certes environnés par un paysage inouï mais sentirons-nous encore la force qui charrie ces molécules vers la mer ? »[2]

L'observation des différentes transcriptions orchestrales de sonagrammes dans les œuvres de Grisey est révélatrice. La première se situe à la fin de *Périodes*, citée page 13. Ces mesures sont une zone de repos, répétée *ad libitum*, comme

---

[1] Entretiens radiophoniques avec Marc André (France Culture, 1981)

[2] « Tempus ex machina », *op. cit.*, p.102. Voir aussi citation page 16 de ce livre.

celles qui pendant toute l'œuvre sont placées entre les processus, au sein de l'articulation ternaire inspiration-expiration-repos. Le son dilaté de trombone trouve mieux sa place ici qu'à l'intérieur d'un processus, en raison de l'harmonicité de son spectre : il joue le même rôle formel que toute autre superposition de hauteurs issue du spectre harmonique. Cependant sa forte personnalité sonore le rend difficilement concevable comme aboutissement ou début d'un processus, c'est sans doute pourquoi Grisey choisit de le placer à la fin de la partition, exploitant son caractère d'événement spectaculaire, littéralement inouï. L'adjonction du motif de contrebasse en alternance permet d'insérer un élément rythmique périodique, caractéristique commune à toutes les zones de repos, mais que la synthèse du son de trombone ne pourrait réaliser seule.

Grisey, on l'a vu plus haut, était peu satisfait de cette fin et a entrepris la composition de *Partiels* comme suite à *Périodes*. Le premier processus doit pouvoir partir des mesures répétées de la fin de *Périodes* : il sera donc un processus de phases successives contenant chacune le motif de contrebasse suivi du sonagramme. Les deux éléments seront progressivement variés, mais cette dualité de matériaux fortement caractérisés et différenciés s'avère moins malléable que les matériaux habituels de la musique de Grisey. Le processus propose finalement une succession linéaire d'objets qui n'a ni la finesse ni le dynamisme des autres processus de *Périodes* et *Partiels*. À la fin du processus, chacun des deux éléments a certes changé, le motif de contrebasse par transformation rythmique, le sonagramme par inharmonisation, mais pas suffisamment pour amener une autre musique. Le deuxième processus de *Partiels* arrive par rupture de discours, annoncée par les brefs motifs de cordes des deux mesures avant 12. Placer ce processus de sonagrammes orchestrés successifs au début de l'œuvre (si *Partiels* est joué seul) s'avère la meilleure solution : son caractère spectaculaire sert en quelque sorte de manifeste esthétique, mais dans la suite de la partition le compositeur retrouve une écriture de processus plus souple et déliée.[1]

Composé quelques années plus tard, *Transitoires* reprend ce premier processus de *Partiels*, mais Grisey estompe habi-

---

[1] Tristan Murail, dans *Gondwana* et *Désintégrations*, adopte les mêmes solutions : placement du processus au début de l'œuvre, nécessité d'une transition avant le deuxième processus.

lement les faiblesses du processus original. Tout d'abord la difficulté de relier un processus de sonagrammes successifs avec ce qui précède et ce qui suit est ici exploitée pour son potentiel dramatique. *Transitoires* amène pour la première fois dans le cycle des *Espaces acoustiques* l'effectif complet du grand orchestre. L'entrée se fait progressivement et insensiblement pendant le processus final de *Modulations*, pour aboutir à un déferlement sonore qui se résorbe assez rapidement jusqu'au silence, et qui joue le rôle de transition. Alors surgit, par quatre fois, le motif rythmique rageur de la contrebasse solo, qui est celui du début de *Partiels*. La reprise du processus peut débuter, mais la succession de ses phases est perturbée par l'insertion imprévisible de sonagrammes de contrebasse orchestrés au grand orchestre. L'effet est spectaculaire. De plus en plus présents, ces sonagrammes de contrebasse amènent, à la fin du processus, un gigantesque accord inharmonique qui servira de transition avant le second processus.[1]

La reprise du processus n'est pas plus dynamique que dans sa version dans *Partiels*, les sonagrammes de contrebasse n'évoluant quasiment pas. Le caractère de transformation temporelle propre à la technique du processus est quasiment absent, mais paradoxalement la cohérence formelle à long terme s'en trouve renforcée : dans cette partie de *Transitoires* le temps s'arrête, on se plonge dans l'écoute d'un son synthétisé jusqu'au cinquantième harmonique. Consciemment ou non, Grisey a utilisé le statisme inhérent à la synthèse de sonagramme pour faire de cette partie le *climax* des *Espaces acoustiques*.

On peut passer plus rapidement sur les deux autres apparitions dans l'œuvre de Grisey d'une synthèse instrumentale de sonagramme. L'analyse de *Tempus ex machina*[2] montrera que la simulation, à la fin de la partition, d'un motif rythmique dilaté, n'est pas intégrée dans un processus et doit être amenée par un ralentissement subit qui rompt le déroulement très continu de l'œuvre. Dans *L'Icône paradoxale* enfin, Grisey abandonne l'idée d'intégrer les sonagrammes (ici de signatures prononcées) au processus complexe qui structure la partition[3].

---

[1] Voir analyse détaillée page 137.
[2] Voir page 167.
[3] Voir page 199.

matériau et forme

L'analogie rêvée entre objet sonore et processus ne peut être appréciée sous le seul angle d'une référence directe aux modèles acoustiques. Elle s'inscrit dans une attitude esthétique plus générale, rappelant Stockhausen, une volonté de faire correspondre phénomènes sonores et temporels, de projeter le matériau sur la forme. C'est pourquoi Grisey juge utile d'évoquer, dans les premières lignes de son article *Vous avez dit spectral ?*, cité au début de ce chapitre, la contemporanéité de la musique spectrale avec la géométrie fractale. Relier microcosme et macrocosme, faire d'un motif musical élémentaire le germe de l'organisation globale de l'œuvre est un désir conscient et permanent de son art.

L'application peut être simple et directe : dans les *Chants de l'Amour*, la succession des différents phonèmes de la phrase *I love you*, chantée à la fin de l'œuvre, détermine, telle la super-formule de *Licht*, les couleurs vocaliques respectives des différentes sections de l'œuvre. Sous une présentation théorique plus élaborée, le principe des échelles temporelles relatives d'un même phénomène sonore joue un rôle similaire. La dilatation du geste initial du *Temps et l'Écume* engendre le schéma de la deuxième moitié de la partition. De même pour *Vortex Temporum*, où la *Gestalt* de la courbe mélodique entendue au début de l'œuvre devient, démesurément grossie, la forme du deuxième mouvement.

Une idée semblable apparaît dans l'organisation structurelle des *Espaces acoustiques*, mais son exploitation est inattendue. Les courbes mélodiques de *Prologue* vont déterminer l'organisation structurelle de la pièce ainsi que celle de *Modulations*, *Transitoires* et *Épilogue*. Seuls *Périodes* et *Partiels* y échappent car composés avant *Prologue*. Comme dans les exemples précédents, les courbes peuvent se dilater et dessiner l'évolution fréquentielle d'une partie entière (partie C de *Modulations*). Mais leur rôle est aussi de déterminer les autres paramètres que les hauteurs. Pour cela, la succession des hauteurs relatives de chaque courbe est assimilée à une *série* d'ordres de grandeur, qui peut gérer, dans les quatre sens droit, rétrograde, renversé, rétrograde du renversé, aussi bien les successions de fréquences, durées, tempi et dynamiques, que les densités d'événements ou l'alternance d'objets (voir analyse détaillée p.99). Ces séries affectent des valeurs relatives et ont plus à voir avec les conceptions sérielles de Stockhausen (*Klavierstück X*) qu'avec celles de Boulez. Elles n'empêchent pas la présence toujours prédominante des processus, dont elles rompent en fait la linéarité. De plus toute référence au style de la musique sérielle est absente des *Espaces acoustiques*. Il n'en reste pas moins qu'une œuvre emblématique de la « musique spectrale » est organisée pour une large part selon des techniques sérielles.

spectre et rythme

C'est encore chez Stockhausen qu'on trouve le modèle de la correspondance voulue par Grisey entre le spectre harmonique, matériau sonore de prédilection, et les structures temporelles. Dans *Stimmung*, le spectre harmonique entendu d'un bout à l'autre de l'œuvre détermine les motifs rythmiques, les tempi et le schéma formel général. Du spectre harmonique, Grisey retient aussi bien la structure arithmétique, fonction linéaire, que la structure géométrique, suite décroissante d'intervalles. Les diverses organisations rythmiques qui en découlent constituent la manifestation la plus directe dans les méthodes d'écriture de Grisey d'une relation entre phénomènes acoustiques et temporels.

Considéré comme une fonction linéaire, le spectre harmonique détermine les fréquences en fonction du numéro d'harmonique, nombre entier positif. En remplaçant l'axe des fréquences par un axe temporel, et l'axe des numéros par un axe d'événements, on obtient la représentation d'une succession régulière d'événements. On peut voir là une justification théorique de l'association musicale entre rythmes périodiques et harmonies issues du spectre harmonique.

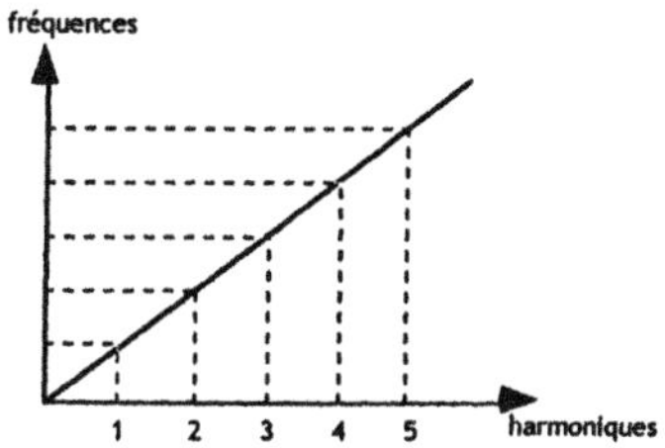

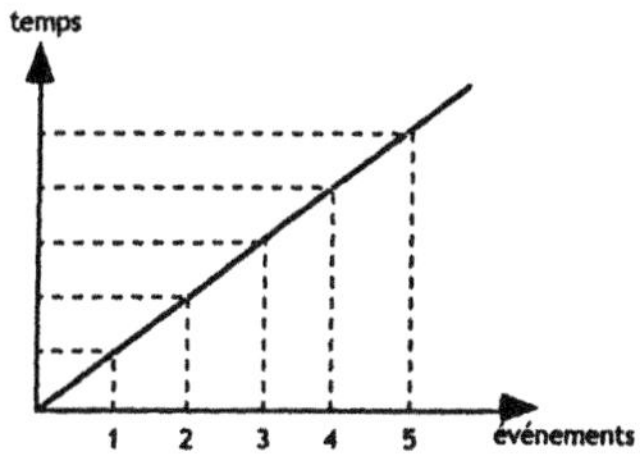

Les numéros des harmoniques peuvent aussi être conçus comme des nombres déterminant des quantités d'événements ou des durées. Dans le premier processus de *Modulations* par exemple, les nombres de pulsations de chaque phase sont proportionnels aux numéros d'harmoniques du spectre de trombone pris dans l'ordre (1, 2, 3, 5, 7, 9, 11...), ce qui engendre un allongement progressif de la durée des phases, c'est à dire un ralentissement.

Les intervalles du spectre harmonique, considéré géométriquement, peuvent servir à déterminer de façon proportionnelle les durées des différentes parties d'une œuvre. Toujours dans *Modulations*, les intervalles du spectre de trombone pris dans l'ordre amènent une diminution progressive de la durée des parties.

Au spectre harmonique peut donc correspondre dans la musique de Grisey aussi bien accélération, décélération que périodicité, selon la méthode déductive employée. La pertinence du spectre harmonique comme modèle temporel est finalement assez fragile[1]. Ces trois archétypes rythmiques ne requièrent pas la référence à un modèle acoustique pour expliquer leur présence.

2. Son et harmonie

Si le spectre sonore peut être un simple prétexte théorique à l'engendrement de certaines structures temporelles, en revanche son influence sur le style harmonique de Grisey est indéniable. Encore faut-il en relativiser la portée, en précisant les différents principes d'écriture qui en sont issus. De la concrétisation du spectre en accord à son abstraction en échelle de notes, ces principes sont de multiples natures et cohabitent dans la musique de Grisey.

le spectre harmonique comme accord

Il est vraisemblable que l'attirance de Grisey pour le spectre harmonique est né du pur plaisir harmonique de la

[1] Dans l'article « Tempus ex machina », *op. cit.*, Grisey se contredit dans ses correspondances entre son et durées. À la page 90, il procède d'abord par analogie de degré de complexité : il assimile ainsi la périodicité au son sinusoïdal, puis l'accélération ou la décélération logarithmique au spectre harmonique (p.91). Mais à la page 92 en considérant cette fois la périodicité comme une fonction linéaire, il lui fait correspondre le spectre harmonique par changement d'axes.

superposition de ses premiers partiels. C'est en tant qu'accord, au sens traditionnel, que le spectre apparaît dans l'œuvre de Grisey (dès *Initiation* en 1970), statut qu'il conservera, plus ou moins marqué, jusque dans les œuvres ultimes. C'est l'utilisation la plus immédiatement perceptible du spectre harmonique chez Grisey, et sans doute la plus pertinente. Il est ici impératif que les harmoniques de faible rang soient présents pour engendrer un sentiment de *consonance*, le spectre est alors concevable comme avatar de l'accord parfait classique, de la « neuvième de dominante » du début du XXe siècle. La majeure partie des zones de repos entre les processus des *Espaces acoustiques* utilisent cette fonction : dans *Périodes*, le spectre, réduit parfois à ses neufs premiers harmoniques approchés au demi-ton tempéré, devient un accord de neuvième. Dans *Modulations*, le premier processus mène à l'alternance de deux accords ne dépassant pas le onzième harmonique. Ici l'approximation aux sixièmes et quarts de ton donne une couleur particulière légèrement différente de celle d'un accord de onzième.

Cette fonction de consonance de la tranche inférieure du spectre a joué un rôle primordial dans l'opposition de la musique de Grisey à celle de ses aînés. Elle est le premier facteur d'une hiérarchie de sonorités permettant d'organiser un processus formel orienté. Cette hiérarchie était en général absente dans le nivellement atonal de la musique européenne, mais aussi dans les processus de Steve Reich qui restent dans des échelles modales.

Le terme de consonance s'impose à ce stade de l'analyse car il se distingue de l'harmonicité. Au sens strict, l'harmonicité d'une superposition signifie uniquement que les sons qui la constituent sont des harmoniques d'une fondamentale. Toute superposition peut ainsi appartenir théoriquement à un spectre harmonique de fondamentale virtuelle plus ou moins grave. On a pris l'habitude d'appeler harmonicité un sentiment subjectif lié à la présence d'harmoniques de rang pas trop élevé. À l'inverse, l'inharmonicité ou la dissonance peut être générée par un spectre dénué de ses premiers harmoniques. La limite entre les deux est fatalement arbitraire.

Dans les partitions de Grisey, le passage de l'harmonicité à l'inharmonicité est plus généralement un passage de la consonance à la dissonance. Dans le premier processus de *Talea* par exemple, toutes les fréquences sont censées appartenir au spectre sur *do* (aux approximations près). Au sens scientifique l'ensemble est donc toujours harmonique, toutefois l'évolution fréquentielle est bien une progression vers l'harmonicité, évidente à la fin du processus. L'astuce consiste à passer d'un filtrage très étroit du spectre (dans une zone moyennement élevée où les harmoniques engendrent une échelle en quarts de ton) à un filtrage très large englobant la totalité du spectre, et donc les premiers harmoniques. De plus la fondamentale est transposée peu à peu vers l'aigu, d'octave en octave : c'est finalement la plus ou moins grande consonance du registre médium qui joue le premier rôle dans la perception de l'évolution fréquentielle.

Chez Grisey l'inharmonicité, pôle opposé de l'harmonicité du spectre, est réalisée de multiples façons :

• filtrage particulier du spectre harmonique, comme dans l'exemple précédent de *Talea* ;

• renversement du spectre harmonique (concevable théoriquement comme spectre de « sous-harmoniques ») ;

• transposition d'une ou plusieurs octaves vers le bas des partiels d'un spectre harmonique ;

• décalage fréquentiel de certains harmoniques ;

• ajouts libres de sons inharmoniques dans un spectre harmonique (parfois très proches des partiels, en frottement) ;

• distorsion linéaire ou non de spectres harmoniques[1] ;

• agrégation atonale libre, appartenant souvent à l'échelle des douze demi-tons.

le spectre comme réservoir de sons

Le filtrage libre du spectre harmonique peut être assimilé à un choix arbitraire de certains sons parmi l'ensemble des partiels définis par une fondamentale. Le spectre est alors un réservoir dans lequel le compositeur puise des sons qu'il regroupe dans des superpositions autonomes. L'harmonicité du spectre-réservoir n'est qu'une référence abstraite, sans incidence directe sur l'organisation harmonique et formelle.

La troisième partie de *Modulations* est une application de cette conception. Elle est divisée en treize phases marquées chacune par un accord aux cuivres, auquel s'ajoutent des sons de combinaisons aux cordes et aux bois, d'intensité moindre, selon le procédé des « ombres ». Les treize accords

[1] La distorsion consiste à réduire ou augmenter de façon proportionnelle les intervalles du spectre. On parle de spectres *compressés* ou *dilatés*.

des cuivres, au premier plan, déterminent les couleurs harmoniques successives :

Afin d'inscrire cette succession d'accords dans le principe d'alternance entre inharmonicité et harmonicité sur *mi* propre aux *Espaces acoustiques*, Grisey choisit d'abord des sons étrangers au spectre harmonique de fondamentale *mi*$_0$ (notes noires), puis insère peu à peu des sons lui appartenant, approchés au demi-ton (notes blanches). Mais ici cette référence au spectre sur *mi* devient virtuelle : chaque accord se définit par sa structure interne et éventuellement par une fondamentale spectrale ou une basse harmonique propre. L'évolution est régie par des facteurs simples : l'harmonicité de chaque accord, le nombre de sons constitutifs, le registre, la disposition interne. Ces facteurs assurent un passage de la dissonance à la consonance qui correspond au projet mais qui n'est pas lié à la plus ou moins grande harmonicité sur *mi*.

Si l'harmonicité du spectre est virtuelle, d'autres structures que le spectre harmonique peuvent jouer le rôle de réservoir, et c'est essentiellement dans ce rôle que sont utilisés les spectres distordus dans la musique de Grisey. La distorsion est exploitée moins pour l'inharmonicité qu'elle engendre que pour sa faculté à créer un réservoir de sons riches en potentialités. Les doublures à l'octave des sons du spectre harmonique disparaissent lors de la distorsion, ce qui élargit l'éventail des regroupements harmoniques possibles.

Cette utilisation du spectre distordu comme réservoir est propre aux œuvres des années 90, sans doute parce qu'elle s'adapte à leurs formes nettement articulées : le processus d'objets alternés en particulier nécessite une particularisation harmonique de chaque objet, plus riche que la simple dualité harmonique / inharmonique. Dans *Vortex Temporum* par exemple, chaque objet est régi par un regroupement spécifique des sons d'un spectre réservoir. Peu importe dès lors que ce spectre de référence soit harmonique, dilaté ou compressé, qu'il soit différent pour chaque objet ou le même pour tous.

Les spectres réservoirs sont approchés généralement aux quarts de tons, pour permettre la présence de sons communs entre différents spectres. Cette caractéristique est systématiquement exploitée dans l'élaboration harmonique des œuvres ultimes. Dans la coda de *L'Icône paradoxale* par exemple (analyse page 210), la dilatation du spectre est choisie de façon à contenir en son sein des sons appartenant à différents spectres harmoniques. La dilatation peut ainsi être alternée avec des accords plus consonants contenant quelques sons en commun avec elle.

Le choix des sons d'un spectre réservoir étant arbitraire, tous les jeux sont possibles dans leur regroupement. Dans la berceuse des *Quatre Chants pour franchir le seuil* par exemple, on observe dans certains spectres distordus (approchés au quart de ton) une séparation nette entre les sons appartenant à l'échelle des demi-tons et les sons qui n'en font pas partie. L'orchestration, les figures mélodiques et rythmiques marquent la superposition de deux grilles chromatiques décalées d'un quart de ton.

Toujours dans les *Quatre Chants pour franchir le seuil*, la souplesse et la simplicité du style vocal qui caractérisent certains passages résultent d'un choix très libre de sons parmi des spectres distordus, privilégiant des regroupements diatoniques ou quasi-diatoniques bien adaptés aux lignes vocales.

structures gigognes

Une manifestation caractéristique de l'abstraction du spectre harmonique réside dans un artifice d'écriture courant chez Grisey, qui consiste en un emboîtement hiérarchique de plusieurs spectres. Les différentes fondamentales d'une succession de spectres appartiennent elles-mêmes à un spectre harmonique. Dans la majorité des cas, leur hauteur absolue n'est pas prise en compte : les fondamentales sont des notes issues de l'octaviation des harmoniques de la fondamentale virtuelle commune. Elles sont toujours approchées au demi-ton, comme toutes les fondamentales spectrales de la musique de Grisey[1].

---

[1] Sauf dans le quatrième des *Quatre Chants pour franchir le seuil.*

Dans *Transitoires* par exemple, les zones de repos séparant les différents processus ont respectivement pour fondamentales *mi, si, sol#, ré*, soit les notes correspondant aux harmoniques 2, 3, 5, 7 de *mi*. Ceci permet d'éviter le retour du spectre sur *mi*, incessant dans les quatre pièces précédentes du cycle, tout en reliant abstraitement les diverses fondamentales à la note *mi*.

La technique s'applique aussi pour des successions plus rapprochées, phases d'un processus ou enchaînement immédiat de spectres, mais ne provoque qu'exceptionnellement la simultanéité des différents spectres amalgamés (voir page 124 la partie D de *Modulations*, trop complexe pour être décrite ici).

Le procédé semble pour Grisey davantage qu'un simple artifice d'écriture, on devine le désir de créer par ce déploiement en une succession de fondamentales secondaires une sorte de dilatation temporelle du spectre. Ceci est particulièrement frappant dans la dernière partie du *Temps et l'Écume*, qui est pensée formellement comme la dilatation gigantesque, pendant plus de six minutes, de l'objet « spectre » du geste initial. Afin d'en créer l'illusion, Grisey imagine de démultiplier un unique spectre sur *do* par une structure gigogne à trois niveaux (voir schéma page 195) :

• niveau 1 : les fondamentales débutant chaque phase du processus sont les harmoniques successifs de *do*, respectivement harmoniques 4, 5, 6, 7, 8, 9, 10, 11.

• niveau 2 : dans chaque phase, les fondamentales ascendantes successives sont des harmoniques de *do*, jusqu'à l'harmonique 19 (*mib*)[1]: on note donc qu'étant données l'approximation au demi-ton et la similitude d'octave, le total chromatique est présent sauf le *fa*, avec cependant une présence moindre des harmoniques élevés. L'application purement logique du principe gigogne voudrait que les fondamentales successives soient les harmoniques de la fondamentale initiale. Grisey fait le choix de rester toujours dans les harmoniques de *do*, ce qui a peu de conséquences en raison de l'approximation au demi-ton. Mais on peut observer, sauf dans les dernières phases, que les intervalles séparant les fondamentales sont d'abord larges puis diminuent, par analogie avec la structure intervallique d'un spectre.

---

[1] L'harmonique 13 est approché aussi bien au *sol#* qu'au *la*.

• niveau 3 : au-dessus de toutes ces fondamentales se déploient les spectres harmoniques qui leur correspondent, approchés au huitième de ton. Ils sont figurés, comme de façon fréquente chez Grisey, par des soufflets d'intensité cresc.-descresc. qui s'enchaînent par léger tuilage. Des sons communs ou très proches entre spectres successifs augmentent la continuité à l'intérieur de chaque phase.

Ces spectres sont dans leur disposition naturelle, sans changement d'octave des partiels, avec quelques ajouts d'inharmoniques en frottement de huitièmes de tons avec des harmoniques. Quelques soient sa complexité et son abstraction, l'élaboration gigogne s'efface derrière cette matérialisation des spectres en tant qu'accords successifs, niveau le plus perceptible de l'emboîtement. Si cette matérialisation disparaît, on franchit un nouveau seuil dans l'abstraction du spectre harmonique.

mise en échelle du spectre

La partie centrale de *L'Icône paradoxale* est harmoniquement conçue comme une structure gigogne[1], mais la différence réside dans la réalisation des spectres au dernier niveau de l'enchâssement. Au-dessus de chaque fondamentale se placent quelques partiels approchés au quart de ton, transposés indifféremment sur différentes octaves. L'identité par octaviation, caractéristique des niveaux inférieurs de l'élaboration gigogne, a ici envahi toute la structure. Le spectre devient une échelle de notes dont le compositeur se sert aussi librement que toute échelle arbitrairement définie, et qui s'inscrit dans une division de l'octave en 24 quarts de tons égaux. Cette conception de l'harmonie est caractéristique du dernier style de Grisey mais s'oppose à la définition fréquentielle de l'harmonie dans la musique spectrale.

le modèle du modulateur en anneau

Le spectre n'est pas l'unique modèle acoustique des méthodes harmoniques de Grisey. Le procédé d'écriture en deux plans sonores, sons générateurs et sons de combinaison, s'inspire de la physique des sons plus directement que les autres techniques musicales chez Grisey. Je reviens un instant sur son principe, calqué sur le modèle électroacoustique du

---

[1] Analyse page 203.

modulateur en anneau : il s'agit d'ajouter ou de soustraire entre elles les fréquences des premiers harmoniques de chacun des sons générateurs (au nombre de deux ou plus), opération qui peut se poursuivre sur les sons engendrés eux-mêmes.

L'addition (ou soustraction) entre fréquences est un phénomène absent de la plupart des techniques musicales existantes, qui s'appuient sur les intervalles, définis par une perception logarithmique des fréquences : ajouter, superposer des intervalles, transposer une ligne mélodique ou un accord, revient à multiplier (ou diviser) les fréquences[1]. Le spectre est lui aussi une multiplication de fréquences, c'est pourquoi il a pu jouer un rôle dans les fondements de la musique tonale.

Chez Grisey, les techniques harmoniques issues du spectre, qu'elles se manifestent par une extension de la notion de consonance ou par une atonalité libre, peuvent se rattacher à des méthodes d'écriture antérieures. En revanche la technique de simulation du modulateur en anneau, dans son principe, ne connaît guère de précédent. La raison tient sans doute à une particularité inhérente au principe d'addition de fréquences : les sons engendrés sortent inévitablement de la grille ou de l'échelle définissant éventuellement les sons générateurs[2]. Le modèle du modulateur est inutilisable dans un système harmonique fondé sur la permanence d'une grille de référence, comme par exemple le chromatisme tempéré pour la musique sérielle. Il est à l'inverse un outil puissant pour la musique spectrale qui revendique dès ses débuts une harmonie purement fréquentielle. L'engendrement à partir des sons générateurs quels qu'ils soient amène facilement des agrégations inouïes, sortant du chromatisme. Mais le revers de cette technique, issue d'une logique plus acoustique que musicale, est justement la difficulté à l'intégrer dans une écriture musicale cohérente, et Murail comme Grisey doivent précautionneusement contrôler l'automatisme du procédé pour arriver à lui donner un sens et une forme, en particulier quand il s'agit de simuler une

---

[1] Fabien Levy démontre à ce propos l'analogie entre modulation en anneau (addition de fréquences, technique spectrale) et multiplication d'accords (addition d'intervalles, technique sérielle). Cf. « Le tournant des années 70 : de la perception induite par la structure aux processus déduits de la perception », *Hommage à Gérard Grisey*, dir. Danielle Cohen-Levinas, Paris, L'Itinéraire / L'Harmattan, à paraître.

[2] Cf. Levy, *ibid.*

réaction en chaîne (*Treize couleurs du soleil couchant* de Murail, partie B de *Partiels*, partie B de *Transitoires*).

Cette imprévisibilité des harmonies engendrées et leur absence d'échelle deviennent vite un outil dans les techniques d'écriture à deux plans chez Grisey. Le premier plan sera formé d'accords générateurs compris dans l'échelle chromatique. Leur succession, établissant la trame harmonique générale la plus perceptible, est organisée selon des principes atonals plus ou moins libres. Le second plan est formé des sons de combinaison sortant du chromatisme qui enrichissent les harmonies principales sans les estomper. C'est ainsi qu'est conçue la partie C de *Modulations*, dont la succession de treize accords est citée page 85. Ces accords engendrent, selon le modèle du modulateur en anneau, un arrière-plan sonore formé de grappes de sons successives, comme on peut le voir page 122. La complexité des harmonies résultantes est impressionnante mais vient simplement d'un choix parmi tous les sons calculés, évitant les superpositions et les enchaînements trop plats ou trop connotés (surtout pour les accords de moins de quatre sons).

Comme les sons résultants sont approchés au quart et sixième (ou huitième) de ton, la superposition en deux plans sonores s'accompagne toujours d'une superposition de deux grilles fréquentielles, demi-tons pour les accords générateurs, prédominants, micro-intervalles pour les sons engendrés. Il existe chez Grisey une hiérarchie de niveaux harmoniques qui fait pendant à celle de la structure des processus. L'approximation aux micro-intervalles n'affecte que le dernier niveau de l'organisation harmonique, le niveau de surface. Si les sons sont un soubassement harmonique et gouvernent un principe harmonique secondaire, ils sont approchés au demi-tons. C'est toujours le cas, on l'a vu plus haut, des fondamentales de spectres, qu'elles soient ou non emboîtées dans une structure gigogne. C'est aussi le cas, la plupart du temps, des sons générateurs des harmonies en deux plans.

La technique de simulation de modulateur en anneau intéresse Grisey pour une autre raison qui est sa capacité à renforcer, par un effet de démultiplication, le passage entre inharmonicité et harmonicité. En effet, les sons engendrés à partir d'un spectre harmonique retombent sur les harmoniques de ce spectre. Plus l'accord générateur est inharmonique, plus les sons engendrés s'éloignent eux aussi de l'harmonicité. Ce phénomène est amplement utilisé dans le processus unique de *Jour, Contre-jour*, qui veut évoquer la course du soleil dans le ciel pendant une journée. L'inclinaison des rayons solaires est réalisée par les différentes couleurs des accords générateurs, généralement chromatiques, et l'ombre par les sons engendrés par modulation en anneau. Au centre de la pièce se place donc le spectre harmonique, lumière zénithale n'engendrant aucune ombre. Autour de ce spectre, les accords s'éloignent symétriquement de l'harmonicité par distorsion.

Conclusion

L'organisation formelle de cette œuvre[1] réside sur la différentiation des accords générateurs, et sur la caractérisation de leur différentes couleurs. Ces deux éléments ne sont pas gérés par la modulation en anneau, mais bien par un jeu sur l'échelle chromatique, librement atonal : les accords centraux, les plus lumineux, ont en particulier une structure de tierces superposées qui tranche avec la disposition plus resserrée des accords extrêmes. *Jour, Contre-jour,* œuvre représentative de l'esthétique de Grisey pendant les années 70, a pour principales caractéristiques des éléments étrangers à une simple déduction de principes acoustiques : un processus systématique en phases successives, contenant une évolution dialectique entre deux objets opposés (bruit / son), une évolution harmonique et un climat général déterminés principalement par des accords qui ne sont issus ni du spectre, ni du modulateur en anneau, ni de toute autre réalité acoustique ou électroacoustique.

On pourrait faire la même analyse pour d'autres œuvres majeures de cette période (*Modulations* par exemple), et à plus forte raison pour les œuvres plus tardives, à partir de *Talea* : la description de la structure interne des partitions ne nécessite pas le recours à des modèles ou des principes purement sonores. Les processus, l'articulation des formes, le découpage rythmique répondent d'abord à des impératifs musicaux. Même la gestion des hauteurs chez Grisey contredit une définition stricte de la musique spectrale, car rarement pensée de façon purement fréquentielle. La présence d'échelles est indéniable chez Grisey, qu'elles soient en quarts de tons ou en demi-tons. Une atonalité proche de

[1] Voir analyse détaillée page 157.

Messiaen ou Dutilleux est en particulier un trait important de son style, moins aisément formalisable que les autres. Une conception véritablement fréquentielle de l'harmonie se rencontre essentiellement dans deux cas : la technique à deux plans issue du modulateur en anneau, qui s'efface toujours derrière une organisation harmonique autre, et le spectre harmonique considéré comme un accord, souvent réduit à sa tranche inférieure et concevable alors comme une extension de la consonance.

En revanche, il est certain que la référence à la physique du son a constitué pendant toute la carrière de Grisey l'aiguillon de ses recherches, le ferment de son esthétique et de son style.

Sans doute les applications les plus directes sont aussi les moins convaincantes. L'analyse de la microphonie du son se concrétise dans les partitions par la simulation de sonagrammes qui tient une place paradoxale : elle est une technique emblématique de la musique spectrale, sans précédent direct, son impact est spectaculaire et immédiat, mais son emploi est rare car l'objet se plie difficilement aux principes formels de Grisey. Une perception globale de l'œuvre de Grisey amène à relativiser l'importance de ce procédé dans une définition de la musique spectrale.

Le concept des échelles relatives de temps, issu d'une réflexion pertinente sur le degré de proximité du son, devient sous la forme des trois temporalités un artifice d'écriture peu perceptible en tant que tel. L'analyse des partitions montrera qu'il ne constitue jamais en soi un moteur d'organisation, mais permet d'imaginer et d'engendrer des matériaux sonores inédits et variés. Son rôle a surtout été de contribuer à l'évolution du style de Grisey vers la rapidité, vers le contraste et l'articulation des formes.

Quand elle devient plus théorique, plus métaphorique, la référence à l'acoustique témoigne de caractères essentiels au style de Grisey. Pensons à la relation entre microscopie du son et étalement du temps, chère à la musique spectrale à ses débuts. Pensons à l'analogie revendiquée par Grisey entre enveloppe sonore et enveloppe formelle, entre phénomènes sonores et temporels.

Ce sont peut-être les considérations psycho-acoustiques qui peuvent caractériser au plus près la démarche spectrale. Jouer sur la fusion ou la fission sonore, travailler sur les seuils perceptifs, élaborer une structure musicale en fonction des possibilités de sa réception, rechercher l'adéquation entre l'élaboration compositionnelle et la perception qu'on en a, sont des traits fondamentaux et déterminants d'un mouvement propre aux années 70.

Il n'est pas question de nier l'importance de la physique du son dans l'art de Grisey, mais d'être conscient du rôle qu'elle y joue. Prépondérante dans les manifestes et les motivations créatrices, l'acoustique ne tient guère plus de place dans les œuvres de Grisey qu'elle n'en tient dans d'autres musiques qu'on ne songerait pas à qualifier de spectrales. Insister sur cet élément serait tristement réducteur. La musique de Grisey s'inscrit dans une histoire des formes musicales, dont elle constitue un des maillons essentiels à la fin du XXe siècle.

Analyse des œuvres

Les Espaces acoustiques

Le cycle des *Espaces acoustiques* est constitué de six œuvres, d'effectifs instrumentaux croissants :

Prologue pour alto seul - 1976
Périodes pour 7 musiciens - 1974
Partiels pour 16 ou 18 musiciens - 1975
Modulations pour 33 musiciens - 1976-77
Transitoires pour orchestre de 84 musiciens - 1980-81
Épilogue pour orchestre et 4 cors solistes - 1985

Les six œuvres peuvent s'enchaîner pour occuper un concert entier, un entracte étant envisageable entre *Partiels* et *Modulations*. Toutes les combinaisons d'enchaînements sont possibles à condition de respecter l'ordre de progression. Seul *Épilogue* ne peut être joué isolément.

On aura remarqué que la chronologie de composition ne correspond pas à l'ordre d'exécution. Il est en effet important de savoir que le cycle entier n'a été imaginé qu'après l'achèvement de *Périodes* et *Partiels*.

> « Tout a commencé avec *Périodes* pour sept musiciens, qui a été créé en 1974 à la Villa Médicis. Cette pièce consiste, d'un point de vue formel, en une succession d'épisodes et, dans le dernier d'entre eux, j'expérimentais pour la première fois une technique qui me paraissait devoir être développée. [...] Il me fallait donc écrire une suite et ce fut *Partiels* pour dix-huit musiciens qui inclut les instruments de *Périodes*. Puis je décidai finalement de constituer un cycle entier qui commencerait par une pièce pour instrument seul, et finirait par le grand orchestre. Comme l'alto jouait un rôle prépondérant dans *Périodes*, la pièce soliste se devait d'être écrite pour cet instrument et ce fut *Prologue* pour alto seul. [...] C'est aussi sous l'aspect esthétique et musical que

> *Périodes* constitue le départ de ce cycle, car c'est là que j'ai cherché à définir les premiers fondements acoustiques et psychologiques d'une technique capable d'intégrer l'ensemble des phénomènes sonores. Plus précisément, c'est dans *Périodes* que j'ai commencé à contrôler différents degrés de tension harmonique (harmonicité / inharmonicité) et à opérer, sur le plan rythmique, des oppositions entre "périodique" et "apériodique". C'est aussi dans *Périodes* qu'apparaît la forme générale du cycle, une forme quasi respiratoire construite autour d'un pôle (le spectre du *mi*), à partir duquel s'articulent, en s'éloignant plus ou moins progressivement, toutes les dérives sonores proposées — l'éloignement étant perçu comme un facteur de tension, et le retour comme un facteur de détente. »[1]

On peut donc résumer les constantes du cycle :

• un balancement régulier entre harmonicité et inharmonicité, plus ou moins perceptible ;

• la référence au spectre harmonique sur *mi*, et le plus souvent au spectre de trombone, caractérisé par la prépondérance des harmoniques impairs et de l'harmonique 2 ; son usage n'est pas seulement harmonique mais aussi numérique et temporel ;

• la division des œuvres en parties successives constituées chacune par un processus particulier ;

• la détermination de la durée de ces parties, et parfois de segments plus courts, proportionnellement aux intervalles du spectre harmonique.

J'examinerai les œuvres dans l'ordre d'exécution, en ne présentant que la structure générale dans le cas de *Périodes* et *Partiels*.

---

[1] Interview par Guy Lelong, livret du disque Accord 206532, 1999.

Prologue

Composé après *Périodes* et *Partiels*, *Prologue* doit parvenir à adapter les caractéristiques spectrales et harmoniques des *Espaces acoustiques* dans une écriture monodique. L'œuvre doit respecter en particulier une évolution harmonique lente entre harmonicité et inharmonicité, et pouvoir rester pendant de longues durées sur un réservoir de sons restreints. L'œuvre aborde donc une dimension absente de *Périodes* et *Partiels*, la mélodie. Grisey s'appuiera sur des courbes mélodiques simples, appelées neumes, caractérisées par leur forme générale, leur *Gestalt*, et qu'il réutilisera dans les trois dernières œuvres du cycle. L'engendrement et la variation des neumes s'effectueront toujours sur des hauteurs *relatives*. L'œuvre entière est faite dans sa majeure partie de la succession de ces neumes. Je n'étudierai que le processus initial, le plus significatif et le plus long, occupant plus des trois quarts de la durée de l'œuvre (du début au premier système de la page 4)[1]. Son évolution globale mène du son au bruit, partant du spectre sur *mi*, passant par des hauteurs inharmoniques et aboutissant à des glissandi grinçants, sans hauteur définie.

Le matériau de *Prologue* a pour origine la création de cellules dont le nombre de hauteurs différentes est égal au chiffre d'un des premiers harmoniques du spectre de trombone, soit respectivement 1, 2, 3, 5, 7, 9, 11, et 13.

La cellule comportant 1 hauteur ne pourra se personnaliser que par son rythme, choisi ici pour son universalité et son aspect naturaliste. Il s'agit de l'iambe, rythme semblable au battement de cœur, qui sera toujours entendu sur le *si* grave en position ordinaire (la quatrième corde étant désaccordée) :

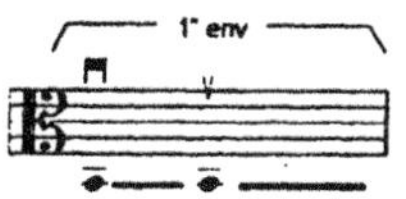

Pour la cellule de 2 hauteurs différentes, le modèle le plus adéquat sera le phénomène d'écho, répétant l'oscillation entre deux sons :

[1] CD Accord 206532, de 0:00 à 13:15.

La cellule de 3 hauteurs pourra être réellement mélodique, en faisant apparaître la forme d'une courbe :

Ces trois archétypes sonores sont le matériau de base de *Prologue*, car les cellules suivantes sont engendrées à partir de la cellule de 3 hauteurs, par ajouts successifs d'oscillations. On obtient ainsi les neumes originaux de l'œuvre, représentés en hauteurs relatives et en numéros d'ordre ascendant :

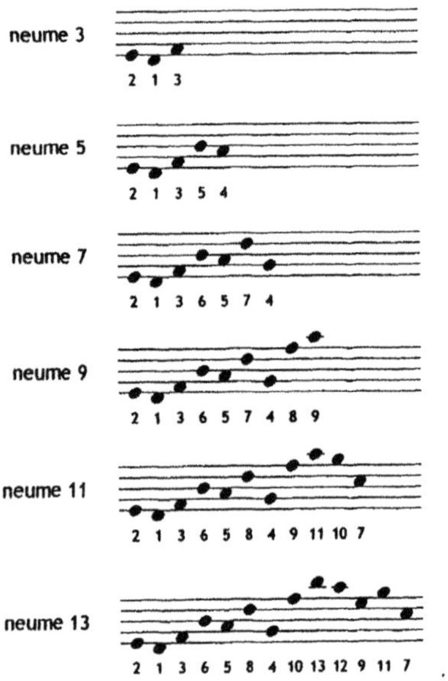

À partir de ces neumes originaux vont être engendrées des cellules dérivées selon le procédé des permutations limitées qu'a revendiqué Messiaen : on intervertit les hauteurs des cellules toujours dans le même ordre, ce qui a pour effet de revenir à la cellule de départ après un nombre restreint de permutations. La page suivante en montre l'application pour les neumes 3 et 5 :

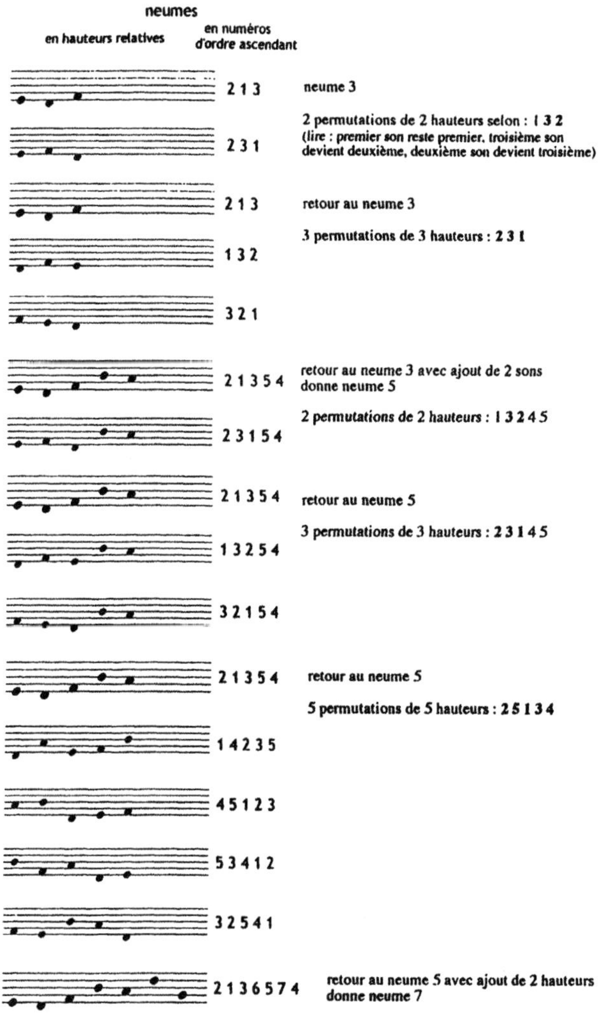
neumes
en hauteurs relatives
en numéros d'ordre ascendant
2 1 3
neume 3
2 permutations de 2 hauteurs selon : 1 3 2
(lire : premier son reste premier, troisième son devient deuxième, deuxième son devient troisième)
2 3 1
2 1 3
retour au neume 3
3 permutations de 3 hauteurs : 2 3 1
1 3 2
3 2 1
2 1 3 5 4
retour au neume 3 avec ajout de 2 sons donne neume 5
2 permutations de 2 hauteurs : 1 3 2 4 5
2 3 1 5 4
2 1 3 5 4
retour au neume 5
3 permutations de 3 hauteurs : 2 3 1 4 5
1 3 2 5 4
3 2 1 5 4
2 1 3 5 4
retour au neume 5
5 permutations de 5 hauteurs : 2 5 1 3 4
1 4 2 3 5
4 5 1 2 3
5 3 4 1 2
3 2 5 4 1
2 1 3 6 5 7 4
retour au neume 5 avec ajout de 2 hauteurs donne neume 7

La suite du processus sera décrite par les seuls numéros d'ordre :

	neumes (chiffres soulignés : interversions dans la partition)	ordre de permutation	nombre de permutations
p.1 s.2	2 1 3 6 5 7 4		
	1 3 2 6 5 7 4	**23**1**4**567	3
	3 2 1 6 5 7 4		
p.1 s.3	2 1 3 6 5 7 4		
	5 2 6 1 3 7 4		
	3 5 1 2 6 7 4	**51423**67	5
	6 3 2 5 1 7 4		
	1 6 5 3 2 7 4		
	2 1 3 6 5 7 4		
	7 3 5 1 2 4 6		
p.1 s.4	4 5 2 3 7 6 1		
	6 2 7 5 4 1 3	**6352174**	7
	1 7 4 2 6 3 5		
	3 4 6 7 1 5 2		
	5 6 1 4 3 2 7		
p.2 s.3	2 1 3 6 5 7 4 8 9		
	2 1 3 6 5 7 9 4 8	123456**978**	3
p.2 s.4	2 1 3 6 5 7 8 9 4		
	2 1 3 6 5 7 4 8 9		
	2 1 3 6 8 5 9 4 7		
	2 1 3 6 4 8 7 9 5	1234**85976**	5
p.2 s.5	2 1 3 6 9 4 5 7 8		
	2 1 3 6 7 9 8 5 4		
	2 1 3 6 5 7 4 8 9		
	2 1 7 4 3 6 9 5 8		
	2 1 6 9 7 4 8 3 5		
	2 1 4 8 6 9 5 7 3	12**6734958**	7
p.2 s.6	2 1 9 5 4 8 3 6 7		
	2 1 8 3 9 5 7 4 6		
	2 1 5 7 8 3 6 9 4		
p.2 s.7	2 1 3 6 5 7 4 8 9		
	1 4 2 5 8 3 6 9 7		
	4 6 1 8 9 2 5 7 3		
	6 5 4 9 7 1 8 3 2		
p.2 s.8	5 8 6 7 3 4 9 2 1	**271583496**	9
	8 9 5 3 2 6 7 1 4		
	9 7 8 2 1 5 3 4 6		
p.2 s.9	7 3 9 1 4 8 2 6 5		
	3 2 7 4 6 9 1 5 8		

	neumes (chiffres soulignés intervertis ou non respectés dans la partition)											ordre de permutation	nombre de permutations
	2	1	3	6	5	8	4	9	11	10	7		
p.1 s.5	6	2	5	3	1	8	4	9	11	10	7		
	3	6	1	5	2	8	4	9	11	10	7	4 1 5 3 2 6 7 8 9 10 11	5
	5	3	2	1	6	8	4	9	11	10	7		
	1	5	6	2	3	8	4	9	11	10	7		
	2	1	3	6	5	8	4	9	11	10	7		
p.1 s.6	6	5	2	1	4	3	8	9	11	10	7		
	1	4	6	5	8	2	3	9	11	10	7		
	5	8	1	4	3	6	2	9	11	10	7	4 5 1 2 7 3 6 8 9 10 11	7
	4	3	5	8	2	1	6	9	11	10	7		
p.1 s.7	8	2	4	3	6	5	1	9	11	10	7		
	3	6	8	2	1	4	5	9	11	10	7		
	2	1	3	6	5	8	4	9	11	10	7		
	3	4	1	5	2	6	9	11	8	10	7		
p.1 s.8	1	9	4	2	3	5	11	8	6	10	7		
	4	11	9	3	1	2	8	6	5	10	7		
	9	8	11	1	4	3	6	5	2	10	7	3 7 2 5 1 4 8 9 6 10 11	9
	11	6	8	4	9	1	5	2	3	10	7		
p.1 s.9	8	5	6	9	11	4	2	3	1	10	7		
	6	2	5	11	8	9	3	1	4	10	7		
	5	3	2	8	6	11	1	4	9	10	7		
	2	1	3	6	5	7	4	9	11	10	8 ← NB interversion 7-8		
	1	3	5	2	4	8	11	7	10	9	6		
p.2 s.1	3	5	4	1	11	6	10	8	9	7	2		
	5	4	11	3	10	2	9	6	7	8	1		
	4	11	10	5	9	1	7	2	8	6	3	2 3 5 1 7 11 9 6 10 8 4	11
p.2 s.2	11	10	9	4	7	3	8	1	6	2	5		
	10	9	7	11	8	5	6	3	2	1	4		
	9	7	8	10	6	4	2	5	1	3	11		
	7	8	6	9	2	11	1	4	3	5	10		
p.2 s.3	8	6	2	7	1	10	3	11	5	4	9		
	6	2	1	8	3	9	5	10	4	11	7		

neumes

	2	1	3	6	5	8	4	10	13	12	9	11	7	
p.3 s.1	2	1	3	6	5	10	4	8	13	12	9	11	7	
	2	1	3	6	10	13	4	5	8	12	9	11	7	
	2	1	3	10	13	12	4	6	5	8	9	11	7	
	2	1	10	13	12	9	4	3	6	5	8	11	7	
														11 neumes
p.3 s.2	2	10	13	12	9	11	4	1	3	6	5	8	7	
	10	13	12	9	11	7	4	2	1	3	6	5	8	
	13	10	12	9	11	7	4	2	1	3	6	8	5	
p.3 s.3	12	9	13	10	11	7	4	2	1	8	5	3	6	
	9	12	13	10	11	7	4	2	1	8	5	6	3	
	11	7	9	12	13	10	4	8	5	6	3	2	1	
	7	11	9	12	13	10	4	8	5	6	3	1	2	$= \overleftarrow{13}$
p.3 s.4	11	7	10	9	13	12	4	8	5	6	3	1	2	
	7	11	9	10	13	12	4	8	3	6	5	1	2	
	10	7	9	13	12	11	4	8	3	6	5	1	2	
	7	10	9	13	12	11	8	3	6	5	4	1	2	9 neumes
p.3 s.5	7	9	13	12	11	10	8	3	6	5	4	1	2	
	9	7	13	12	11	10	8	6	5	4	3	1	2	
	7	13	12	11	10	9	8	6	5	4	3	1	2	
	8	13	12	11	10	9	7	6	5	4	3	2	1	
p.3 s.6	13	12	11	10	9	8	7	6	5	4	3	2	1	neume descendant

x 13

13 neumes

Les transformations du neume 13 décrites ci-contre n'obéissent plus au même mode d'engendrement car le nombre de neumes en serait sans doute trop grand. Par glissements successifs, le neume initial se transforme en son propre rétrograde, puis un processus moins rigoureux le mène à une ligne descendante.

Les ensembles de neumes de même nombre de sons déterminent les différentes sections du processus que j'appellerai section 3, section 5, section 7, section 9, section 11 et section 13, auxquelles s'ajoute la section finale où les neumes sont devenus des glissandi. Au sein de chaque section, les retours au neume original marquent les sous-sections, dont le nombre de neumes qu'elles contiennent est croissant, et correspond aux harmoniques du spectre de trombone (c'est la conséquence même du mode de permutation).[1]

Il n'est pas inutile de noter que l'ordre de déduction des neumes engendré par les tableaux précédents correspond ni plus ni moins à l'ordre dans lequel les neumes seront joués. Le matériau n'est pas pré-compositionnel mais se crée au fur et à mesure du déroulement de l'œuvre dans le temps : c'est le principe du processus spectral. La seule entorse sera l'interversion des sections : la partition fera se succéder les sections 5, 3, 7, 11, 9, 13, *glissandi*

Si l'on assimile très arbitrairement les glissandi terminaux à des neumes de 8 hauteurs qui seraient « aplatis », on obtient la succession 5 3 7 11 9 13 8, soit en numérotant par ordre : 2 1 3 6 5 7 4. Il s'agit là du neume 7. L'analogie n'est pas seulement numérique. Grisey entend calquer la *forme* du processus entier sur la *Gestalt* du neume 7, en jouant sur le degré des sentiments de tension ou de détente :

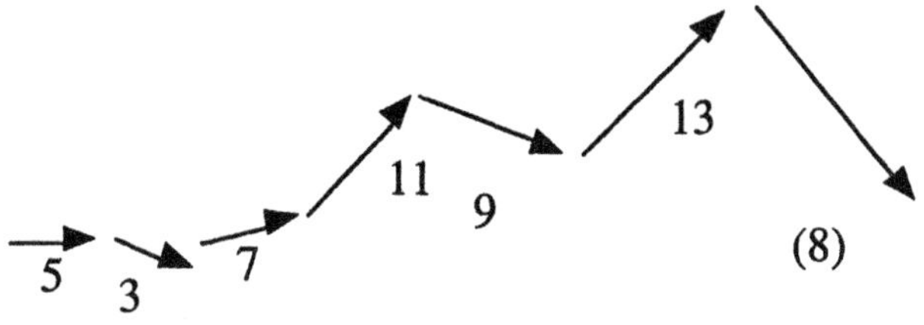

[1] La section 13 utilise elle aussi les impairs : 11 + 9 + 13 (= neume 3).

C'est d'abord par la caractérisation des profils dynamiques et agogiques des neumes que ces différents degrés de tension seront créés. La page ci-contre montre les cinq neumes principaux, et le tableau ci-dessous l'évolution du processus sans interversion des sections.

Chaque neume est doté d'une accélération ou d'une décélération entre deux tempi. Ces deux tempi augmentent régulièrement, mais l'augmentation du nombre de sons compense cette accélération pour donner à tous les neumes une durée similaire. C'est l'agitation interne des neumes qui croît au fil du temps. La vitesse d'exécution des neumes au sein de chaque section reste invariable. Seule la fin de la section 13 accélère les courbes jusqu'aux glissandi.

neume	agogique			dynamique			modes de jeu et sourdine
	tempo min		tempo max	nbre d'accents	min	max	
3	(ral)					*pp*	*variable* con sord
5	70	→	90	1	*ppp*	*p*	sul tasto con sord
7	100	→	140	1	*pp*	*mp*	ord con sord
9	130	←	190	2	*p*	*mf*	*variable* con sord
11	160	→	240	2	*mp*	*f*	ord senza sord
13	190	→	300	3 et +	*mf*	*ff*	sul ponticello senza sord
(8)	(ral)					*fff*	*variable* senza sord

= 70 acc. 90
AST
ppp
p
ppp

= 100 acc. 140
ORD
pp
mp

= 190 rit 130
p
mf
p
mf
AST

= 160 acc 240
ORD
f
mp
f
mp
senza cord.

= 190 acc. 300
mf
ff
mf
ff
mf
ff
ORD
poco portamento

Les neumes possèdent par ailleurs une courbe dynamique, dont le nombre et l'intensité des accents croît progressivement. Cette courbe veut se rapprocher de l'alternance inspiration-expiration de la respiration humaine. Ceci est particulièrement sensible dans le neume 5, qui grâce à l'interversion des sections ouvre la partition. Les *Espaces acoustiques* peuvent ainsi débuter par ce qui est revendiqué comme modèle de leur articulation rythmique et formelle.

L'utilisation de la sourdine est faite en parallèle à cette augmentation générale d'intensité. Les changements de modes de jeu concourent à l'évolution globale du processus, entre pureté et détérioration du son. Constants au sein d'une même section, les modes de jeu sont en revanche variables pour les sections 3, 9, 8.

L'alternance des sections de ce processus parvient en elle-même à ébaucher la courbe du neume 7, en brisant la linéarité de la progression :

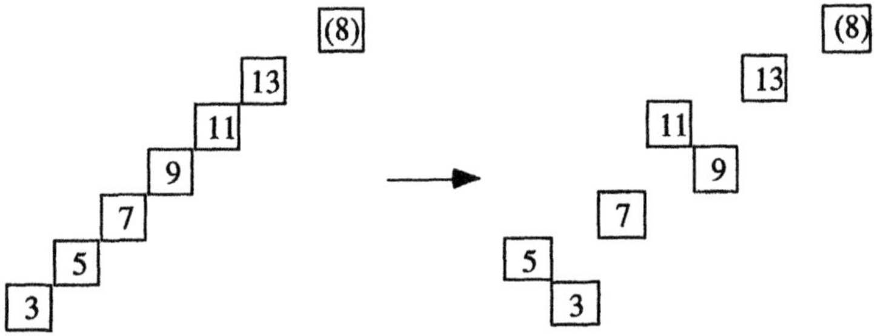

C'est surtout en différenciant les sections « descendantes » (3, 9 et 8) des autres que l'analogie sera efficace. La variabilité des modes de jeu signalée plus haut est un premier facteur. L'inversion de l'agogique en est un deuxième : la section 9 est la seule où la vitesse au sein des neumes est décroissante, la direction entre les tempi extrêmes étant inversée. Sur ce point la section 3 est particulière. La logique du processus voudrait qu'elle comporte 5 neumes de 3 sons dans un tempo lent (et même sans variation agogique puisque les tempi max et min seraient tous les deux de 40). L'application fidèle en serait sans doute fastidieuse. Grisey la transforme en une succession de 5 neumes joués très rapidement, « furtivement », dans un glissando descendant et un ralentissement global. Ce ralentissement est calculé de manière à ce que la durée globale des 5 neumes soit égale à celle d'un seul neume des autres sections. On verra plus loin que cette section 3 comptera pour 1 neume.

La section (8) sur les glissandi est quant à elle une longue chute de fréquence et d'intensité, et un retour au son pur qui résorbe la montée générale de tension du processus.

Un autre facteur générant la montée ou la baisse de tension dans une section est la direction fréquentielle des accents des neumes. Les sons les plus forts des neumes sont de plus en plus aigus, ou de plus en plus grave dans le cas de la section 9. La montée ou la descente se répète à chaque sous-section, en élargissement progressif de l'ambitus. Voici par exemple les accents successifs de la section 7 [1]:

Enfin, l'évolution fréquentielle globale du processus n'affectera les neumes qu'une fois les sections interverties. Sans doute le parcours harmonicité-inharmonicité, balancier du cycle entier, ne pouvait supporter une rupture de sa linéarité. Les sons des neumes 5 sont les harmoniques du spectre de trombone (impairs) de fondamentale mi_0 (donc une octave plus bas que le spectre final de *Périodes*). À chaque nouvelle section, ce spectre se déplacera de plus en plus vers des sons inharmoniques voisins des harmoniques initiaux. Au sein des sections aucune évolution globale du spectre n'intervient.

Dans ce processus maintenant établi, constitué de la seule succession des neumes, le compositeur doit insérer les deux autres cellules « archétypales » mentionnées plus haut, les

[1] Au contraire de la logique mélodique globale du processus, il s'agit donc là des hauteurs *absolues* des accents, et non de leur place relative au sein de chaque neume.

cellules de 1 et de 2 hauteurs, l'iambe et l'écho. L'iambe sera toujours identique à lui-même, sur un *si* grave et d'une durée d'une seconde environ. L'écho se greffera sur la fin de certains neumes dont il répétera deux hauteurs, en général les deux dernières. La vitesse de l'écho est donc déterminée par le tempo final des neumes. Le nombre de répétitions est variable.

L'insertion de ces deux éléments étrangers est gérée par une technique sérielle semblable à celles de Stockhausen (comme dans le *Klavierstück X*[1]). Les neumes originaux sont représentés par les numéros d'ordre ascendant des hauteurs :

neume		formes renversées
3	2 1 3	2 3 1
5	2 1 3 5 4	4 5 3 1 2
7	2 1 3 6 5 7 4	6 7 5 2 3 1 4
9	2 1 3 6 5 7 4 8 9	8 9 7 4 5 3 6 2 1
11	2 1 3 6 5 8 4 9 11 10 7	10 11 6 6 7 4 8 3 1 2 5
	ou 2 1 3 6 5 7 4 9 11 10 8	10 11 9 6 7 5 8 3 1 2 4
13	2 1 3 6 5 8 4 10 13 12 9 11 7	12 13 11 8 9 6 10 4 1 2 5 3 7

Ces chiffres ne sont pas des nombres mais des ordres de grandeur. On pourrait représenter les neumes par le dessin de leur courbe, mais l'analyse serait moins commode.

Le tableau suivant synthétise le processus, en montrant l'alternance des trois éléments. Les chiffres indiquent : pour les iambes et les neumes le nombre de cellules successives, pour les échos le nombre de sons de chaque écho (par ex. 4 signifie que les deux hauteurs du neume sont répétées deux fois). Pour les raisons évoquées plus haut, la section 3 vaut 1 neume.

[1] Voir l'analyse de Herbert Henck, « Karlheinz Stockhausen Klavierstück X », *Neuland Musikverlag Herbert Henck*, 1980, reprise dans Rigoni, Michel, *Karlheinz Stockhausen ...un vaisseau lancé vers le ciel*, Lillebonne, Millénaire III, 1998.

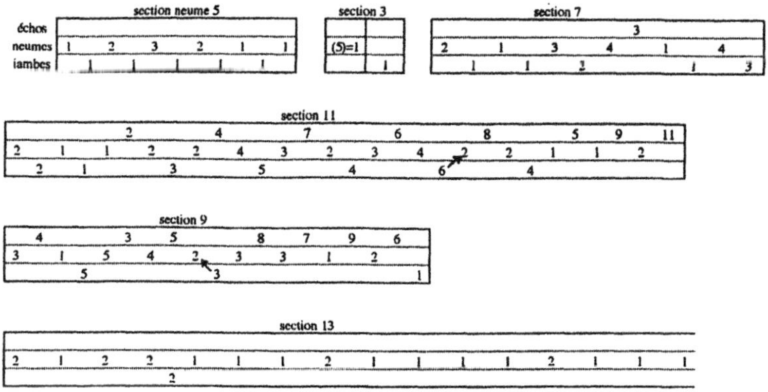

Les deux flèches indiquent des interpolations locales, les neumes étant contaminés par le rythme de la cellule iambique. Quatre facteurs gèrent l'alternance des trois objets, obéissant chacun aux différentes séries, prises dans le sens droit ou rétrograde. (Quelques inexactitudes sont permises à condition que soit conservée la *Gestalt* du neume) :

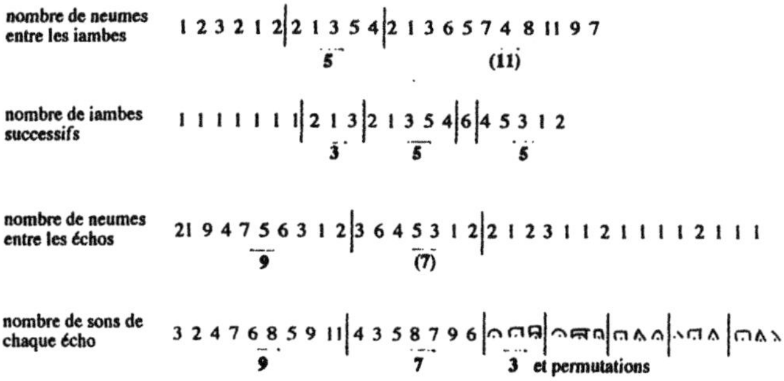

Seul le troisième facteur, fréquence d'apparition des échos, utilise les séries rétrogrades, car il évolue de façon symétrique au premier, fréquence d'apparition des iambes, symétrie visible si l'on superpose l'évolution de l'un avec l'évolution en sens contraire de l'autre :

ad lib
..........1 1 1 2 3 2 1 2 2 1 3 5 4   2 1 3 6 5 7 4 8 11 9 7
1 1 1 2 1 1 1 1 2 1 1 3 2 1 2 2 1 3 5 4 6 3 2 1 3 6 5 7 4 9 10

Cette évolution symétrique est tout à fait perceptible et dirige l'évolution globale du processus. Les rythmes iambiques, très présents au début, tendent à se raréfier jusqu'à disparaître, alors que les échos, d'abord absents, prolifèrent et envahissent peu à peu les neumes sous forme de trille à la fin du processus.

Le processus est donc très globalement une alternance de trois objets : un objet de présence constante, les neumes, un objet de présence croissante, les échos, un objet de présence décroissante, les iambes. On pense aux personnages rythmiques de Messiaen, qui évoluent toujours par trois. Il s'agit là du premier essai par Grisey d'un processus d'alternance.

Prologue, composé trois ans à peine après *Dérives*, a cherché a introduire une dimension mélodique absente du style de Grisey. On a pu observer le recours à des procédés d'esthétiques musicales antérieures : les permutations limitées de Messiaen pour varier les courbes, sa notion de personnages rythmiques permettant d'insérer des objets dans un processus, enfin des séries rappelant Stockhausen pour la gestion de l'occurrence des objets. Ces séries seront utilisées dans *Modulations* et *Transitoires*. En ajoutant *Épilogue* qui cite *Prologue*, quatre des six œuvres des *Espaces acoustiques* font appel à des procédés sériels.

L'alternance des sections d'un processus linéaire constitue alors une nouveauté dans l'œuvre de Grisey, mais sera peu repris par la suite, alors que ce procédé est assez fréquent chez Murail. Grisey préfère se tourner vers d'autres types d'évolutions (convergence d'objets, alternance d'objets) plutôt que de découper un processus préalablement déterminé.

Dans *Prologue*, Grisey expérimente, dans des directions diverses. Certaines questions seront oubliées, d'autres développées dans les œuvres ultérieures, certaines enfin — la place de la mélodie dans la musique spectrale — mises de côté pour être réétudiées au début des années 90.

Périodes

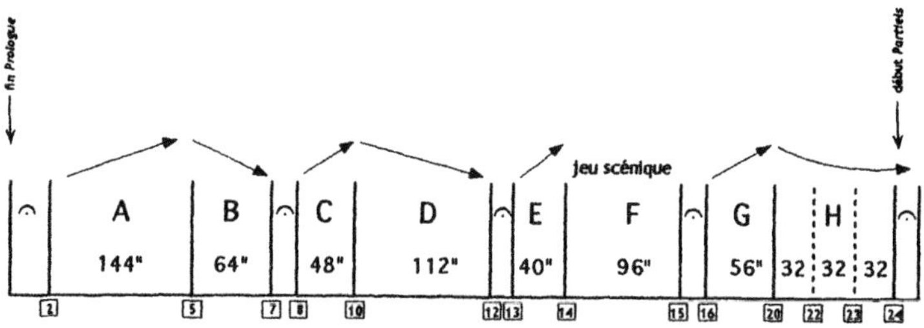

Les durées des différentes parties sont déterminées proportionnellement aux intervalles du spectre harmonique. Dans la notice de la partition[1], Grisey cite le spectre harmonique sur *mi*, en indiquant les intervalles entre harmoniques, tempérés au quart de ton :

Seul le premier intervalle entre la fondamentale et l'harmonique 2 sera omis. Il suffit ici de multiplier par 8 les nombres de quarts de tons séparant les harmoniques :

	14	18	12	8	7	6	5	4	4	4
×8	112	144	96	64	56	48	40	32	32	32
	D	A	F	B	G	C	E		H	

Les intervalles, on le voit, ne sont pas pris dans l'ordre. L'approximation au quart de ton permet de créer l'égalité des trois derniers intervalles, que Grisey assimile dans la notice à une périodicité. C'est pourquoi ces intervalles ne sont pas dissociés, et placés à la fin de la partition, la périodicité étant toujours chez Grisey associée à l'état de stabilité.

[1] Cette notice mérite attention, car elle constitue en 1974 la première présentation écrite des principes esthétiques de Grisey.

Partiels[1]

La détermination des durées des parties est plus rigoureuse dans la définition des intervalles qu'elle ne l'était pour *Périodes*. On utilise le logarithme décimal du rapport entre harmoniques, qu'on multiplie par un facteur k pour obtenir une durée en secondes (durée = $k \cdot |\log(m/n)|$, où m et n sont les numéros des harmoniques de l'intervalle concerné). Le facteur est ici de 800. Grisey utilise en fait la définition des intervalles en savarts. L'intervalle en savarts entre deux harmoniques est égal à 1000 fois le logarithme décimal de leur rapport. Grisey multiplie donc ces intervalles par 4/5.

	durée théorique (k = 800)	partie	durée
25			
	60.6	G_2 sans ⌒	60
21			
	73.4	G_1	73
17			
	93.2		
13			
	58.0	D_2	56
11			
	69.7	F	72.8
9			
	87.3	D_1 E + transition	87.3 87.3
7			
	116.9	C	117.5
5			
	177.5	A	180
3			
	140.9	B	136.5
2			
	240.8		
1			

[1] La partition a été commentée par Grisey dans « La musique, le devenir des sons », *op. cit.*, p.22, « Tempus ex machina », *op. cit.*, « Structuration des timbres dans la musique instrumentale », *op. cit.*, pp.356-9. Voir aussi l'analyse de Peter Niklas Wilson dans *Entretemps*, n°8, 1989. Une analyse précise et détaillée a été faite par Philippe Durville pour le prix d'analyse du Conservatoire National Supérieur de Musique de Paris. Elle est inédite.

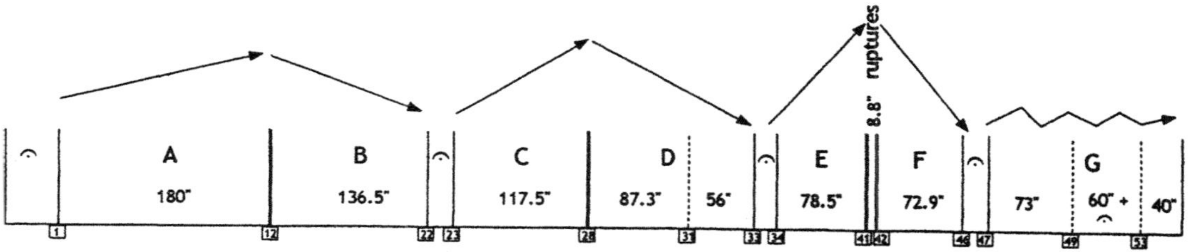

plan général de *Partiels*

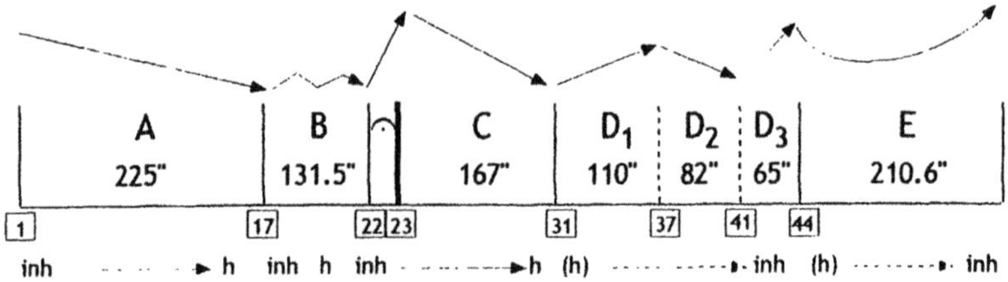

Le plan général de *Modulations* montre quelques changements par rapport à celui des deux œuvres précédentes. Le nombre de parties se réduit, alors que leurs durées respectives s'allongent. Les cycles ternaires modelés sur la respiration — tension, détente, repos — disparaissent au profit d'un enchaînement immédiat des processus. Les zones de mesures répétées *ad libitum* sont supprimées, seule demeure une transition préparant la partie C. Le balancement entre harmonicité et inharmonicité, ainsi que l'alternance régulière entre sentiments de tension et détente, sont perturbés : les parenthèses ou les pointillés du schéma soulignent localement le caractère peu ou non perceptible de l'élaboration harmonique.

partie A (de 1 à 17)[1]

Le processus constitue la première ébauche d'une convergence symétrique entre deux objets alternés. Le premier de ces objets est un accord A, évoluant de l'inharmonicité à l'harmonicité (du spectre sur *mi*), et dont l'ambitus se contracte progressivement (voir ci-contre). On remarque que les successions des notes graves et aiguës des accords A forment respectivement un spectre harmonique sur *fa* et un accord harmonique inversé (« sous-harmoniques ») sur *fa*. Il ne faut sans doute voir là que l'utilisation d'un modèle commode d'évolution logarithmique permettant d'assurer à la contraction un caractère non linéaire conforme aux lois de la perception.

[1] CD Accord 206532 : CD2 plage 1 de 0:00 à 3:55

1 2 3 4 5 6 7 8 9
A
B

10 11 12 13
a b c a b c a b c a b
A
B

Le second objet, similaire au premier, est un accord B, formé de sons générés à partir de l'accord A, selon le modèle du modulateur en anneau. Il passe donc lui aussi de l'inharmonicité à l'harmonicité.[1]

Au début du processus, l'accord A est joué par les seuls vents, l'accord B par les cordes. Le processus amènera progressivement la similarité de leur instrumentation. C'est bien là le seul réel moteur de la convergence symétrique des deux accords, qui s'efface derrière les processus harmonique, dynamique (baisse d'intensité générale, amortissement progressif des attaques) et rythmique.

Le processus se divise en 13 sections de durées croissantes, caractérisées chacune par le changement de l'accord A (et donc de B). Les quatre dernières sections 10 à 13 se subdivisent, à cause de leur durées importantes, en sous-sections a, b, c, formées par des changements partiels de l'accord. Ces subdivisions ne concernent pas la structure des durées. À l'intérieur de chaque section, ou sous-section pour les sections 10 à 13, l'accord n'évolue que par changement d'instrumentation, et changement d'octaves de certains sons.

Le tableau ci-contre établit le processus rythmique déterminé par quatre éléments :

- un parcours de l'apériodicité à la périodicité, conformément à l'articulation générale des *Espaces acoustiques* ;
- l'allongement de la durée des accords (en gras) par rapport à celle des silences, depuis les interventions brèves et éparses du début jusqu'au tuilage complet de la section 13, en passant par le stade d'alternance équilibrée de la section 9, où les tenues de l'accord A correspondent exactement aux silences séparant celles de l'accord B, et réciproquement ;
- la correspondance entre les durées des sections en nombre de blanches (tempo invariable) et les numéros des harmoniques du spectre de trombone ;
- la correspondance du nombre d'accords de chaque section avec ces mêmes numéros, sauf pour les sections initiales où le nombre est fixé à 9, afin d'en remplir raisonnablement la durée.

---

[1] Les sons générés par les sons d'un spectre harmonique appartiennent au même spectre.

repères	section	durée	nombre d'accords		durées : accords - silences (en ♪) 1° ligne : accord A 2° ligne : accord B (sons engendrés)
1	1	1 𝅗𝅥	9		1 0.33 0.67 1.33 0.67 1.33 0.67 0.67 0.67 0.67
					0.5 1.5 0.5 1.5 1.5 0.5 1.5 0.5
	2	2 𝅗𝅥	9		2.4 0.8 3.47 0.67 5.67 1 1 1
					1 3 1 5.67 0.67 1.47 0.8 0.8 0.8 0.8
	3	3 𝅗𝅥	9		2 2 3 2 8 1 3 1 1.33 0.67
					1 13 1.5 2.83 1.33 2.33 1 1
2	4	5 𝅗𝅥	9		3 13 3 5.67 2.33 6 2 5
					7 3 12 1.5 6.5 1.5 5.5 1.5 0.5 1
3	5	7 𝅗𝅥	9		4 17 2 10 3 10 3 7
					11 3 10 3 12 3 9 1.5 0.5 2 1
4	6	9 𝅗𝅥	9		4 17 5 12 5 12 4 10 2 1
					8 6 18 3 13 4 12 3 5
5	7	11 𝅗𝅥	11		5 15 5 13 5 12 5 13 4 6 3 2
					8 7 12 6 14 5 11 6 10 3 6
6	8	13 𝅗𝅥	13		6 7 9 13 6 10 8 10 6 10 6 13
					8 4 13 7 11 6 13 6 9 6 10 3 1 6 1
7	9	15 𝅗𝅥	15		8 8 11 9 8 8 8 10 7 8 8 16 5 6
					8 8 11 9 8 8 8 10 7 8 8 8 8 5 6
9	10	17 𝅗𝅥	17	a	10 6 10 8
					8 10 6 12
				b	13 6 10 6 10
					11 10 6 10 6
				c	5 8 10 6 10 6 10 4
					9 12 10 6 10 6 8
11	11	19 𝅗𝅥	19	a	12 4 12 4
					6 12 6 12
				b	14 5 12 4 12 4 12
					6 13 4 12 4 12 4
				c	2 12 4 12 4 12 4 11
					10 4 12 4 12 4 12 3
13	12	21 𝅗𝅥	21	a	4 14 2 14 2
					14 2 14 2 14
				b	16 2 14 2 14 2 14
					4 14 2 14 2 14 2
				c	1 14 2 14 2 14 2 14 1
					13 2 14 2 14 2 14 2 13
15	13	23 𝅗𝅥	23	a	16 0 16 0 16 0 16 0 16
					2 16 0 16 0 16 0 16
				b	0 16 0 16 0 16 0 16 0 16 0 16 0 15
					17 0 16 0 16 0 16 0 16 0 16 0 16

partie B (de 17 à 22)[1]

Cet épisode qui rappelle Ligeti est le dernier exemple chez Grisey d'une progression musicale en tuilages successifs de groupes instrumentaux. Le début détériore insensiblement le balancement berceur qui terminait la partie A. Les instruments à vent s'éloignent progressivement du spectre sur *mi* et de la périodicité. Ils laissent ensuite la place aux cordes frottées qui font réapparaître les sons du spectre. Le dernier groupe instrumental, aux sons non entretenus (harpes, cordes en pizz, célesta et percussions) fait entendre uniquement des sons n'appartenant pas au spectre, et amène la musique au silence.

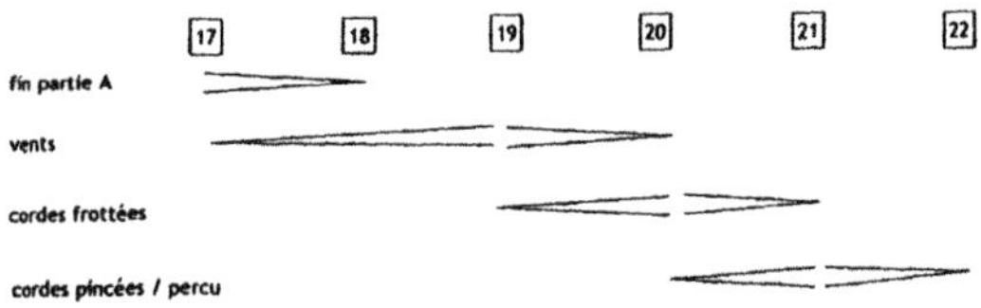

La transition vers la partie C doit amener, à partir du silence, de gigantesques accords homophones et *fortissimo*. Quatre interventions aux percussions et cordes graves, simulant peut-être des infrasons, aboutissement du processus précédent, modèlent à chaque fois davantage une enveloppe semblable à celle des accords qui vont suivre. Les silences importants qui séparent ces interventions, issus du silence final de la partie B, font de cette transition une des ruptures de continuité les plus importantes du cycle.[2]

partie C (de 23 à 31)[3]

Le passage se divise en 13 sections, constituées en deux plans sonores, selon la technique harmonique inspirée de la modulation en anneaux. Chaque section contient en avant-plan un accord générateur aux cuivres et orgue Hammond

---

[1] CD de 3:55 à 6:40

[2] On peut ajouter le jeu scénique au milieu de *Périodes*, et bien sûr l'entracte.

[3] Commentée par Grisey dans « Structuration des timbres dans la musique instrumentale », *op. cit.*, p.370. CD de 6:40 à 9:10.

(les cuivres sont remplacés par des bois pour quelques sons trop aigus), en arrière-plan des groupes de sons de combinaisons, aux bois et cordes. L'attaque des accords générateurs, d'abord franche, s'amortit peu à peu. Les groupes de sons engendrés sont figurés par des soufflets <>, dont les sommets successifs épousent des courbes issues des neumes de *Prologue*, comme permet de le constater la réduction harmonique du processus des deux pages suivantes.

L'évolution générale est par ailleurs définie par un passage du ralentissement à la périodicité en ce qui concerne la succession des accords engendrés, une diminution générale d'intensité, une diminution du nombre de sons générateurs, enfin par un passage global de l'inharmonique à l'harmonique. Seuls ces différents éléments permettent de rattacher cette partie C à un processus.

Tout le reste est en effet déterminé en analogie avec le neume 13 de *Prologue*, à savoir la courbe fréquentielle globale des 13 accords générateurs, la succession des durées des sections (nombres impairs en référence au spectre de trombone), la vitesse des battements à l'orgue Hammond. On peut aussi ajouter le nombre total d'accords par sections (accords générateurs + accords engendrés) :

	2	1	3	6	5	8	4	10	13	12	9	11	7

durées en noires	5	3	7	13	11	17	9	21	27	25	19	23	15
battements par noire	9/5 (1.8)	5/3 (1.67)	2	11/4 (2.75)	12/5 (2.4)	11/3 (3.67)	13/6 (2.17)	11/2 (5.5)	24	11	13/3 (4.33)	7	3
nombre total d'accords successifs	1	2	3	6	5	7	4	9	12	11	8	10	7

nombre total d'accords
sons engendrés (bois + cordes)
durées en noires
accord générateur (cuivres)
23
1
2
3
6
1.5 1.5 0.67 2.67 3.67 1.33 1 1.67 2.33 3 3.67
5
3
7
13
24
5
7
25
4
1.25 1.25 2 2.75 3.75 2.125 0.875 1.5 2 2.75 3.5 4.25 1.29 1.71 2.57 3.43
11
17
9

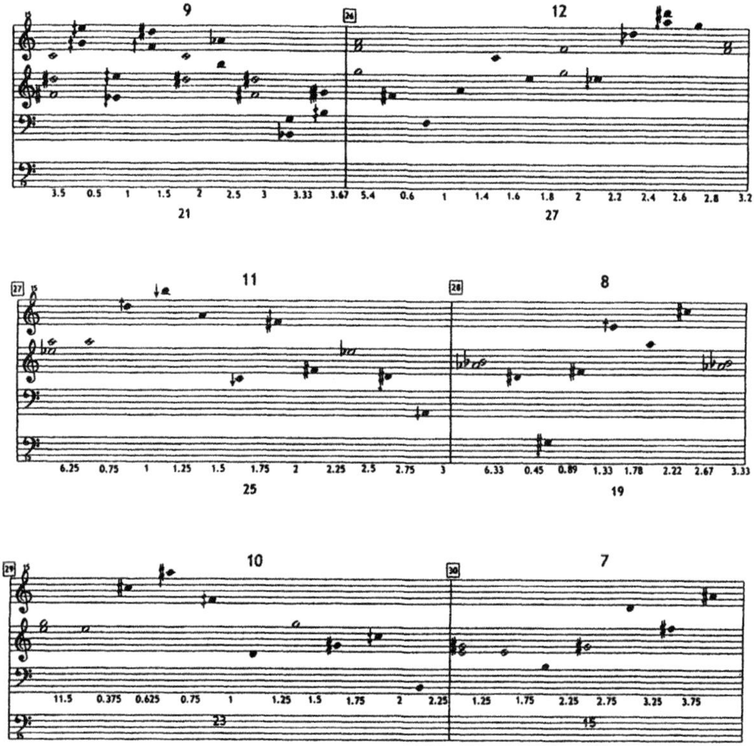
9
26
12
3.5 0.5 1 1.5 2 2.5 3 3.33 3.67 5.4 0.6 1 1.4 1.6 1.8 2 2.2 2.4 2.6 2.8 3.2
21
27
27
11
28
8
6.25 0.75 1 1.25 1.5 1.75 2 2.25 2.5 2.75 3 6.33 0.45 0.89 1.33 1.78 2.22 2.67 3.33
25
19
29
10
30
7
11.5 0.375 0.625 0.75 1 1.25 1.5 1.75 2 2.25 1.25 1.75 2.25 2.75 3.25 3.75
23
15

Les sons des treize accords générateurs sont choisis pour créer une augmentation progressive de la présence des sons du spectre harmonique sur mi_0, (notes blanches), approchés au demi-ton. Le spectre n'est ici qu'une référence abstraite ne jouant plus de rôle direct dans le passage entre inharmonicité et harmonicité.

Chaque accord possède sa propre structure harmonique qui peut, surtout pour ceux de quatre sons ou plus, se réduire à une échelle (diatonique, par tons, mode II), en négligeant les différences d'octaves. Ces échelles de notes relient les accords de deux en deux : par exemple l'accord numéroté 3 reprend de l'accord n°1 les quatre notes *sib*, *do*, *réb*, *sol*, puis le n°5 contient *sib*, *do*, *réb*. Les accords intermédiaires sont reliés par *mib*, *fa*, *la*, *si*.

La transformation de la nature interne de chaque accord est le principal facteur de progression du passage : en raison de la montée globale vers l'aigu, de la diminution du nombre de sons, du choix des intervalles constitutifs, il est manifeste que les derniers accords sonnent de manière plus claire, plus « pure » que les premiers. La présence des sons additionnels et différentiels, dont la présence s'efface toujours derrière l'accord prééminent des cuivres, ne fait que démultiplier ce dernier phénomène. Le passage de l'inharmonicité à l'harmonicité est ainsi assuré, si l'on oublie sa définition stricte.

partie D (de 31 à 44)[1]

Le projet en est ambitieux : « [...] le processus consiste à transformer par coagulation progressive une écriture polyphonique à vingt parties réelles en polyphonie de blocs puis en homophonie dont la courbe mélodique n'est autre qu'un agrandissement démesuré des mélodies qui constituaient le tissu polyphonique initial »[2].

L'orchestre est ici divisé en quatre groupes d'instrumentation similaire, qui ne se distinguent donc ni par le timbre ni par une séparation spatiale. Chaque groupe contient un cuivre qui joue de brèves cellules mélodiques issues des neumes de *Prologue*. Les autres instruments font entendre

---

[1] CD plage 1 de 6:40 à 13:20.

[2] « La musique, le devenir des sons », *op. cit.* p.23. Voir aussi « Tempus ex machina », *op. cit.*, p.103, « Structuration des timbres dans la musique instrumentale », *op. cit.*, p.384.

quatre autres sons, transpositions des sons du neume selon les intervalles d'un spectre déterminé.

Attachons-nous d'abord aux 4 cuivres. Les deux pages suivantes montrent l'intégralité des courbes mélodiques. Les quatre groupes d'abord appelés A, B, C, D sont changés après le chiffre 37 en A', B', C', D'. Ce changement concerne les instruments autres que le cuivre. La substitution est possible car seuls les cuivres sont entendus pendant les quelques mesures de part et d'autre du chiffre 37.

L'évolution mélodique est similaire au processus de *Prologue*, exceptée la présence ici de neumes pairs. Le cuivre du groupe A commence seul sur le neume 3 original, suivi de ses permutations, et passe au neume 4, etc. L'entrée des autres cuivres se fait de trois neumes en trois neumes. Ils jouent tous la même succession de neumes, mais avec un décalage d'un neume. On peut appeler cela un canon à quatre voix, avec imitation de hauteurs *relatives*. Il faut ajouter un autre décalage invisible sur le schéma. La superposition des mesures permettant de visualiser le canon, se traduit en fait dans la partition par un léger décalage constant, créant un retard d'un groupe par rapport au précédent. Il faut imaginer les barres de mesures de B un peu plus à droite que celles de A, et ainsi de suite.

L'ensemble se divise en trois processus :

• D_1 (jusqu'à 37) : accroissement du nombre de sons des neumes de 3 à 7, donc augmentation de la densité, accusée par une accélération globale. Chute vers le grave, crescendo, augmentation de l'ambitus des neumes. Les sons sont globalement inharmoniques, choisis pour remplir à tout instant le total chromatique. (Sans doute sont-ils pensés, au début du processus, comme harmoniques tempérés d'un *mi* très grave, pour se diriger ensuite vers l'inharmonicité).

• D_2 (de 37 à 41) : processus globalement inverse sur le plan de l'intensité, de l'agogique, du registre fréquentiel. Les neumes 7 se transforment peu à peu en lignes descendantes, avec élargissement de l'ambitus. Les sons tendent vers un spectre harmonique de fondamentale mi_{-1} avec approximation au demi-ton (ce spectre très grave est exceptionnel dans le cycle). La succession des sons de chaque ligne tend vers la régularité.

• D_3 (de 41 à 44) : augmentation d'intensité, accélération générale, harmonicité totale sur mi_{-1}. Le nombre de sons des cellules descendantes diminue, les lignes disparaissent au

A
B
C
D
spectre a
non parallèle non synchrone
31
32
33
spectre b
non parallèle non synchrone
spectre c
non parallèle non synchrone
34
35
spectre d
non parallèle non synchrone
36
cuivre seul
cuivre seul
cuivre seul
cuivre seul

37
A'
B'
C'
D'
interpolation d - d'
interpolation c - c'
interpolation b - b'
interpolation a - a'
spectre d'
parallèle non synchrone
38
interpolation d' - d"
spectre c'
parallèle non synchrone
interpolation c' - c"
spectre b'
parallèle non synchrone
interpolation b' - b"
spectre a'
parallèle non synchrone
interpolation a' - a"
39
spectre d"
parallèle synchrone
40
spectre c"
parallèle synchrone
41
spectre b"
parallèle synchrone
spectre a"
parallèle synchrone
synchronisation des 4 groupes
42
(neume 13)
44

profit de sons isolés dont la succession recrée à la fin une ligne mélodique semblable au neume 13, sur des fréquences identiques à celles des neumes des cuivres au début de D_1. Les quatre voix se rejoignent, d'abord A'+B', puis C'+D', pour terminer sur l'unisson simultané des dix derniers sons du neume 13.

À cette structure mélodique déjà complexe s'ajoutent les quatre autres voix de chaque groupe, soit vingt « voix réelles » au total. Le procédé harmonique consiste à transposer les sons de chaque neume selon les intervalles contenus dans des accords définis préalablement. Quatre accords a, b, c, d, spectres harmoniques filtrés issus de l'analyse de sons de cuivres avec sourdines, ou imaginés, sont dilatés par deux fois pour fournir huit accords inharmoniques a', b', c', d' et a", b", c", d" :

Ces douze accords vont être transposés sur les sons des cuivres : au *mi* grave des accords du tableau correspondra toujours le cuivre, et les autres instruments jouent les quatre sons supérieurs. Cette transposition se fait de diverses manières qui tentent de créer le passage global de la polyphonie à l'homophonie. Les notes blanches au début du schéma page 126 correspondent à des neumes non entendus : seule la structure harmonique qui les surmonte est jouée.

Dans la section D_1, jusqu'à 37, le groupe A utilise le spectre *a*, B le spectre *b*, etc. Le mode de transposition est *non parallèle non synchrone* : cela signifie que les sons du neume sont transposés, puis permutés et éventuellement répétés. Les cinq voix ne sont pas synchrones entre elles. Les accords sont donc inaudibles en tant que tels :

À partir de 37, avec le passage aux groupes A', B', C' et D' la situation se complique : après le silence des instruments autres que les cuivres autour de 37, les spectres réapparaissent mais inversés : d pour A', c pour B', b pour C', a pour D'. Ils sont aussitôt transformés respectivement en d', c', b', a', voix après voix, ce qui est noté « interpolation ». Ces spectres sont entiers pendant deux neumes seulement pour chaque groupe (autour de 38). Ils se caractérisent en outre par un changement de la structure mélodique, ici *parallèle non synchrone*, c'est à dire que les sons ne sont plus permutés, les lignes du cuivre se retrouvent à l'identique dans les quatre autres voix, de plus en plus courtes quand on va vers l'aigu. Elles sont encore non synchrones :

Suit une nouvelle interpolation menant vers d", c", b", a", dont la présence complète marque le début de D_3 (à 41). La structure mélodique est *parallèle synchrone* : il s'agit alors réellement de mélodies d'accords.

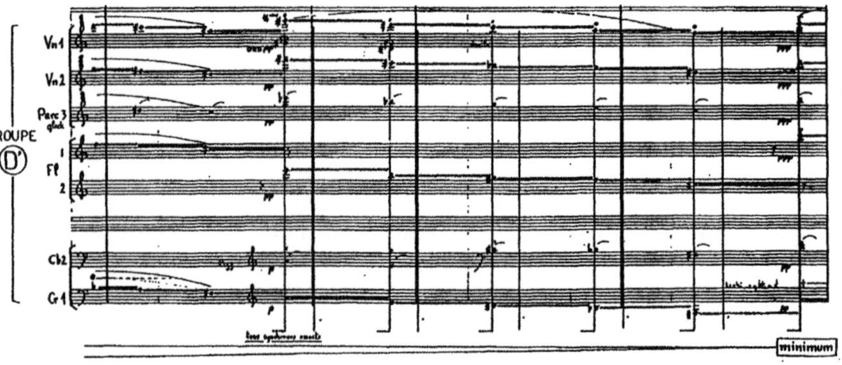

L'ensemble des quatre groupes crée la « polyphonie de blocs » mentionnée par Grisey. Chaque son isolé de cuivre est ainsi surmonté d'un bloc harmonique. La synchronisation progressive des quatre groupes amalgame les quatre accords sur les sons du neume 13 final. Aux énormes accords parallèles qui en résultent sont ajoutés progressivement des sons étrangers qui sont les harmoniques du son de cuivre, son le plus grave de l'échafaudage. La ligne mélodique de cuivres s'en trouve donc renforcée à l'audition.

Sur le plan fréquentiel, le processus utilise deux évolutions contraires : d'une part le passage des sons de cuivres de l'inharmonicité (ici total chromatique) à l'harmonicité sur un *mi* très grave, d'autre part la transposition des neumes selon des accords déviant par deux fois d'un spectre harmonique. Ce croisement est unique dans tout le cycle des *Espaces acoustiques*, sans doute parce que la structure harmonique est ici presque *virtuelle* : la fondamentale extrêmement grave des sons de cuivres rend déjà l'harmonicité peu perceptible, mais c'est l'ensemble de la pensée fréquentielle du passage qui détruit tout cheminement de couleur sonore, du moins jusqu'à D_3. La première partie D_1 est un enchevêtrement fréquentiel où les accords n'existent pas. Les neumes eux-mêmes, dans la complexité polyphonique, disparaissent au profit d'une texture globale. Le passage aux spectres a', b', c', d' (D_2) n'apporte pas véritablement de changement, alors que ces accords sont, dans l'absolu (s'ils pouvaient être entendus), fortement éloignés de a, b, c, d, puisqu'ils ne sont pas harmoniques. En revanche la synchronisation des instruments au sein de chaque groupe, sur les spectres a", b", c", d " rend ceux-ci pour la première fois clairement discernables comme des couleurs sonores, mais la diversité de leurs transpositions rend l'ensemble de la structure très complexe, même si les sons de cuivres sont à ce moment en harmonicité. Les lignes mélodiques sont enfin clairement discernables, mais elles sont maintenant descendantes et ne correspondent plus aux neumes. Le ralentissement, la diminution de la densité polyphonique, constituent aussi un facteur primordial d'une meilleure acuité de la perception harmonique et mélodique à cet instant-là.

Le neume 13 final n'est-il vraiment rien d'autre qu'un « agrandissement démesuré des mélodies qui constituaient le tissu polyphonique initial » ? L'analyse faite par Grisey est un peu rapide : d'une part les lignes initiales n'épousent pas la courbe du neume 13, d'autre part il est peu vraisemblable que les accords parallèles terminaux puissent rappeler de près ou de loin les courbes courtes et multiples des cuivres, dont la *Gestalt* mélodique est peu perceptible au sein de la texture polyphonique. Le processus de changement d'échelle, ou au moins de changement de type de perception, n'est pas parfaitement réalisé. La transformation n'intervient que tardivement, il faut attendre les trois quarts de cette partie D (qui par ailleurs est la plus longue de l'œuvre) pour sentir une évolution de la texture, comme une coagulation ou une condensation d'éléments disparates, et la synchronisation finale des quatre groupes peut être entendue davantage comme un *événement* spectaculaire et saisissant que comme l'aboutissement de toute l'évolution, ou la transformation du début par changement d'échelle.

partie E (de 44 à la fin)[1]

Le *mi* terminal, *ffff*, est repris par les cordes *pppp*, étalé dans un ambitus extrêmement large. Une longue tenue sur la note de référence du cycle s'installe, qui se maintiendra jusqu'à la fin de *Modulations*, augmentant progressivement en intensité et déviant peu à peu du *mi* par ajout de nouveaux sons. Ce processus d'épaississement et de détérioration du *mi* se déroule en dix sections, aux frontières imperceptibles tellement les changements sont ténus, et les vents prédominants dans cette dernière partie de l'œuvre. Les durées de ces dix sections sont néanmoins précisément proportionnelles aux intervalles du spectre harmonique entre les harmoniques 11 et 21 (voir tableau plus loin).

Les vents réalisent le processus principal qui fait se succéder onze paires de spectres. Le premier spectre (A) est un spectre harmonique augmenté progressivement de sons étrangers jusqu'à un accord fortement inharmonique. La fondamentale descend de demi-ton en demi-ton, phénomène exceptionnel dans les *Espaces acoustiques* qui ne sera repris qu'à la fin d'*Épilogue*. À la transformation de l'harmonicité interne de chaque accord s'ajoute donc une déviation par rapport à la tenue des cordes. Le dernier spectre revient sur *mi* mais tout sentiment d'harmonicité en est absent. Le second spectre (B) est le renversement de A selon un axe

---

[1] Commentée dans « Structuration des timbres dans la musique instrumentale », *op. cit.*, p.35. CD plage 2 de 0:00 à 3:36.

variable. Voici la liste des fondamentales de A et l'axe déterminant à chaque fois B :

Grisey fait appel à la notion de sous-harmoniques pour expliquer les spectres B, ce qui revient théoriquement au même, sauf que la notion de sous-harmonique n'a pas de réalité physique. Une telle analyse pourrait entraîner l'interprétation selon laquelle l'accord B évoluerait parallèlement à A, de l'« harmonicité » à l'inharmonicité. Les spectres B sont évidemment tous fortement inharmoniques, les premiers pas moins que les derniers.

L'inharmonicité croissante de A entraîne la similarité progressive de la couleur sonore des deux accords. Les autres évolutions du processus vont dans ce sens : similarité croissante de l'instrumentation, étalement de l'attaque de chaque accord qui estompe peu à peu l'espace entre A et B pour les fondre en un seul spectre à la fin.

Les durées séparant les onze paires A+B successives sont déterminées par analogie avec le renversement du neume 11 (voir page 110). En voici la liste en secondes, calculées entre chaque apparition du premier son de chaque paire, la dernière valeur est la durée du dernier spectre :

	23.5	25	22	19	20	18	21	16	17	15	14.125
ordre	10	11	9	6	7	5	8	3	4	2	1

Une interversion à la fin du neume amène une accélération terminale, en accord avec la montée de tension globale de cette partie.

Le dernier spectre n'a pas l'enveloppe des autres (attaque, tenue, extinction, enveloppe naturelle d'un son), mais forme un fort crescendo, renforcé par les cordes, menant à l'intensité maximale, puis interrompu brutalement par les cymbales frappées sans résonance. Le modèle acoustique de toute la partie E est un son à l'envers de cymbale, exemple rare de modèle électroacoustique chez Grisey, mais dont la forme globale est finalement assez simple et traditionnelle (long crescendo) pour pouvoir passer inaperçu pour un auditeur non averti.

Si *Transitoires* est enchaîné à *Modulations*, le grand orchestre entre très progressivement pendant cette dernière partie. Les cordes jouent dès le début sur le tapis de *mi* pianissimo, les vents ne jouent jamais tous ensemble avant l'ultime spectre. Le niveau d'intensité du crescendo final n'a ainsi jamais été atteint auparavant dans le cycle, et pourtant l'entrée du grand orchestre a été imperceptible.

Le parallélisme des durées de l'œuvre avec les intervalles du spectre acoustique est ici plus rigoureux que pour les pièces précédentes : l'ordre des parties correspond à celui des intervalles et l'œuvre contient une seule zone de transition entre elles. Cependant la durée de D résulte de l'addition des intervalles entre 5 et 11, la durée de E entre 11 et 21.

Les intervalles en savarts sont multipliés par 3/4. Il faut remarquer l'accroissement régulier de la durée des parties depuis *Périodes*. *Périodes* multiplie en gros les savarts par 2/3, *Partiels* par 4/5. Le facteur propre à *Modulations* est donc moindre que celui de *Partiels*, mais l'œuvre utilise pour la première fois l'intervalle entre la fondamentale et l'harmonique 2 : l'augmentation générale de la durée des parties est ainsi respectée. *Transitoires* ainsi qu'*Épilogue* utiliseront tous les intervalles, même entre harmoniques pairs, avec le facteur le plus important : 5/6. On aura compris que les facteurs eux-mêmes sont issus des premiers intervalles du spectre harmonique. Seul *Prologue* semble échapper au système, mais l'œuvre pour instrument seul contient peu de passages exactement mesurés.

	durées théoriques (facteur 750)		parties		divisions de E (cordes)
21	15.89				15.88
20	16.71				16.75
19	17.61				17.63
18	18.62				18.63
17	19.75				19.75
16	21.02	210.62	E	210.6	21
15	22.47				22.67
14	24.14				24
13	26.07				26
12	28.34				28.33
11	65.36		D_3	65	
9	81.86		D_2	82	
7	109.60		D_1	110	
5	166.39		C	167.1	
3	132.07		B	131.5	
2	225.77		A	224.6	
1					

Transitoires

« Par son large champ acoustique, *Transitoires*, et plus tard *Épilogue*, réalisent ce qui était latent dans les autres pièces du cycle des *Espaces acoustiques* : le filtre est retiré, le temps est dilaté, les spectres éclatent jusqu'à la 55e harmonique, de véritables polyphonies spectrales se répartissent tout l'espace sonore. On retrouvera dans cette pièce le même matériau, les mêmes champs de force et quelquefois les mêmes processus que dans les œuvres précédentes. Ainsi, il est fait un très large usage des événements apparaissant la première fois dans *Partiels*, mais la courbe mélodique de *Prologue* est là également, de même que les distorsions de *Périodes* et les spectres filtrés de *Modulations*. Mémoire, résurgence et éclatement, *Transitoires* révèle les aspects insoupçonnés du matériau et l'achève dans une mélodie primale, sorte de berceuse citée de *Prologue*. »[1]

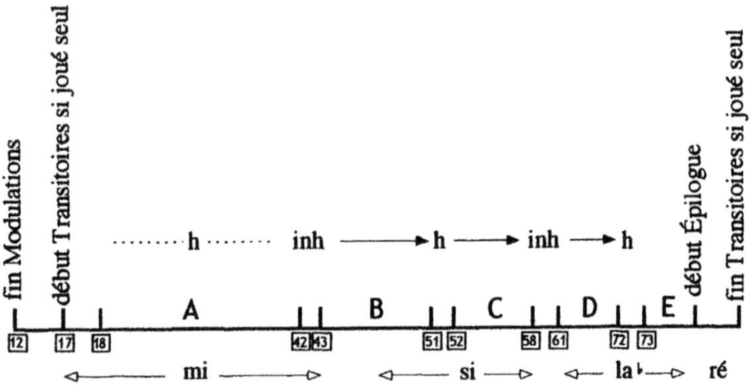

Transitoires contient cinq parties principales A à E, de durées décroissantes. La dernière partie est le solo d'alto sur une quinte juste répétée, qui s'enchaîne au rappel de *Prologue* au début d'*Épilogue*. On compte donc quatre processus principaux qui trouvent tous une origine plus ou moins directe dans *Partiels*.[2] *Transitoires* est de toutes les pièces du cycle celle qui contient le plus de transitions, aucun des processus ne s'enchaînant immédiatement au suivant. Une d'entre elle, de B à C, n'est que l'équivalent écrit des mesures

[1] Notice de présentation de *Transitoires*, in *Écrits*, op. cit.

[2] Il faut ajouter aussi la transition entre *Modulations* et *Transitoires* qui utilise le matériau de la partie D de *Partiels*.

de répétitions périodiques qui séparent les processus de *Périodes* ou *Partiels*, mais les transitions A-B et C-D, ainsi que l'enchaînement de *Modulations* à *Transitoires*, sont de véritables zones frontières séparant deux univers sonores dissemblables. La transition D-E est, chose rare chez Grisey, transition par mixage ou fondu enchaîné.

Le balancement régulier entre harmonicité et inharmonicité propre aux œuvres du cycle, déjà perturbé dans *Modulations*, devient ici un cadre structurel assez lointain et inopérant. Les zones d'harmonicité marquées *h* sont certes clairement perceptibles, mais les flèches entre *inh* et *h* du schéma définissent plus souvent un projet compositionnel qu'une transformation entendue.

Le cadre de référence du spectre sur *mi*, qui unifie les *Espaces acoustiques*, recule d'un niveau avec *Transitoires*. Les fondamentales des zones d'harmonicité sont respectivement *mi*, *si*, *lab*, *ré*, soit les premiers harmoniques impairs de *mi*. Le début d'*Épilogue* continuera la progression jusqu'à l'harmonique 17.

partie A (de 18 à 42)[1]

La première partie de *Transitoires* est calquée sur la première partie de *Partiels*, qui faisait se succéder au moins treize sonagrammes[2] précédés chacun d'un motif rythmique sur le *mi* grave de la contrebasse. Leur contenu fréquentiel progresse d'une simulation instrumentale d'un *mi* grave de trombone vers un spectre fortement inharmonique. Ils épousent tous le schéma suivant : attaque de la fondamentale, entrée progressive des différents partiels, tenue, chute. Pendant cette chute se fait entendre le motif rythmique de contrebasse amenant le sonagramme suivant.

---

[1] Commentée par Grisey dans « La musique, le devenir des sons », *op. cit.*, pp.22-23, dans « Structuration des timbres dans la musique instrumentale », *op. cit.*, pp.363-367.
CD Accord 206532 : CD2 plage 2 de 5:52 à 9:30.

[2] Treize si la page initiale n'est répétée qu'une seule fois.

La partition pour grand orchestre reprend cette structure de 13 sections, mais en simulant ici le sonagramme du *mi* grave de la contrebasse. Après chaque motif rythmique sur la quatrième corde de contrebasse, appelé *m*, le sonagramme est orchestré par un effectif restreint, de manière analogue au début de *Partiels*, et constitue une dilatation temporelle *a* du son de contrebasse. Ce schéma de base va être troublé par l'insertion abrupte, comme par montage *cut*, d'énormes dilatations temporelles des motifs *m*, qui masquent momentanément le reste de la musique. (*a* dilate donc un seul son, *b* et *c* les motifs rythmiques).

Le tableau ci-contre dresse la liste des motifs *m*. Quatre modes de jeu sont utilisés : position ordinaire pizzicato (indiquée *pizz*), position ordinaire arco (*ord*), position sul ponticello (*sp*), enfin passage du jeu haut sur le chevalet au jeu sur la touche (indiqué *asp* suivi d'une flèche descendante).

L'engendrement rythmique des motifs se divise en groupes de quatre, conservant une valeur constante (encadrée), toujours plus brève de groupe en groupe. La cellule initiale de chaque groupe (m0, m3, m6, m9, m12) se caractérise par la répétition périodique de sons *sp*, au nombre de 3, 3, 5, 8 et 13. À partir de cette cellule initiale le processus est identique pour chaque groupe, et rappelle le procédé des personnages rythmiques de Messiaen : raccourcissement de la valeur « à gauche », toujours *pizz* ; allongement des valeurs « à droite », en alternance *sp* et *ord*, la dernière *pizz* ; valeur centrale constante, *ord*. L'évolution globale des 14 motifs est une accélération, un accroissement de la durée totale, et une augmentation du nombre de valeurs.

Les trois modes de jeu principaux de la corde de *mi* (pizz, ord, sp) ont été enregistrés et étudiés sur des sonagrammes. Chacun des spectres fournis par l'analyse est ensuite doté d'une orchestration spécifique. De plus la dilatation du motif *m* se fait selon deux échelles différentes : une échelle *b*, multipliant les durées (absolues) de *m* par 2.89 environ, une échelle *c*, les multipliant par 5.2. À cette dernière échelle correspond une orchestration plus riche et une extension du spectre à des harmoniques plus élevés. On obtient ainsi six objets sonores différents : *pizz*, *ord* et *sp* dans l'échelle b, *pizz*, *ord*, et *sp* dans l'échelle c.

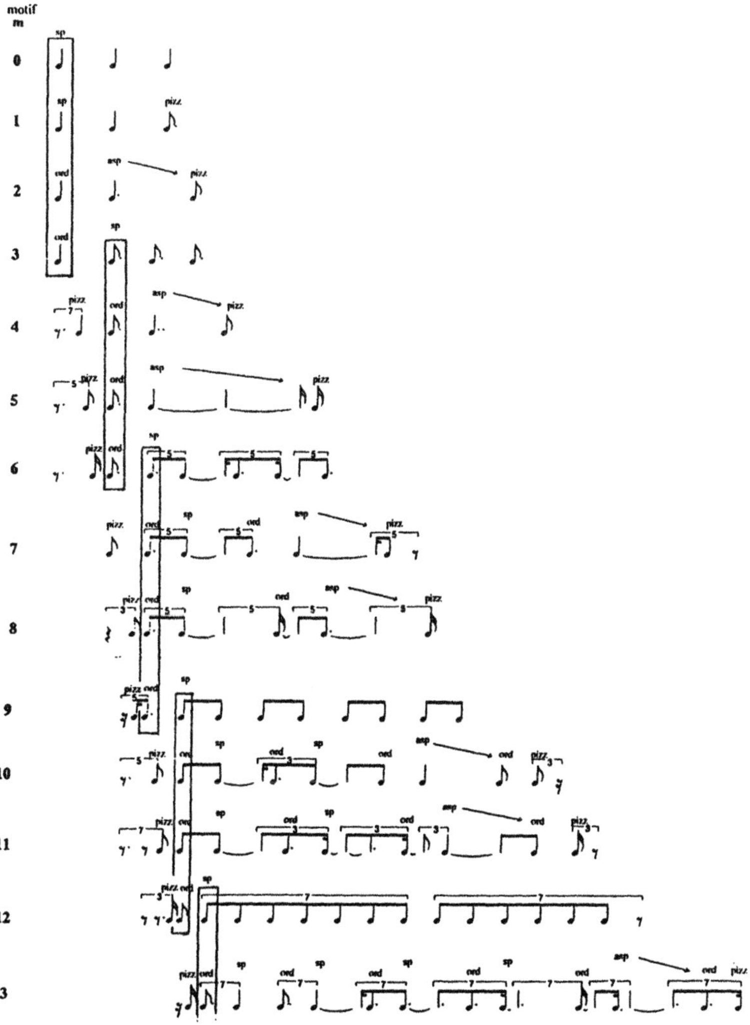
motif
m
0
1
2
3
4
5
6
7
8
9
10
11
12
13
sp
ord
asp
pizz

La figure ci-contre est une représentation schématique du processus. Trois couches y sont superposées : la structure de base, issue de *Partiels*, formée des motifs *m* et des spectres *a*, à laquelle se superposent les deux dilatations des motifs *m*. Chacune des trois couches possède son propre découpage temporel, représenté par des cases dont les durées en secondes sont proportionnelles aux intervalles du spectre harmonique :

	durée théorique (savarts × 5/6)	durées réelles m + a	b	c
26				
	14.19	14.2		
25				
	14.77	14.8		
24				
	15.40	15.3		
23				
	16.08	(15.1		
22				
	16.83	16.2		
21				
	17.66	17.7		
20				
	18.56	18.6		
19				
	19.56	20		
18				
	20.68	20.9	20.6	
17				
	21.93	21.9	22.0	
16				
	23.35	23.3	23.3	
15				
	24.96	25.0	24.8	
14				
	26.81	26.8	26.1	
13				
	28.96		30.0	
12				
	31.48		31.9	
11				
	34.48		33.3	
10				
	38.12		38.1	38
9				
	42.61			42.7
8				
	48.31			48.2
7				
	55.77			54.8
6				
	65.96			66.1
5				

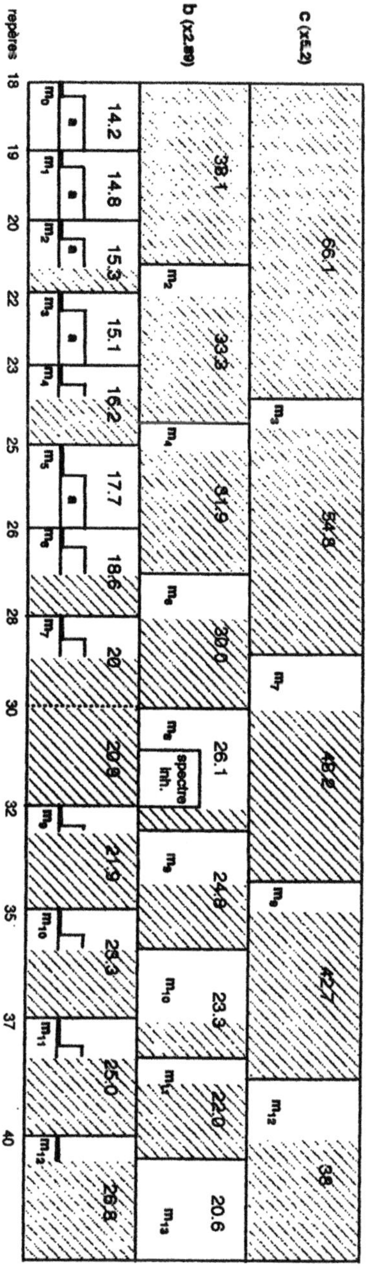
c (x5.2)
b (x2.89)
repères
18
19
20
22
23
25
26
28
30
32
35
37
40
66.1
54.8
48.2
42.7
38
38.1
33.3
31.9
30.0
26.1
spectre inh.
24.8
23.3
22.0
20.6
14.2
14.8
15.3
15.1
16.2
17.7
18.6
20
20.9
21.9
23.3
25.0
26.8

La durée des sections est décroissante pour *b* et *c*, croissante pour *m+a*. Chaque début de case est manifesté par l'apparition du motif *m*, qui masque aussitôt tout le reste de la musique (sauf au début du processus quand on reste dans la temporalité *m+a*). Ces interruptions sont indiquées par des flèches verticales dans la partition. Les zones hachurées du schéma représentent donc du silence. Si deux débuts de cases apparaissent simultanément (cas du chiffre 30), la dilatation l'emporte sur le temps normal. Le découpage temporel d'une couche étant indépendant de celui des deux autres, l'alternance des différents événements est imprévisible et chaotique, et le motif *m* dilaté est le plus souvent interrompu avant d'être entendu intégralement. En revanche le motif m_8, dans sa dilatation *b*, ne suffit à remplir la case *26.1*. Comme les deux autres couches sont à ce moment forcément silencieuses, le compositeur insère un objet étranger au schéma pour pouvoir remplir la durée qu'il s'est imposée. Il s'agit d'un accord ascendant-descendant, formant deux compressions successives du spectre harmonique sur *mi* (chiffre 31). Ces spectres seront utilisés pour former la transition entre la fin de la partie A et le début de la partie B (chiffres 42 à 43), dans une orchestration plus riche et en poursuivant la compression. Ceci a donc pour effet de diviser la partie A en deux moitiés de durées similaires.

Les dilatations *b* et *c* s'effectuent en général sur le motif *m* entendu immédiatement auparavant, mais m_8 n'est pas entendu dans le temps normal, et la dilatation *c* de m_{12} apparaît avant le motif lui-même. m_{13} quant à lui est hors de la structure temporelle. On hésite alors à en déduire la nature réelle du projet de Grisey : simple méthode abstraite d'engendrement d'un matériau harmonique et timbrique, ou volonté de faire apprécier par l'auditeur la relation entre deux phénomènes sonores foncièrement différents. En d'autres termes, la cohérence de ces 250 secondes de musique entend-elle s'appuyer sur la *reconnaissance* par l'auditeur du motif rythmique dans les spectres orchestrés ? Sans doute cette reconnaissance est utopique, la dilatation des motifs de contrebasse a pour unique effet d'engendrer des objets typés dont le contraste avec les motifs *m* et les spectres *a* créera elle une évolution temporelle. Le processus se réduit en fait à une alternance de trois objets (*m+a*), *b*, *c*, qui progresse de la présence unique de (*m+a*) vers l'envahissement des dilatations *b* et *c*. En simplifiant encore, la partie A de *Transitoires* parasite progressivement le processus initial de *Partiels* par des spectres gigantesques au grand orchestre.

En tous cas est absent de ce processus tout parcours entre harmonicité et inharmonicité : certes la dilatation *a* se transforme peu à peu par intrusion de partiels inharmoniques, mais cette évolution, moins accusée que dans *Partiels*, passe totalement inaperçue au regard des spectres géants *b* et *c*. Peut-être faut-il d'ailleurs relativiser l'importance de ce bipôle harmonique-inharmonique, car si les spectres *b* et *c* sont tout aussi harmoniques que le spectre initial de *Partiels* par exemple, et même plus harmoniques que la dilatation *a* quand celle-ci devient inharmonique, la tension qu'ils exercent sur l'auditeur, leur « dissonance » pour ainsi dire, est quant à elle bien supérieure. La partie A, sans évoluer de l'harmonique à l'inharmonique, renferme bien une montée générale de tension, phénomène primordial dans la succession des processus des *Espaces acoustiques*.

partie B (de 43 à 51)[1]

La deuxième partie est semblable à sa symétrique dans *Partiels* : elle utilise le modèle électroacoustique du modulateur en anneau, en cherchant à simuler un engendrement des fréquences les unes par les autres. Le tableau des deux pages suivantes résume le processus.

La musique est faite ici, comme c'était le cas dans *Partiels*, de soufflets dynamiques cresc-decresc tuilés les uns aux autres. Ils sont tous constitués de quatre hauteurs différentes : deux sons générateurs tenus, les plus prééminents par l'intensité et par une orchestration riche en doublures, un son joué par un instrument à cordes soliste sous forme de répétitions apériodiques (appelé solo 1), un son joué par un autre instrument soliste sous forme de répétitions périodiques (appelé solo 2).

Les sons générateurs A et B s'engendrent selon le modèle : nouvelle fréquence = mA + nB, avec m et n entiers. Cette fréquence est ensuite assimilée au son tempéré le plus proche. Par exemple, au début du processus, la fréquence du *mi* grave (deuxième couple générateur) est égale à 5 fois la fréquence du *mib* précédent moins 5 fois la fréquence du *réb*. Le *ré* quant à lui échappe à ce mode d'engendrement, ou bien résulte de l'octaviation d'un son engendré, ces deux

[1] CD de 9:43 à 11:45.

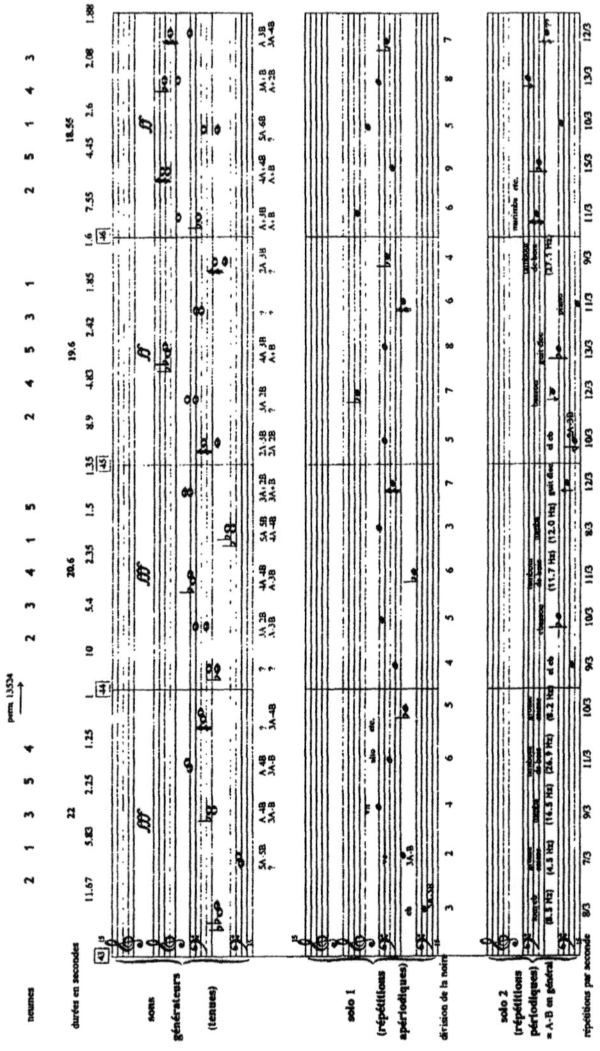
neumes
durées en secondes
sons générateurs
(tenues)
solo 1
(répétitions apériodiques)
division de la noire
solo 2
(répétitions périodiques)
= A-B en général
répétitions par seconde
perm 13534

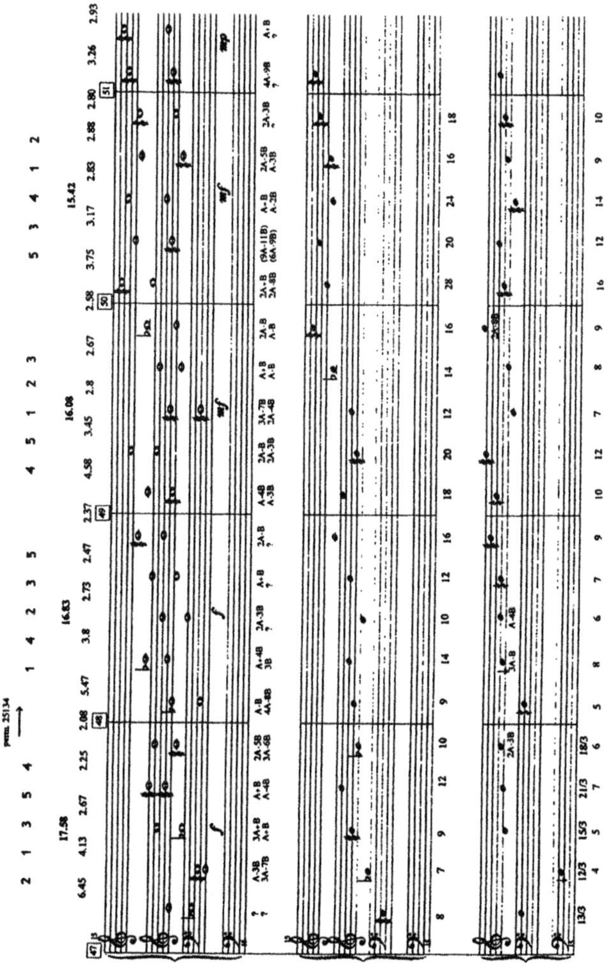

cas étant dans le schéma signalés par un point d'interrogation.

Le solo 1 est toujours un son identique à l'un des deux sons générateurs suivants. Le solo 2 est en général la différence des fréquences des deux sons générateurs (appelé son différentiel ou résultant), puis vers la fin du processus se joint au solo 1 pour former le deuxième son du couple générateur suivant.

Le solo 2 tombe au début du processus dans le domaine des infrasons. Pour cette raison il ne pourrait être joué par une hauteur définie mais est manifesté par un son percussif dont le timbre est censé représenter une fréquence très grave : ce n'est bien sûr qu'une analogie puisque par nature des *sons* d'instruments de percussion sont dans le domaine audible et leurs fréquences sont supérieures à celles obtenues par le calcul. Il ne faut pas se laisser prendre par la ressemblance entre ces solos percussifs en notes répétées et ceux qu'on trouve dans le processus symétrique de *Partiels*. Dans *Partiels*, les infrasons étaient joués par des percussions sous forme de sons répétés dont le nombre par seconde était égal à la fréquence du son différentiel calculé. Ici rien de tel : les répétitions de notes sont de nature rythmique.

Le processus se divise en huit sections formées chacune de cinq soufflets. Les cinq couples générateurs sont agencés pour épouser le neume initial de *Prologue*, et ses permutations. Le neume relatif à chaque section gouverne aussi les rythmes des solos 1 et 2 : division de la noire dans les rythmes du solo 1, vitesse de répétition des sons du solo 2. Chaque section est plus courte que la précédente[1], et les durées séparant les sommets des soufflets dynamiques vont de l'apériodicité (accélération) à la périodicité (à partir de 51).

L'évolution globale de cette partie B est déterminée par une montée du grave vers l'aigu, un élargissement de l'intervalle séparant les deux sons générateurs, un passage de l'inharmonique à l'harmonique (tout au moins du « bruité » au « cristallin »), une baisse d'intensité, enfin un passage de l'apériodique au périodique.

Les quatre contraintes principales pesant sur la succession des sons générateurs, à savoir le respect de la courbe des neumes, la montée vers l'aigu, l'élargissement de l'intervalle,

---

[1] Leurs durées sont proportionnelles aux intervalles du spectre harmonique, comme toutes les durées dans *Transitoires*. Un tableau final en fera la récapitulation.

enfin leur appartenance, à la fin du processus, à un spectre harmonique sur *si*, rendent périlleuse l'observation de la cinquième : leur engendrement par modulation en anneau ! Sans parler des contraintes harmoniques (au sens traditionnel) : aucun des deux sons ne doit être l'identique ou l'octaviation d'un des deux sons précédents, les intervalles doivent être raisonnablement variés sans être plats (pas d'octaves, de quartes et quintes justes), les enchaînements tonals doivent être évités. Cela explique le recours fréquent à des multiples élevés des fréquences ou à des transpositions d'une ou plusieurs octaves, et la présence de sons inexplicables. Ce processus est un exemple caractéristique des contraintes multiples et croisées que s'impose Grisey dans ses compositions. Et en définitive, la contrainte d'engendrement par modulation en anneau qui théoriquement sert à assurer la continuité des sons entre eux, se révèle la moins efficace et la moins nécessaire. L'anticipation d'un des deux sons du couple par le solo 1, puis des deux sons par les deux solos, ce qui équivaut à une succession d'accords à quatre sons avec deux notes communes, est un facteur de continuité bien supérieur.

L'enchaînement de cette partie B à partir de la fin de la partie A était assez habile : le premier solo 1 est joué par la contrebasse sur le *mi* grave, fondamentale du processus précédent, avec la rythmique irrégulière propre aux solos 1, ce qui en fait un dérivé des motifs *m*. L'enchaînement à la partie C sera quant à lui la répétition écrite des deux derniers couples générateurs, augmentés chacun de la tierce majeure redoublée du son grave. Ce balancement de tierce mineure sert d'amorce à la partie C.

partie C (de 52 à 58)[1]

Pendant de la partie E de *Partiels* (de 34 à 41), elle en reprend à l'identique le processus rythmique, mise en phase progressive d'une superposition polyrythmique à 5 couches : (comparer avec la figure page 54)

---

[1] Cette partie est analysée dans « Structuration des timbres dans la musique instrumentale », *op. cit.*, pp..379-384.
CD de 12:04 à 13:57.

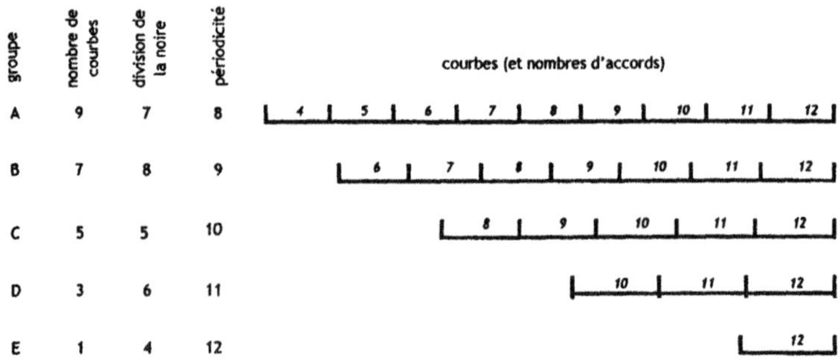

L'orchestre est ici divisé en cinq groupes A à E d'instrumentation similaire. Le cuivre de chaque groupe, toujours doublé, énonce une succession de courbes mélodiques de type descendant-ascendant et decrescendo-crescendo, similaires à celles du processus de *Partiels* : de durée constante, elles contiennent de plus en plus de sons, l'ambitus fréquentiel et dynamique s'élargit, les durées entre chaque son passent du périodique à l'apériodique[1], les sons appartenant d'abord à un spectre harmonique (sur *si*), s'en éloignent peu à peu. Mais ce qui était purement mélodique dans *Partiels* devient ici mélodie d'accords : chaque son est surmonté de quatre autres sons en rapport harmonique avec lui. Autrement dit, chaque courbe est une courbe d'accords parallèles à cinq sons, transpositions d'un spectre harmonique filtré. À chaque groupe correspond un accord modèle différent, identique d'un bout à l'autre du processus[2]. Cette partie C de *Transitoires* reprend donc à la fois le processus rythmique issu de *Partiels*, et le principe de polyphonie de groupes instrumentaux de la partie D de *Modulations*.

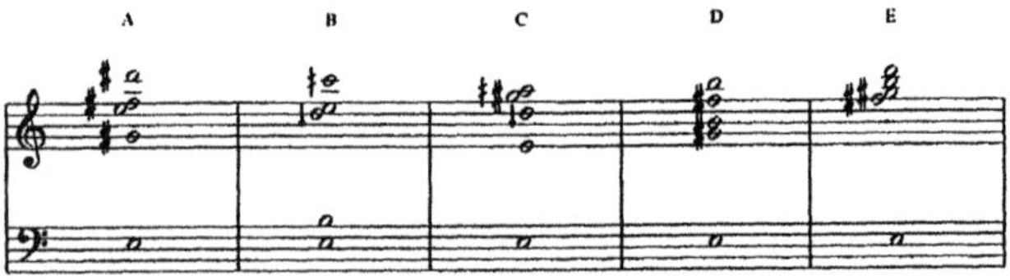

[1] Ce sont les mêmes que dans *Partiels* à quelques exceptions près. (Mais le tempo est différent)

[2] Seuls les pizz. aigus ajoutent d'autres harmoniques.

Au chiffre 58, la mise en phase provoque l'amalgame des cinq groupes en un seul accord fortement inharmonique car les cinq accords sont de fondamentales différentes (et sans rapport harmonique simple entre elles). Pendant la transition qui mène à la partie D, cet accord est repris, en transposant progressivement ces fondamentales vers le grave et en intervertissant les groupes, pour aboutir à l'accord complexe du chiffre 61, utilisé dans la partie D.

partie D (de 2 mes. après 61 à 72)[1]

Elle consiste en l'alternance de deux objets contrastants : un accord inharmonique évoluant par contraction depuis l'accord complexe du chiffre 61 jusqu'à un *mib*$_4$, et un spectre d'harmoniques de fondamentale *lab*$_1$ filtré de cinq façons différentes, engendrant cinq accords à cinq sons qui forment à leur première apparition une courbe proche du neume initial de *Prologue*:

Leur alternance périodique, gérée par permutations successives[2], se perçoit, à cause de la fréquence relativement élevée de leur fondamentale et le grand nombre de notes communes entre eux, comme la répétition diversement colorée d'un unique *lab*. Le sentiment pulsatoire n'en est que plus fortement ressenti, et le tempo sera différent à chaque retour des accords harmoniques, comme le montre le tableau suivant :

---

[1] CD de 14:23 à 15:48.

[2] Ordre de permutation : successivement 25134, 24531, 13524, 15423, 12453, 12435, 12543.

	accord complexe				accords harmoniques			
	tempo	pulsations	durée					durée totale
				61 [illegible]	T180	9	3"	3"
62	T240	7	1.75"		T220	4	1.09"	2.84"
63	T240	9	2.25"		T240	9	2.25"	4.5"
64	T240	10	2.5"		T200	15	4.5"	7"
65	T240	8	2"		T100	6	3.6"	5.6"
66	T240	3	0.75"		T160	21	7.88"	8.63"
67	T240	6	1.5"		T120	7	3.5"	5"
68	T240	4	1"		T140	22	9.43"	10.43"
69	T240	5	1.25"		T80	15	11.25"	12.5"
70	T240	2	0.5"		T40	7	10.5"	11"
				71	T60	9	9"	9"

Le processus est déterminé par 4 éléments dont la succession est gérée par la série équivalente au neume 11 de *Prologue* :

													neume 11
durées accords	pulsations	7	9	10	8	3	6	4	5	2	0.5	0.75	
inharmoniques	ordre	8	10	11	6	4	7	5	6	3	1	2	rétrog.
durées accords	secondes	3	1.1	2.3	4.5	3.6	7.9	3.5	9.4	11.3	10.5	9	
harmoniques	ordre	3	1	2	6	5	7	4	9	11	10	8	(droit)
tempi accords		180	220	240	200	100	160	120	140	80	40	60	
harmoniques	ordre	8	10	11	9	4	7	5	6	3	1	2	rétrog.
durées totales	secondes	3	2.8	4.5	7	5.6	8.6	5	10.4	12.5	11	9	
	ordre	2	1	3	6	5	7	4	9	11	10	8	droit

partie E (de 73 au début d'*Épilogue*)[1]

Lors de leurs dernières apparitions, les accords harmoniques se réduisent progressivement à leurs deux sons extrêmes. Au chiffre 72, l'alto solo démarre sur le *mib*, point ultime de compression de l'accord inharmonique, et l'alterne avec le *lab* de l'accord harmonique. Les mesures de transition jusqu'à 73 sont un fondu enchaîné entre l'orchestre et l'alto solo. Les silences de l'alto délimitent cinq sections dont l'ordre des durées (7, 9, 5, 2, et 3 pulsations), obéit au neume 5 rétrograde (45312).

Au chiffre 73 (partie E), l'alto seul continue de la même manière, les durées 13, 9, 11 pulsations correspondent au neume 3 (312). La descente finale amène au spectre harmonique sur *ré*, sur lequel débute *Épilogue* (ou s'achève *Transitoires* joué seul).

La forme globale de *Transitoires*, jouée sans l'inclure dans le parcours global des *Espaces acoustiques*, peut paraître curieuse avec sa fin par un instrument soliste jouant un matériau si minimal. On peut la concevoir comme la réduction progressive de matière sonore, à laquelle se résumerait les parties D et E. Peut-être peut-on même situer le sommet d'intensité de l'œuvre dans sa première partie si agressive et spectaculaire, et considérer la suite comme une baisse de tension à partir d'elle ?

Il est certain en tout cas que le solo d'alto est plus pertinent comme rappel de *Prologue* entendu auparavant. Et c'est surtout comme introduction à *Épilogue* qu'il trouve sa raison d'être.

On verra dans le tableau suivant un récapitulatif des durées utilisées dans *Transitoires*, qui sont toutes (parties, transitions, sections, durées locales), proportionnelles aux intervalles du spectre harmonique, avec une plus ou moins grande approximation. On comprendra alors la raison d'un tempo 41 dans la partie C (repris dans E), qui permet d'aligner les cinq périodicités (8, 9, 10, 11, 12 noires) sur les durées théoriques. Les durées brèves ne sont pas mentionnées, mais n'importe quelle durée inférieure à 10 secondes pourrait se justifier d'un intervalle entre harmoniques élevés !

[1] CD de 16:25 à 17: 27.

	durées théoriques (facteur 361.8)	durées parties		durées sections: de fin Modul. à A (†)	A m+a (↓)	A b (†)	A c (†)	de A à B	B (†)	de B à C	C périodes	de C à D	D	de D à E	E et coda
34															
33	10.80			10.67											(+ 9 & 10)
32	11.13			11									(valeurs		
31	11.49			11.4									brèves)		
30	11.86			11.8							8 ♩ = 11.7				
29	12.27			12.25											
28	12.70			12.75											
27	13.15			13.25											
26	13.65			13.83							9 ♩ = 13.17				13.17
25	14.19				14.2										14.35
24	14.77			14.67	14.8						10 ♩ = 14.63				
23	15.40			15	15.3				15.42						
22	16.08				(15.1)				16.08		11 ♩ = 16.09				16.10 & 16
21	16.83				16.2				16.83						
20	17.66				17.7				17.58		12 ♩ = 17.56				
19	18.56				18.6				18.55						
18	19.56				20				19.6						19.02
17	20.68				20.9	20.6			20.6						
16	21.93				21.9	22.0			22						
15	23.35	de A à B	23		23.3	23.3		23							23
14	24.96				25.0	24.8									
13	26.81	de B à C	26.67		26.8	26.1				26.6					
12	28.96					30.0									
11	31.48	de C à D	32			31.9						32			
10	34.48					33.3									
9	38.12	de D à E	38.05			38.1	38							38.05	
8	42.61						42.7								
7	48.31						48.2								
6	55.77	(du déb. à A	57.12)				54.8								
5	65.96	(E	62.64)				66.1								
4	80.73	D	79.49												
3	104.08	C	105.37												
2	146.70	B	146.67												
1	250.78	A	250												

Épilogue

Comment terminer le cycle des *Espaces acoustiques*, conçu comme un élargissement progressif de l'effectif instrumental ? Le grand orchestre de *Transitoires* n'en est-il pas le point ultime, comme semble l'entendre son délitement final jusqu'à un unique instrument ? À l'élargissement instrumental s'ajoute en outre la permanence du spectre sur *mi*, à laquelle il faudra bien mettre un terme. Déjà *Transitoires* avait fait évoluer les fondamentales vers les premiers harmoniques de *mi* : il semble que la première partie de l'œuvre, projetant ses énormes spectres non filtrés, marque l'épanouissement harmonique du cycle, l'épuisement des potentialités d'un spectre sur *mi* que la suite ne fera plus entendre tel quel.

Ces deux ordres de questions, instrumental et harmonique, amènent deux types de solutions, et ce n'est pas un hasard si *Épilogue* est la seule des œuvres de Grisey qui fait se superposer deux processus réellement indépendants[1] : d'un côté une reprise de *Prologue* par quatre cors solistes, de l'autre une désagrégation du spectre sur *mi* qui mènera au bruit, comme une exaspération du balancier harmonique / inharmonique. Examinons successivement les deux aspects.

La reprise du début d'une œuvre pour marquer son achèvement est d'un usage aussi fréquent qu'efficace. Mais plutôt que de finir sur l'alto, ce qui contredirait l'enveloppe générale d'élargissement dynamique et instrumental, plutôt que de faire jouer les neumes de *Prologue* par le grand orchestre, ce qui en revanche ne saurait y mettre un terme, l'idée des quatre cors solistes offre une solution à mi-chemin, perceptible comme une déformation monstrueuse d'un unique instrument, résultat de ce parcours instrumental de près d'une heure et demie.

Prologue est joué quasi textuellement, neumes, cellules iambiques et échos aussi bien que silences[2]. Cependant l'ordre des sections change : non linéaire dans *Prologue*, le processus observe ici la régularité de la progression des neumes 5, 7, 9, 11, 13. La courte section du neume 3 n'est

---

[1] C'est aussi la seule œuvre du cycle qui ne peut être jouée seule.

[2] Les hauteurs absolues ne sont pas les mêmes, et la voix unique de *Prologue* passe ici à deux sons pour chaque hauteur du neume.

pas reprise. À partir de cette succession sont insérés les iambes et les échos selon les mêmes séries que dans *Prologue*. Mais la différence la plus importante est d'ordre fréquentiel et agogique. Alors que le processus de *Prologue* évoluait lentement et progressivement du spectre sur *mi* à un spectre inharmonique, ici ce parcours est ramassé à l'intérieur de chaque sous-section[1]. L'accélération générale qui caractérisait le processus de *Prologue* est quand à elle inscrite dans le cadre de chaque section. La musique semble ainsi chercher sans y parvenir à s'éloigner d'un attracteur qui la force à revenir sans cesse sur elle-même. Ce type d'évolution, contraire à l'esprit formel du processus chez Grisey, est aussi une manière de rompre le cycle des six œuvres.

Le processus des cors est donc, sous son aspect harmonique, opposé à celui du grand orchestre, qui réalise la désagrégation du spectre sur *mi*. L'introduction à l'alto seul (avant le chiffre 1) reprend le matériau de *Prologue* transposé sur des fondamentales poursuivant la montée des harmoniques impairs de *mi*, amorcée dans *Transitoires*.[2] L'arrivée du grand orchestre ramène le spectre sur *mi* et entame l'unique processus de l'œuvre, qui se sépare en trois couches tuilées : les vents ne filtrant d'abord que les harmoniques aigus et progressant vers le grave pendant que le spectre se raréfie jusqu'au silence, puis les cordes observant une évolution similaire, enfin tous les instruments graves de l'orchestre sur les deux *mi* graves qui ont servi de fondamentales pendant les *Espaces acoustiques* (mi_0 et mi_1).

Le processus rythmique qui s'engage sur ces deux *mi* est le même processus de mise en phase de cinq voix rythmiques qu'on a observé dans *Partiels* et *Transitoires*. Ici chaque période est manifestée par un decrescendo-crescendo sur les *mi* répétés, dont le nombre augmente de 1 à chaque période. L'intensité générale augmente jusqu'à la mise en phase au chiffre 15, formidable triple *forte* sur *mi*. L'énorme son grave semble alors s'effondrer sur son propre poids pour entamer une descente chromatique régulière. Après le sommet du chiffre 15 s'engage le processus symétrique, diminuant le nombre d'événements par période. La fin d'*Épilogue*, et par

---

[1] Les sous-sections sont délimitées comme dans *Prologue* par le retour au neume initial de la section après permutations, et séparées par un silence.

[2] *ré, fa#, la#, do#, ré#, fa*, respectivement harmoniques 7, 9, 11, 13, 15, 17, approchés au demi-ton.

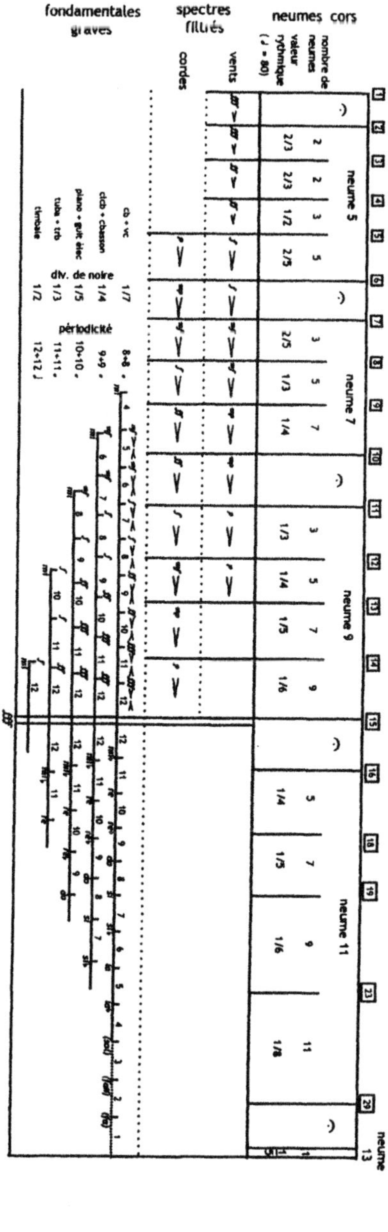

schéma général d'*Épilogue*

conséquent celle des *Espaces acoustiques*, correspondra donc logiquement avec l'arrivée sur la période dont le nombre d'événements est nul. Comme le nombre maximal d'événements (avant et après 15) était de 12, cette fin correspondra aussi au retour sur *mi* après la descente chromatique. Cependant les derniers sons ne sont plus entendus selon des hauteurs définies, remplacés progressivement par les percussions. La fin d'*Épilogue* mène irréversiblement vers le bruit et la disparition de tout événement sonore[1].

La fin de ce processus interrompt brusquement celui des cors, après le premier neume 13 : leur exécution de *Prologue*, qui s'est déroulée en parallèle, n'est donc pas finie. Les *Espaces acoustiques* n'ont pas réellement trouvé un terme cohérent du point de vue de la logique des processus : comme tout processus ouvert, l'élargissement instrumental a nécessité une coupure arbitraire. C'est en tant que geste dramatique que la dernière intervention véhémente des cors, après un long silence, assure l'achèvement du cycle.

---

[1] Le processus comporte sa propre contradiction car il repose sur une périodicité qui ne peut se manifester que par des événements sonores, lesquels font défaut si on les réduit jusqu'à 0. C'est pourquoi la fin de l'œuvre (la fin de la période 1) est marquée par un coup de grosse caisse hors-processus.

Jour, Contre-jour

En 1978, Gérard Grisey compose *Sortie vers la lumière du jour* pour un ensemble de 15 musiciens. L'œuvre est réécrite en 1979 pour 14 musiciens et bande magnétique et devient *Jour, Contre-jour*. Les deux œuvres sont au catalogue, mais à l'évidence la seconde est une version définitive de la première. C'est surtout la présence de la bande qui distingue les deux pièces en permettant de mieux réaliser les sonorités bruitées. Pourtant il existe une différence importante dans les schémas temporels des deux partitions, comme le montre les deux pages suivantes.

La forme globale est un processus de phases successives, chacune séparée en deux parties A et B. A est l'archétype son (hauteurs définies), B l'archétype bruit (souffles colorés, cordes écrasées, bande dans *Jour, Contre-jour*). La différence entre les deux est peu marquée, cependant leur évolution temporelle est symétrique. Dans *Sortie vers la lumière du jour* (page de gauche), le nombre de pulsations contenues dans chaque phase est invariablement de 80. Le tempo change à chaque phase. Dans la première moitié du processus, il augmente par pas de vingt unités. L'évolution du nombre de pulsations respectives de A et B est calculée pour garder constante la durée de B (voir schéma chronométrique du bas). La succession des durées totales de chaque phase (A+B) est une suite harmonique U_n=240/n. À partir de l'égalité entre A et B, le tempo diminue, de 20 unités puis de 12 en 12. L'évolution entre A et B est le miroir de la première partie : c'est ici A qui est globalement constant. La durée des phases augmente mais de manière moins rapide qu'elle ne diminuait dans la première partie.

Cette dissymétrie va être gommée dans *Jour, Contre-jour*, qui laisse intacte la première partie du processus, mais allonge dans la deuxième les durées de B. On peut s'étonner de ce

Sortie vers la lumière du jour

repères	tempo	durées en pulsations A	B	A+B	durée phase (secondes)
					240
2	T40	72	8	80	120
4	T60	68	12	80	80
6	T80	64	16	80	60
8	T100	60	20	80	48
10	T120	56	24	80	40
12	T140	52	28	80	34.3
14	T160	48	32	80	30
16	T180	44	36	80	26.67
18	T200	40	40	80	24
20	T180	40	40	80	26.67
22	T166	40	40	80	28.92
24	T152	36	44	80	31.58
26	T138	32	48	80	34.78
28	T124	28	52	80	38.71
30	T110	24	56	80	43.64
32	T96	20	60	80	50
34	T82	16	64	80	58.53
36	T68	12	68	80	70.59
38	T54	8		(80)	88.89
					𝄐

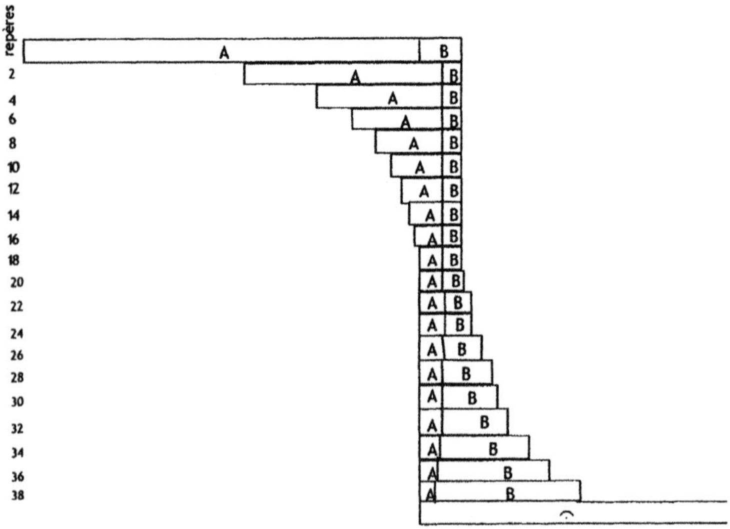

Jour, Contre-jour

repères	durées en secondes		
	A	B	A+B
0	216	24	240
2	108	12	120
4	68	12	80
6	48	12	60
8	36	12	48
10	28	12	40
12	22	12	34
14	18	12	30
16	15	12	27
18	12	12	24
20	13.33	13.33	26.67
22	13	16	29
24	13	19	32
26	13	23	36
28	13	28	41
30	13	35	48
32	13	44	57
34	13	58	71
36	13	79	92
38	16	107	123
			𝄐

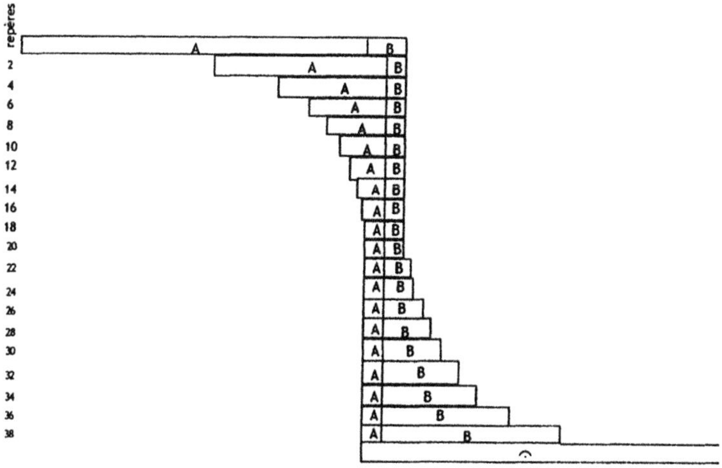

changement, car une symétrie sur le papier n'est pas forcément une symétrie à l'oreille, comme Grisey le savait lui-même :

> « Nous avons constaté empiriquement que nous supportons davantage une longue accélération suivie d'une brève décélération que le contraire (une courte accélération suivie d'une longue décélération). Pourquoi ?
> S'agit-il d'une forme qui nous correspond physiologiquement ? Ou bien est-ce [...] le vide de l'attente dans lequel nous maintient la raréfaction des événements que nous ne supportons plus que pour un temps limité, tandis qu'au contraire le vertige provoqué par l'accélération nous fait oublier la durée chronométrique ? »[1]

La dissymétrie de *Sortie vers la lumière* est dans ce sens un rééquilibrage. L'accélération de la première partie du processus, on le verra aussi sur le plan des fréquences, correspond à une montée de tension, qui entraîne l'auditeur vers le centre de l'œuvre malgré la ténuité et la grande continuité de l'évolution. En revanche la seconde partie correspond maintenant à la baisse de tension est doit être raccourcie pour éviter l'ennui. La symétrie de *Jour, Contre-jour* est peut-être ajoutée pour créer une véritable fascination par la torpeur des zones bruitées.

Les rares différences entre les deux pièces maintenant précisées, la suite de l'analyse s'appuiera sur la partition de *Jour, Contre-jour*. L'œuvre a été, nous apprend le compositeur, inspirée par la lecture du Livre des Morts égyptiens (dont la traduction littérale du titre est *Sortie vers la lumière du jour*). L'œuvre fait référence à la mythologie égyptienne du Dieu Râ qui parcourt dans sa barque la voûte céleste pendant la journée, et traverse le Royaume des morts dans l'autre sens pendant la nuit. C'est la course du soleil, et le changement des ombres portées que Grisey veut évoquer. Comme on l'a vu plus haut (ch.7), les ombres seront réalisées par des sons engendrés par modulation en anneau, à partir d'accords générateurs dont l'évolution devra manifester le changement de luminosité. La lumière zénithale, sans ombre, correspondra au spectre harmonique qui n'engendre pas d'additionnels ou de différentiels en dehors de lui-même. Il sera placé au centre de la pièce, associé comme d'habitude à la périodicité rythmique. L'intensité sera maximale, en référence à la

[1] « Tempus ex machina », *op. cit.*, p.96.

lumière de midi. Il correspond à la partie A de la phase centrale (repère 20). Toutes les parties A commencent donc par un accord, qui va s'éloigner progressivement et symétriquement de ce spectre et de son harmonicité, pour se situer dans le suraigu au début de l'œuvre, dans l'extrême grave à la fin, comme le montre la figure ci-dessous. Tous les autres paramètres évoluent de façon symétrique (ambitus de l'accord, intensité, périodicité) :

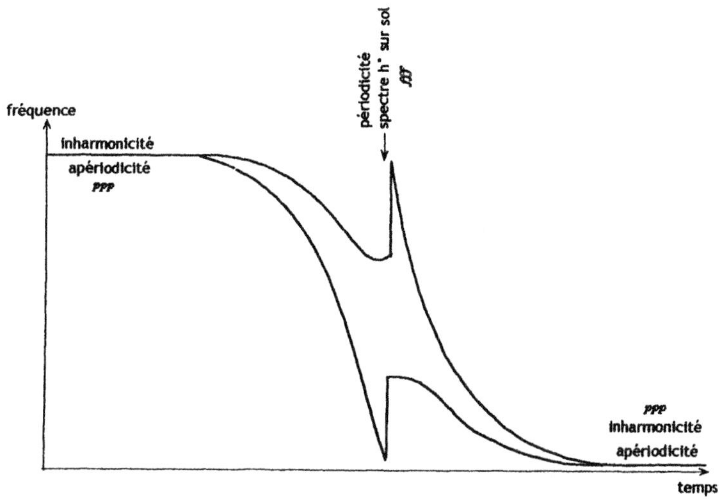

La page ci-contre montre les accords générateurs. Le premier système se lit de gauche à droite et mène au spectre harmonique. Le second système s'en éloigne de la droite vers la gauche. Grisey effectue d'abord une distorsion très empirique du spectre pour créer l'accord placé immédiatement avant (repère 18). Les dix premiers harmoniques sont approchés selon l'échelle chromatique, et chaque intervalle est augmenté d'un demi-ton, la fondamentale restant sur *sol* :

Comme l'approximation chromatique du spectre engendre une succession de tierces mineures puis de secondes majeures, l'accord dilaté sera formé dans son registre médium d'une superposition de tierces majeures et mineures. La couleur est proche d'harmonies tonales. En particulier le haut de l'accord retombe sur des notes de basse *sol*. À partir de cet accord, Grisey crée l'accord le précédent immédiatement (repère 16) par une transposition un demi-ton plus haut, avec élimination du registre grave et gain vers l'aigu. Les accords précédents s'engendrent ainsi en chaîne, avec toujours un rétrécissement de l'ambitus et une montée vers l'aigu.

Les accords postérieurs au spectre sont les renversements plus ou moins exacts des accords antérieurs. L'axe de renversement est choisi de telle sorte que les tierces superposées de l'accord 18 soient présentes dans le même registre médium dans l'accord 22. Ainsi les couleurs des deux accords sont similaires. Comme l'axe de renversement n'est pas fixe mais descend d'un quart de ton à chaque fois, les accords suivants sont transposés non plus par demi-tons mais par tons. Le renversement des accords extrêmes n'est pas rigoureux.

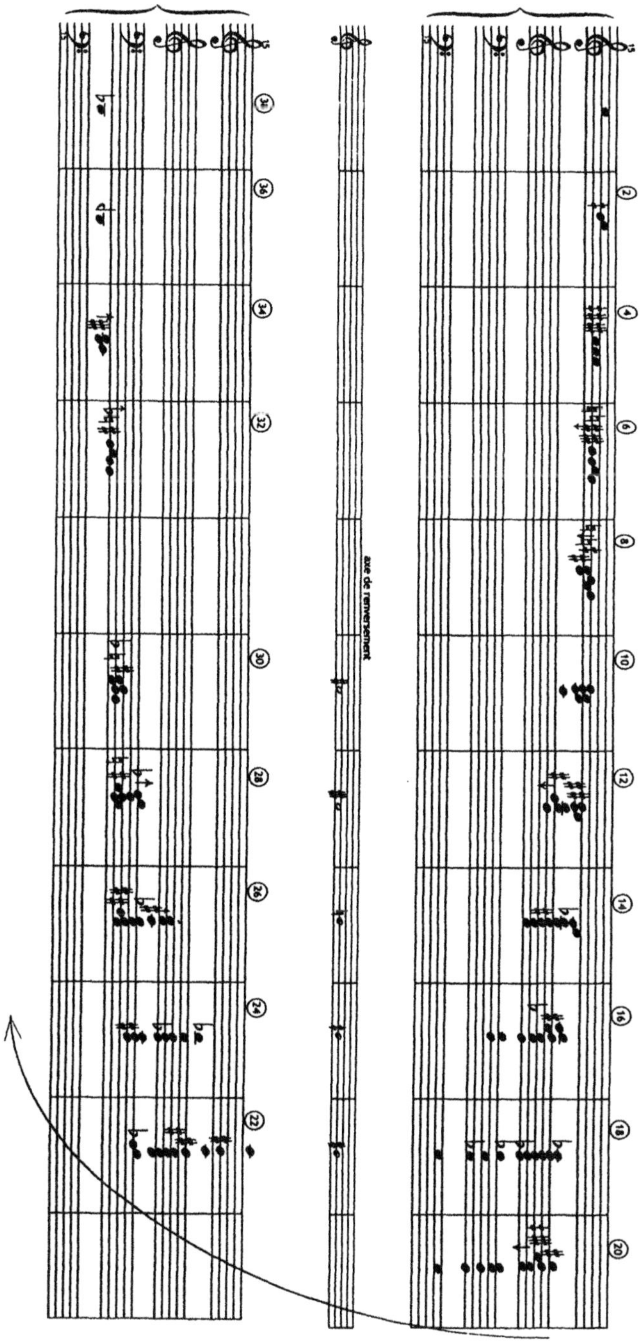
axe de renversement

La forte présence des superpositions de tierces dans les accords autour du spectre central est sans doute l'élément musical le plus perceptible de l'œuvre et caractérise l'ambiance harmonique de *Jour, Contre-jour*. Son origine, on l'a vu, est totalement arbitraire puisqu'issue d'une dilatation non rigoureuse du spectre, choisie justement pour la douceur de l'étagement du registre médium.

Là-dessus, le procédé de modulation en anneau se greffera sans danger : les sons incontrôlables seront soit un arrière-plan de ces accords centraux fortement typés, soit contribueront pour les accords extrêmes à l'inharmonicité et à l'absence de caractérisation harmonique.

On pourra voir ci-dessous le détail des parties A de la première partie du processus, jusqu'au spectre harmonique. Les sons engendrés se répartissent à chaque fois en dix groupes successifs, dont le rythme d'occurrence passe du fort ralentissement (repère 2) à la périodicité totale (repère 20). Parallèlement à l'augmentation du nombre de sons des accords générateurs, les sons additionnels sont de plus en plus nombreux. Leur disposition mélodique passe du désordre à la ligne descendante. La deuxième partie du processus proposera les symétriques à toutes ces évolutions.

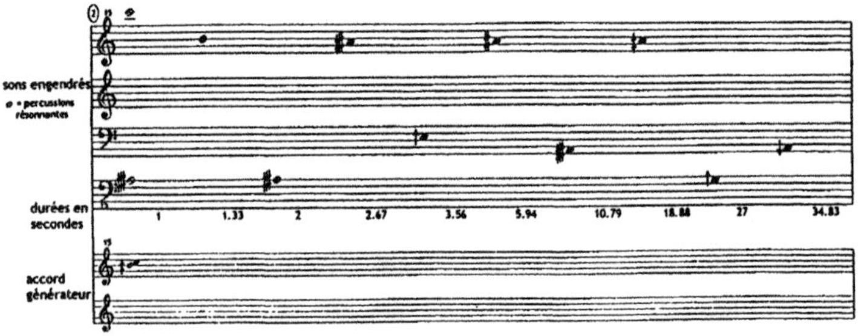

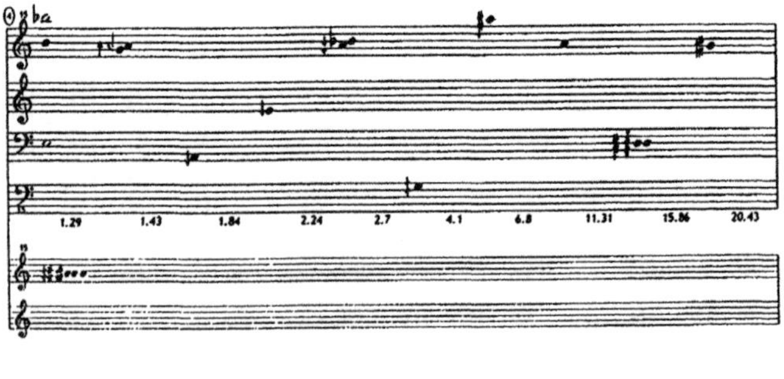

6
1.33 1.54 1.73 2 2.28 3.13 4.8 7.58 10.29 13.33
8
1.33 1.56 1.61 1.83 2 2.47 3.6 5.4 7.2 9
10
1.33 1.47 1.53 1.67 1.71 2.09 2.8 3.97 5.14 6.29
12
1.25 1.42 1.33 1.4 1.6 1.8 2.2 3 3.6 4.4

14
1.2 1.3 1.3 1.37 1.4 1.53 1.8 2.24 2.71 3.14

16
1.13 1.21 1.27 1.28 1.29 1.33 1.5 1.75 2 2.25

18
1 1.1 1.1 1.13 1.17 1.17 1.19 1.24 1.4 1.5

20
1.33 1.33 1.33 1.33 1.33 1.33 1.33 1.33 1.33 1.33

Tempus ex machina

Tempus ex machina est une partition pour six percussionnistes disposés en cercle, de préférence autour du public. Elle a été écrite en 1979 et reprise en 1989-90 comme début du *Noir de l'Étoile*. On distingue quatre parties et une coda. Je n'examinerai pas chaque partie dans le détail, mais m'attacherai aux points essentiels.

Structuration numérique

Tempus ex machina est sans doute l'œuvre de Grisey où est poussé le plus loin son goût pour les structurations numériques, de façon plus systématique encore que dans *Transitoires* par exemple. Toute la construction temporelle a pour origine des suites mathématiques élémentaires.

La première partie (chiffres 1 à 14) est un processus complexe mêlant mise en phase progressive de six couches rythmiques, et processus de convergence d'objets. Le processus de mise en phase constitue un canon à six voix où chaque entrée reprend le même processus de convergence à un tempo plus rapide et dans un registre plus aigu que ceux de la voix précédente. Les deux objets qui convergent sont respectivement des coups répétés aux peaux, lents, *pp*, graves, ascendants, et des coups répétés aux bois, très rapides, *ff*, aigus, descendants. Les interventions très brèves des bois délimitent des phases de durées décroissantes. La structure formelle est représentée sur le schéma suivant, où les nombres indiquent les quantités de pulsations de chaque phase.

(6)	♩=120						21	17	14	12	10.5	8	7.5	5.5	5.5	4.5	3.5	3
(5)	♩=105					24	21	17	14	12	10	9	6.5	5.5	5.5	4.5	3.5	3
(4)	♩=90				28	24	21	17	14	12	10.5	8	7	6.5	5.5	4.5	3.5	3
(3)	♩=75			34	28	24	21	17	14	12	10.5	8.5	7	6	5	4.5	3.5	3
(2)	♩=60		42	34	28	24	21	17	14	12	10.5	8.5	7	5.5	5.5	4.5	3.5	3
(1)	♩=45	56	42	34	28	24	21	17	14	12	10.5	8.5	7	5.5	5.5	4.5	3.5	3

Les six couches sont en phase au début de la deuxième partie de l'œuvre, c'est à dire après la dernière valeur de 3 pulsations. Comme les tempi sont tous différents, la première section 42 de la voix 2 commence après le début de la section 42 de la voix 1, et ainsi de suite pour toutes les voix, ce qui a pour effet de gauchir la structure abstraite du tableau ci-dessus :

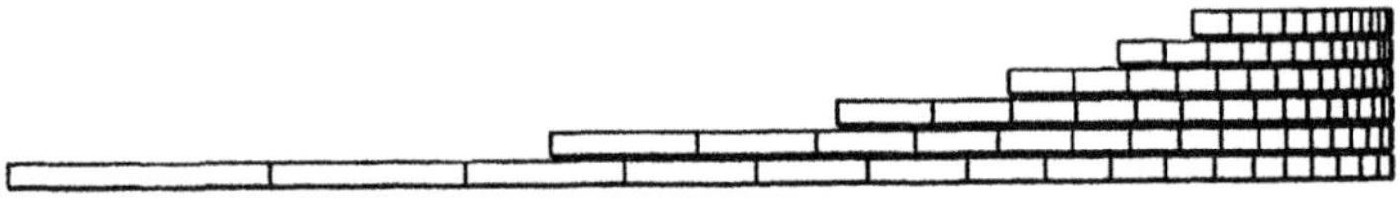

Les six tempi sont établis selon une progression arithmétique $T_n = n \times 15$, où T est le tempo et n un entier de 3 à 8. Les six premières durées de la voix 1 (qui sont aussi l'ensemble des valeurs initiales des six voix) sont déterminées de façon similaire, quoiqu'à partir d'une progression harmonique : $U_n = 168/n$, avec n ici aussi entre 3 et 8.

$U_3 = 168/3 = 56$
$U_4 = 168/4 = 42$
$U_5 = 168/5 \approx 34$
$U_6 = 168/6 = 28$
$U_7 = 168/7 = 24$
$U_8 = 168/8 = 21$

Les autres valeurs utilisées dans le schéma ne correspondent pas à d'autres termes de la suite, mais sont issues du tableau suivant où chaque ligne de quatre valeurs est la division par 2 de la précédente :

	56			
42	**34**	**28**	**24**	
21	17	14	12	tableau 1
10.5	8.5	7	6	
5.25	4.25	3.5	3	

Chacune des six voix expose cette succession de valeurs avec des incorrections (de l'ordre de 0.25 à 1 pulsation) dans les durées comprises entre 10.5 et 5.25, mais faites de manière à se compenser mutuellement : la somme des valeurs de chaque voix est égale à la somme des valeurs théoriques.

L'intérêt de cette suite de valeurs est de créer des différences de longueurs plus importantes entre les durées longues qu'entre les courtes, ce que recherche toujours Grisey en raison de la nature logarithmique de la perception.

Si l'on complète le tableau précédent, en haut et en bas, en approchant les valeurs les plus faibles au quart de pulsation, on obtient la quasi-totalité des valeurs de durées utilisées dans *Tempus ex machina* et *Le Noir de l'Étoile* :

			192	
168	136	112	96	
84	68	56	48	
42	34	28	24	tableau 2
21	17	14	12	
10.5	8.5	7	6	
5.25	4.25	3.5	3	
2.5	2	1.75	1.5	
1.25	1			

Grisey va procéder de la même façon en ce qui concerne les tempi, à partir des six tempi initiaux :

120	**105**	**90**	**75**	
60	52.5	**45**	37.5	tableau 3
30	26.25	22.5		
15				

D'autres tempi que ceux-ci peuvent être inscrits dans la partition, mais sont sans valeur pulsatoire et servent à déterminer des durées de phases. En revanche ce tableau est utilisé entièrement dans la troisième partie de *Tempus ex machina* (chiffres 28 à 40), afin de créer un processus de variations de vitesses de pulsations. Les rythmes des percussions, limités à des roulements de plus en plus lents sur les caisses claires, avec un accent sur chaque pulsation, rendent perceptibles les différents tempi et leur variation. Les accents sont marqués successivement du percussionniste 1 au percussionniste 6, ou l'inverse, ce qui crée un mouvement rotatoire, dans un sens ou dans l'autre. Enfin des coups de tams-tams et gongs délimitent huit phases. Le processus est schématisé ci-contre.

À chaque phase correspond une évolution similaire : diminution du tempo (dans l'ordre du tableau précédent), du nombre de pulsations, de la dynamique ; puis augmentation inverse. D'une phase à l'autre, on observe une diminution des tempi maximal et minimal, ainsi que des quantités maximale et minimale de pulsations. À chaque tempo minimal de phase correspond un changement du sens de rotation. Les dynamiques diminuent quant à elles toutes les deux phases.

Le dernière phase débute avec le tempo 15, qui est en fait le tempo minimal de la phase 7 : cette huitième phase correspond à la prolongation démesurée de la partie augmentation de la septième phase, et forme une accélération ramassée, en équilibre avec la lente décélération générale de l'ensemble des sept premières phases. Il s'agit en fait d'une transition, hors processus, nécessaire avant l'arrivée de la dernière partie de l'œuvre.

On peut résumer l'ensemble de cette troisième partie par le schéma ci-dessous, montrant l'évolution des tempi, et aussi, grossièrement, l'enveloppe dynamique et tensionnelle :

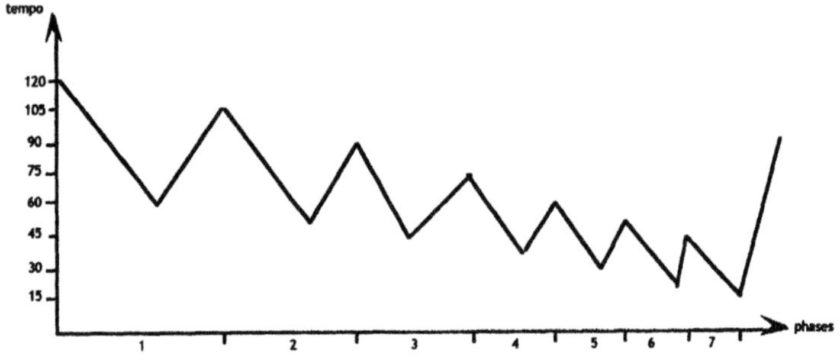

Les durées des sept premières phases, de plus en plus courtes, sont calculées de manière à correspondre aux valeurs de base (tableau 1), soit respectivement 56, 42, 34, 28, 24, 21 et 17 secondes.

repère	phase	tempo	pulsations	dynamique	rotation	durées (sec.)	
28	1	120	16	ffff		8	
		105	14	fff		8	
		90	12	ff		8	
		75	10	f		8	56
		60	8	mf		8	
		75	10	f		8	
		90	12	ff		8	
30	2	105	12	fff		6.86	
		90	10	ff		6.67	
		75	8	f		6.40	
		60	6	mf		6	42.1
		52.5	4	mp		4.57	
		60	6	mf		6	
		75	7	fff		5.60	
32	3	90	10	fff		6.67	
		75	7	ff		5.60	
		60	5	f		5	
		52.5	4	mf		4.57	34.08
		45	2	mp		2.67	
		52.5	4	mf		4.57	
		60	5	f		5	
34	4	75	8	ff		6.40	
		60	5	f		5	
		52.5	4	mf		4.57	
		45	3	mp		4	28.5
		37.5	2	p		3.20	
		45	4	mp mf f		5.33	
36	5	60	6	ff		6	
		52.5	5	f		5.71	
		45	3	mf		4	
		37.5	2	mp		3.20	24.11
		30	1	p		2	
		37.5	2	mp mf		3.20	
37	6	52.5	5	f		5.71	
		45	4	mf		5.33	
		37.5	3	mp		4.8	20.79
		26.25	1	p		2.28	
		22.5	1	pp		2.67	
38	7	45	4	f		5.33	
		37.5	3	mf		4.8	
		30	2	mp		4	16.8
		22.5	1	p		2.67	
39	8	15	1	pp		4	
		22.5	1	p		2.67	
		30	1	mp		2	
		37.5	1	mf		1.60	
		45	1	f		1.33	15.21
		52.5	1	ff		1.14	
		60	1	fff		1	
		75	1	ffff		0.80	
		90	1	ffff		0.67	

En fait, toute l'œuvre peut être ramenée à une succession de phases ou sections dont les durées parcourent une à une, dans le sens croissant ou décroissant, les valeurs du tableau 2 :

en nombre de ♩ (6 tempi dont • = 60)		en nombre de secondes		
	A	B	C	D
56	↓	[18]	↓	→ → →
48				↑
42	↓	↑	↓	↑
34	↓	↑	↓	↑
28	↓	↑	↓	↑
24	↓	↑	↓	↑ coda
21	↓	↑	↓	↑
17	↓	↑	↓	
14	↓	↑	[15]	
12	↓	↑		
10.5	↓	↑		
8.5	↓	↑		
7	↓	↑		
6	↓	↑		
5.25	↓	↑		
4.25	↓	↑		
3.5	↓	↑		
3	↓	↑		
2.5		↓ ↑		
2		↓ ↑		
1.75		↓ ↑		
1.5		↓ ↑		
1.25		↓ ↑		
1		→ → → → ↑ ×6 ×5 ×4 ×3 ×2		

Les durées entre crochets ne font pas partie de la structure générale. Leur présence a sans doute pour rôle d'ajuster les durées des parties entières, durées établies selon une progression harmonique, qui ne peut toutefois être constatée qu'après subdivision de la dernière partie. Cette partie D fait entendre par neuf fois l'agrandissement démesuré d'un coup de grosse caisse, ce qui crée neuf sections dont les durées sont approximativement, en secondes :

21 24 28 34 42 48 56 56 56

Cet ensemble sera divisé en deux sous-parties D_1 et D_2, contenant respectivement les six premières durées, croissantes, et les trois dernières, égales, division tout à fait arbitraire puisque l'auditeur ne peut ni percevoir cette périodicité de longues valeurs, ni constater une rupture entre la durée 48 et la durée 56.

Voici les durées approximatives des différentes parties de *Tempus ex machina* :

A	B	C	D_1	D_2	coda
395	297	238	197	168	24

La durée finale de 24 secondes est à écarter : les cinq durées restantes sont alors respectivement égales aux divisions par 3, 4, 5, 6 et 7 d'une durée « fondamentale » de 1185 secondes. Cette suite harmonique est ainsi analogue à celle effectuée sur les durées locales et sur les tempi. Notons en outre que la durée la plus petite (168") constitue la « fondamentale » des durées initiales (56, 45, 34...)

Les autres parties du *Noir de l'Étoile*, dont *Tempus ex machina* est le début, ont des durées engendrées par un tableau analogue aux tableaux 1 et 2. On peut finalement résumer la triple structuration numérique du *Noir de l'Étoile* dans le tableau page suivante.

Durées des parties entières (divisions de l'œuvre) en sec. :

suite harmonique		mise en tableau			
1185	/3 = 395				
	/4 = 296	592		395	
	/5 = 237	296	237	197	168
	/6 = 197	148	118	99	84
	/7 = 168	74			
	/8 = 148				

Durées locales (divisions des parties), en sec. ou pulsations :

suite harmonique		mise en tableau			
168	/3 = 56				192
	/4 = 42	168	136	112	96
	/5 = 34	84	68	56	48
	/6 = 28	42	34	28	24
	/7 = 24	21	17	14	12
	/8 = 21	10.5	8.5	7	6
		5.25	4.25	3.5	3
		2.5	2	1.75	1.5
		1.25	1		

Tempi principaux :

suite arithmétique		mise en tableau			
15	× 3 = 45				
	× 4 = 60	120	105	90	75
	× 5 = 75	60	52.5	45	37.5
	× 6 = 90	30	26.25	22.5	18.25
	× 7 = 105	15	13.125	11.25	
	× 8 = 120				

(Dans *Le Noir de l'Étoile*, deux suites arithmétiques de tempi sont dérivées de cette suite principale afin d'adapter les tempi à la vitesse des pulsars, en changeant la constante 15 en 13.75 ou 16.67.)

Le projet formel global

> « […] un lent parcours de la macrophonie vers la microphonie détermine la forme de *Tempus ex machina*, véritable machine à dilater le temps, dont l'effet de zoom nous laisse peu à peu percevoir le grain du son, puis sa matière même.
> Ainsi, les derniers sons perçus ne sont que les coups de grosse caisse et de tambour de bois du début de la partition, mais dilatés à l'extrême, nous permettant d'appréhender l'inaudible : transitoires, partiels, battements… le corps même du son.
> Après de nombreux méandres, nous sommes parvenus au bout du voyage : l'autre côté du miroir. »[1]

Comme on l'a vu plus haut, l'œuvre débute par la répétition de coups de grosse caisse *pp* à la percussion 1 (noires au tempo 45), répétition interrompue parfois par des interventions très brèves et *fff* au tambour de bois. Voici la première de ces interventions :

La dernière partie D, à partir du chiffre 40, présente neuf dilatations temporelles d'un son de grosse caisse, suivies de ce que j'ai appelé *a priori* une coda, faite de quatre interventions *fff* des six percussions sur les bois, chacune n'étant rien d'autre que la représentation agrandie du sonagramme d'un seul coup de tambour de bois :

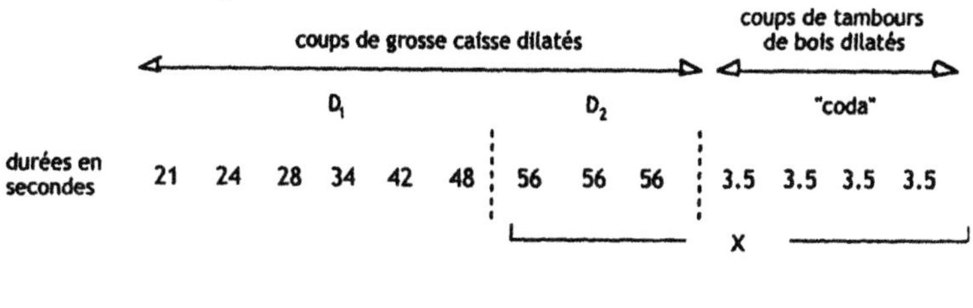

[1] Grisey, Gérard, notice de présentation de *Tempus ex machina*.

La périodicité sur la durée de 56 secondes amène la dilatation exacte de la cellule x du début de l'œuvre, dont les durées sont multipliées par 42.

Malgré l'évolution très continue de l'œuvre, on peut difficilement percevoir un parcours qui mènerait inéluctablement, comme semble le prétendre Grisey, de la cellule x à son expansion temporelle concluant l'œuvre. L'agrandissement est si important (entre 16 et 42 fois) que l'arrivée des sonagrammes de grosse caisse ne peut être amenée par un ralentissement progressif. C'est pourquoi immédiatement avant se place la transition observée à la fin de la partie C, accélération très ramassée qui fait de l'arrivée du sonagramme un geste dramatique : il s'agit en fait de l'unique rupture importante de discours de l'œuvre. De plus, la périodicité des trois coups de 56 secondes ne peut être perçue (durées trop importantes, absence de particularisation du premier des trois coups par rapport au coup précédent de 48"). Enfin il est difficile de croire que l'auditeur lie, de manière logique, les quatre interventions finales sur les bois à ce qui précède. La forme globale de *Tempus ex machina* ne peut être assimilée à un processus de transformation d'échelles temporelles, mais consiste comme souvent chez Grisey en une succession de processus. Grisey tente ici de relier les différentes échelles de temps de manière continue, mais il se tournera par la suite davantage vers leur confrontation, par juxtaposition ou superposition.

Talea

première partie (du début à 16)[1]

Œuvre pour flûte, clarinette, violon, violoncelle et piano, écrite en 1986, *Talea* se divise en deux parties enchaînées, en étroits rapports l'une avec l'autre. La première partie est proche, quant à sa structure formelle, de la première de *Tempus ex machina*. Le schéma rythmique global est un processus de mise en phase à cinq couches constituées chacune d'une succession de phases de durées arithmétiquement décroissantes.

♩ = 80 nombres de noires :

																16	transition			
voix 5										18	17	16	15	14	13	12	14	11	18	21
voix 4								21	20	19	18	17	16	15	14	13	14	11	18	21
voix 3						24	23	22	21	20	19	18	17	16	15	14	14	11	18	21
voix 2				27	26	25	24	23	22	21	20	19	18	17	16	15	14	11	18	21
voix 1	31	30	29	28	27	25	25	24	23	22	21	20	19	18	17	16	14	11	18	21

Le schéma est conçu de telle sorte qu'aucun début de phase ne coïncide avec celui d'une phase à une autre voix, avant l'arrivée synchrone des cinq voix au chiffre 16. Alors que dans *Tempus ex machina*, c'étaient les différences de tempi pour une même succession de durées qui faisaient se rapprocher progressivement les débuts de phases des six voix, ici ce effet est réalisé plus simplement, en décalant d'une unité les durées d'une voix à l'autre. On remarquera par ailleurs le remplacement (inexplicable) dans la voix 1, de la séquence 26 par une séquence 25.

---

[1] CD Accord 201952 (Ensemble L'Itinéraire, dir. M. Foster) de 0:00 à 5:24
CD Accord 206352 (Ensemble Recherche, dir. K. Ryan) de 0:00 à 5:27.

voix 1 (piano)

durée phase (♩)	durées éléments (♩/3)		
31	a 3	s 59	s 31
30	a 4	b 56	s 30
29	a 5	b 53	s 29
28	a 6	b 50	s 28
27	a 7	b 47	s 27
25	a 8	b 44	s 23
25	a 9	b 41	s 25
24	a 10	b 38	s 24
23	a 11	b 35	s 23
22	a 12	b 32	s 22
21	a 13	b 29	s 21
20	a 14	b 26	s 20
19	a 15	b 23	s 19
18	a 16	b 18	s 20
17	a 16	b 18	s 17
16	a 16	b 17	s 15
14	14	14	14

voix 2 (violoncelle)

(♩)	(♩/4)			
27	s 5	b 49	← s 54 →	
26	a 6	b 46	s 19	t 33
25	a 7	b 43	a' 20	s 30
24	a 8	b 40	a' 20	s 28
23	a 9	b 37	a' 19	s 27
22	a 10	b 34	a' 19	s 25
21	a 11	b 31	a' 18	s 24
20	a 12	b 28	a' 17	s 23
19	a 14	b 24	a' 18	s 20
18	a 15	b 21	a' 16	s 20
17	a 15	b 20	a' 16	s 17
16	a 15	b 17	a' 16	s 16
15	a 15	b 14	a' 16	t 14
14	14	14	14	14

voix 3 (clarinette)

(♩)	(♩/5)				
24	a 6	b 42	← s 72 →		
23	a 7	b 39	a' 16	← s 53 →	
22	a 8	b 37	a' 15	b' 30	s 20
21	a 9	b 33	a' 15	b' 28	s 20
20	a 10	b 30	a' 15	b' 25	s 20
19	a 11	b 27	a' 15	b' 23	s 19
18	a 12	b 24	a' 16	b' 21	s 17
17	a 13	b 21	a' 15	b' 20	s 16
16	a 14	b 18	a' 16	b' 17	s 15
15	a 14	b 15	a' 16	b' 16	s 14
14	a 14	b 14	a' 14	b' 14	s 14
14	14	14	14	14	14

voix 4 (violon)

(♩)	(♩/6)					
21	a 7	b 35	← s 84 →			
20	a 8	b 33	a' 12	← s 44 →		t 23
19	a 9	b 30	a' 13	b' 26	← s 36 →	
18	a 10	b 27	s 13	b' 22	a" 16	s 20
17	a 11	b 25	s 11	b' 15	a" 22	s 18
16	a 12	b 21	s 13	b' 18	a" 16	s 16
15	a 13	b 18	s 14	b' 15	a" 16	s 14
14	a 14	b 15	s 12	b' 15	a" 15	s 13
13	a 13	b 14	s 13	b' 12	a" 14	t 12
14	14/6	14/6	s 14/6	14/4	14/4	

voix 5 (flûte)

(♩)	(♩/7)						
18	s 8	b 30	← s 88 →				
17	a 9	b 24	a' 13	← s 73 →			
16	a 10	b 22	a' 12	b' 21	← s 47 →		
15	a 11	b 20	s 12	b' 18	a" 12	← s 32 →	
14	a 12	b 19	s 11	b' 15	a" 14	b" 14	s 13
13	a 12	b 14	a' 14	s 13	a" 12	b" 14	s 12
12	a 12	b 14	a' 11	s 11	a" 13	b" 12	t 11
14	14/5	14/5	s 14/5	14/5	14/5		

Talea : première partie

Chaque voix rythmique est attribuée à un des cinq instruments, cependant, afin d'éviter l'entrée successive des instrumentistes, un système de doublures, non pas exactes, mais en hétérophonie, est mis en place :

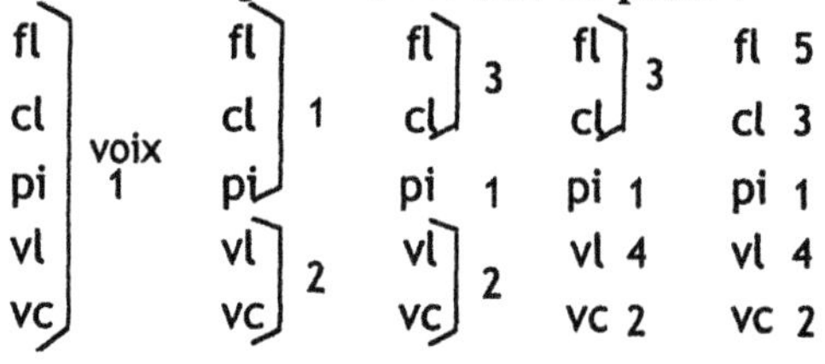

Comme dans la première partie de *Tempus ex machina*, le processus général consiste en la convergence de deux éléments fondamentaux opposés selon des qualités « archétypales » :

a : rapide, *fff*, durée courte

b : lent, *ppp*, durée longue

Ces deux éléments sont en outre de directions contraires (quand l'un est ascendant, l'autre est descendant). Chaque phase du processus de chaque voix comprend une juxtaposition de ces deux éléments, suivie d'un silence. La structure globale est schématisée ci-contre. Observons d'abord la voix 1 (piano).

Chaque élément est symbolisé par les lettres a, b et s (silence) surmontées de la flèche indiquant sa direction, et suivi de sa durée en tiers de noire. Il faut, pour mieux comprendre ce processus, partir de la périodicité finale entre les trois éléments : la durée totale de 14 noires est divisée en trois parties égales de 14/3 noires. Si l'on remonte le tableau, on voit que la durée du troisième élément (silence), augmentant de 1/3 à chaque fois, est toujours égale au tiers de la durée de chaque séquence. (La présence d'une valeur 23 à la place de 26 (sixième ligne) est due au fait que la durée de la séquence devrait être 26 et non 25). Les deux premiers éléments évoluent quant à eux en sens inverse : a diminue de 1/3 de noire à chaque séquence, pendant que la durée de b augmente de 3/3=1 noire. Seul le bas du tableau comporte des irrégularités, tout comme la première ligne.

Les quatre autres voix utilisent le même procédé général mais en le compliquant par ajout d'éléments :

• la voix 2 (violoncelle) fait alterner 4 éléments (a, b, a', s) donc selon des durées en quarts de noire ;

fond.	A	B	A'	B'	A"	B"
si*b*	20 T128 20 9.38"	21 T112 19 10.18"				
la	22 T128 18 8.44"	23 T112 21 11.25"				
la*b*	24 T126 17 8.10"	25 T96 20 12.5"	26 T112 19 10.18"			
sol	27 T128 16 7.50"	28 T96 23 14.38"	29 T112 17 9.11"			
fa#	30 T128 15 7.03"	31 T80 22 16.5"	32 T112 16 8.57"	T112 23 12.32"		
fa	33 T128 14 6.56"	34 T80 27 20.25"	35 T112 15 8.04"	36 T96 23 14.38"		
mi	37 T128 13 6.09"	38 T64 27 25.31"	39 T112 14 7.50"	40 T80 22 16.5"	41 T96 15 9.38"	
mi*b*	42 T128 12 5.63"	43 T64 36 33.75"	44 T112 13 6.96"	45 T80 27 20.25"	46 T96 14 8.75"	
ré	47 T128 11 5.16"	48 T48 40 50"	50 T112 12 6.43"	51 T64 27 25.31"	52 T96 13 . 8.13"	T96 20 12.5"
ré*b*	53 T128 10 4.69"	54 T48 79 98.75"	61 T112 11 5.89"	fin : > 9.11"		

Talea : deuxième partie

• voix 3 (clarinette) : 5 éléments (a, b, a', b', s), durées en cinquièmes de noire ;

• voix 4 (violon) : 6 éléments (a, b, s, b', a" s), durées en sixièmes de noire ;

• voix 5 (flûte) : 7 éléments (a, b, a', s, a", b", s), durées en septièmes de noire.

La structure est en outre brouillée par certains remplacements des éléments a, b et dérivés par des silences, dans les premières séquences, et des silences finals par des tenues graves fortement appuyées (t).

Les éléments a et b se distinguent de a' et b' dans la mesure où les premiers sont continus (figures liées, trémolos), les seconds discontinus (notes piquées, pizz.). Quant à a" et b", leur apparition tardive, à un moment où les caractéristiques contrastantes des deux éléments se sont déjà rapprochées, empêche de bien les différencier de a et b.

deuxième partie (de 20 à la fin)[1]

Antithèse du processus convergent de la première partie, la deuxième partie est construite par la juxtaposition des deux mêmes éléments a et b, mais qui sont ici considérablement amplifiés, à la fois dans leurs durées et dans leurs caractéristiques, et qui seront pour cette raison notés en majuscules :

• A : piano seul, répétition rythmée d'agrégats graves, avec une note prédominante, temps pulsé ;

• B: tutti, spectre plus ou moins harmonique, ayant précisément cette note comme fondamentale, temps amorphe, sans sentiment pulsatoire.

À ces deux éléments s'ajouteront des dérivés :

• A' : tutti sauf piano, rythmes bruités, une note répétée prédominante ;

• B' : piano seul, spectre avec mouvements internes (trémolos, soufflets) ;

• A" : 1 instrument sauf piano, élément A « troué », quelques rythmes épars, en répétitions légèrement fluctuantes autour d'une note ;

• B" : piano seul, spectre statique.

Chaque élément constitue une seule séquence formelle, caractérisée par une durée et un tempo propres. Le schéma ci-contre montre la structure de cette deuxième partie.

---

[1] CD Ensemble L'Itinéraire : de 6:03 à la fin.
CD Ensemble Recherche : de 6:07 à la fin.

Chaque case représente une séquence : dans le coin supérieur gauche est indiqué le chiffre de repérage de la partition, à gauche le tempo, au centre le nombre de pulsations, et enfin à droite la durée en secondes.

La forme s'élabore par une sorte d'arborescence. La succession A B est tout d'abord dupliquée, ce qui lui permet d'être appréciée par l'auditeur comme unité structurelle. Pour sa troisième apparition, cette succession est rallongée par l'élément A', ce nouveau cycle est lui-même dupliqué, et ainsi de suite. Deux facteurs de progression formelle se croisent : d'une part l'entrée des éléments A', B', A", B" dont la forte individualité sonore est ressentie comme une nouveauté, d'autre part la présence d'une fondamentale spectrale commune à une même ligne du tableau (les séquences B, B', B" déployant un spectre harmonique ou inharmonique sur cette fondamentale, les séquences rythmiques A, A', A" faisant entendre une note prédominante, respectivement la fondamentale, l'harmonique 3 et l'harmonique 5), fondamentale commune qui atténue le caractère d'originalité de A', B', A" et B" et crée une descente chromatique régulière d'une ligne à l'autre.

L'évolution générale des éléments A et B est, d'une manière très globale, l'inverse de celle de la première partie : depuis un stade d'égalité, les durées des séquences A et B vont respectivement diminuer et augmenter, jusqu'à une différenciation extrême. D'autre part leurs caractéristiques qualitatives vont s'amplifier : réduction de l'ambitus des agrégats jusqu'à un seul son pour A, extension et enrichissement des spectres pour B. La diminution des durées de A correspond à une progression arithmétique du nombre de pulsations (les deux premières valeurs mises à part), le tempo étant constant (l'unique T°126 semblant être une erreur). Les évolutions de A' et A" sont déterminées de façon similaire, avec un tempo chaque fois moindre : 112 pour A' et 96 pour A". Remarquons au passage que l'ensemble des six tempi utilisés épousent une progression arithmétique, selon un procédé déjà observé dans *Tempus ex machina* ($T = 16 \times n$, avec n de 3 à 8)

Seule l'évolution des séquences B, B' et B" fait intervenir une variation des tempi, ce qui reste purement abstrait puisque B et ses variantes se caractérisent par un temps étiré, sans réel sentiment pulsatoire. Seule compte ici l'évolution des durées en secondes des séquences. La succession des durées de B correspond en effet à une progression harmonique prise en sens inverse. ($U_n = 100/n$, si l'on considère la dernière valeur de 98.75" environ, comme égale à 100", soit 80 pulsations au tempo 48 au lieu de 79).

Les colonnes B' et B" reprennent la même succession à partir de la valeur 12.5 (qui est pour la première apparition de B' approchée à 12.32 ; en dehors de ce cas précis les tempi et nombres de pulsations des séquences B' et B" sont identiques à ceux de B). Après l'apparition de l'ultime valeur de 100", la descente chromatique des fondamentales se précipite (passant de *réb* à *la* dans la dernière séquence A') et l'oeuvre est interrompue avant le retour d'un nouveau cycle, d'une manière qui peut sembler brutale et arbitraire, par une sorte de « cut » dans une phrase au violon seul.

Plus encore que la première, cette deuxième partie de *Talea* apparaît discontinue et morcelée. Opposition plus marquée entre A et B, augmentant au fil du temps, durée plus longue de chaque séquence, lui conférant une plus grande autonomie, ruptures abruptes de tempo : tous ces éléments concourent à une fragmentation de la forme.

Toutefois les cloisons sont loin d'être étanches : la succession initiale A B est moins ressentie comme la juxtaposition de deux corps étrangers que comme un unique geste : les répétitions rythmées de A, en accélération ou en crescendo, créent une montée de tension résolue par le déploiement du spectre de B. Grisey cherche en outre à souder les passages de B à A par des figures mélodiques agitées, sortes de souvenirs de la première partie, à des instruments autres que le piano. Ces figures, d'abord brèves et simples terminaisons des séquences B, s'étendent et les envahissent progressivement, à tel point que cette prolifération est perçue comme un processus irréversible, parallèle à la structure formelle elle-même. À la fin de l'oeuvre, la ligne de violon, dans son élan, déborde de la dernière séquence B et continuerait indéfiniment si elle n'était coupée brutalement, comme on l'a vu plus haut.

Si des facteurs de continuité existent donc, il n'en reste pas moins que les apparitions de A', B', A" et B" sont fortement ressenties comme nouveautés et brisent momentanément le mouvement temporel. L'auditeur navigue entre une écoute locale fragmentaire et une écoute à long terme révélant une orientation globale de la forme engendrée d'une part par le processus de divergence entre A et B (et dérivés), d'autre part par un enrichissement et une complexification progressifs par ajouts d'éléments de variation, espaçant toujours davantage les retours successifs d'un même élément. Si la forme de la première partie pouvait globalement se résumer à une ligne droite, celle de la deuxième serait une sorte de spirale s'éloignant toujours davantage d'un centre qu'est le geste A B, revenant sans cesse au similaire mais jamais à l'identique, forme infinie à laquelle le compositeur doit mettre un terme arbitraire.

La structure formelle de cette seconde partie de *Talea* est en fait l'équivalent, amplifié au niveau de la grande forme, de ce qui se passait à l'intérieur de chaque voix dans la première partie. On conserve l'évolution contraire des durées des deux éléments, l'apparition progressive, en arborescence, d'éléments de variations a', b', a", b", ce qui explique la présence des silences de remplacement observés dans les premières séquences des voix 2 à 5 : comparer en particulier le schéma structurel de la voix 5 (flûte) avec le schéma global de la seconde partie.

La première partie de *Talea* offre donc une version polyphonique, à cinq voix, d'un processus qui dans la seconde partie devient monophonique, et dilaté dans le temps. Les mesures de transition entre les deux, dont je n'ai pas parlé (chiffre 17 à 20) permettront ce passage de la polyphonie à la monophonie, par une diminution progressive de la polyrythmie.

Cependant cette opposition n'est pas si franche : l'apparition progressive, dans la seconde partie, des éléments A', B', A", B" correspond moins à l'apparition de a', b', a", b " dans la voix de flûte par exemple (noyée dans la polyphonie) qu'à la succession des entrées des voix 2 (ajoutant a'), 3 (ajoutant b'), 4 (ajoutant a"), 5 (ajoutant b"), rendant le choix du nombre de voix superposées moins arbitraire qu'il ne peut sembler *a priori*. D'autre part, la deuxième partie, microscopique, dilatée temporellement, offre une succession d'une dizaine de fondamentales, tandis que la première, macroscopique, dans un temps plus rapide, ne repose que sur une seule et même fondamentale spectrale *do* : paradoxe atténuant l'opposition entre les deux parties.

Le Temps et l'Écume

Cette œuvre composée en 1988-89 est la première exploitation systématique d'une confrontation d'un même objet perçu dans des échelles de temps différentes. Elle est écrite pour quatre percussions, deux synthétiseurs et un orchestre de chambre. Le titre fait référence à une hypothèse récente en astrophysique, concernant la structure de l'espace-temps telle qu'on peut l'imaginer dans des dimensions très restreintes.

> « John Wheeler considère [...] que la géométrie de l'espace-temps microscopique doit être turbulente et en perpétuel changement, agitée de fluctuations quantiques. On peut la comparer à la surface d'un océan. Vu d'avion, l'océan paraît lisse. À plus basse altitude, la surface reste continue mais on commence à percevoir quelques mouvements qui l'agitent. Examiné de près, l'océan est très tumultueux, discontinu même puisque des vagues se brisent, projetant des gouttes d'eau qui s'élèvent et retombent. De la même façon, si l'espace-temps paraît continu à notre échelle, son écume deviendrait perceptible à l'échelle de la longueur de Planck [env. 10^{-35} m] et produirait des gouttes se manifestant à nous sous forme de particules élémentaires. »[1]

Le rapprochement avec l'esthétique de Grisey s'effectue sans peine : le dynamisme et la structure interne du son ne sont perceptibles que par un grossissement et un ralentissement démesurés de phénomènes inaudibles à l'échelle humaine. Si le titre *Le Temps et l'Écume* pourrait donc être celui d'autres œuvres de Grisey, il s'applique mieux encore à l'œuvre présente dans la mesure où celle-ci met en jeu des aspects différents d'un même objet sonore considéré selon plusieurs échelles temporelles.

---

[1] Luminet, Jean-Pierre, *Les trous noirs*, Paris, Belfond, 1987, p.206.

Cet objet est, comme dans *Talea*, un geste unique, fondamental, formé lui-même de la confrontation de deux objets radicalement opposés :

• un objet « bruit » : rythme, sentiment pulsatoire, discontinuité ;

• un objet « spectre » : temps étale, pas de sentiment pulsatoire, continuité.

Les caractéristiques très générales de ce geste lui permettront de vivre dans trois échelles de temps différentes : un temps normal (humain), un temps beaucoup plus contracté (temps des oiseaux), un temps beaucoup plus dilaté (temps des baleines). La structure de base de l'œuvre consiste en la juxtaposition de ces trois temporalités, créant trois parties distinctes que je présenterai successivement.

temps des hommes (du début au chiffre 38)

Cette première partie est formée de l'alternance du geste bruit-spectre répété treize fois et d'une texture sonore statique, invariable, servant en quelque sorte de toile de fond : répétitions *pp* périodiques, au synthétiseur, du même intervalle grave *do-fa#*, bruissements de grosse caisse et de tamtam aux fluctuations dynamiques et rythmiques très ténues, longues tenues *pp* aux gongs et contrebasses sur le cordier. De cette « texture de bruissements », lente, amorphe, à peine audible, par laquelle débute l'œuvre, émerge peu à peu le geste de base qui la recouvre progressivement :

texture de bruissements (T50)		gestes (T80)	
57	(68.4")	7	(5.25")
24	(28.8")	9	(6.75")
32	(38.4")	11	(8.25")
		14	(10.5")
12	(14.4")	17	(12.75")
		20	(15")
		24	(18")
17	(20.4")	28	(21")
		32	(24")
		37	(27.75")
		44	(33")
		53.5	(40.13")
7.25	(8.7")	61	(45.75")

Les treize répétitions du geste forment un processus que l'on peut succinctement décrire ainsi (voir ci-dessous) : allongement de la durée globale de chaque geste, passage de l'apériodique au périodique, augmentation du niveau et des contrastes dynamiques, accélération des rythmes de la partie bruit, enrichissement spectral de la partie spectre (les fondamentales descendant de manière chromatique).

	durée totale (noires)	bruit			spectre			ajout
		direction	dynamique	durée	durées <	durées >	fond.	
3	7			7	0		*mi*	
5	9			8	1		*mi*	
7	11	↗	<	9	1.2	1.2 (tuilage)	*mi♭*	
8^{1}	14	↘	>	10	2	2	*ré*	
10	17	↗	<	11	3	3	*ré*	
11^{-1}	20	↗	>	12	4	4	*do#*	
12	24	↘	<	13	5.33	5.17	*do*	+0.5
14	28	↗	>	14	6.75	6.75	*do*	+0.5
16	32	↘	<	15	8.75	7.75	*si*	+0.5
19	37	↘	>	16	10.25	10.25	*si♭*	+0.5
22	44	↗	<	17	12.5	12.5	*la*	+2
25	53.5	↗	>	18	15.5	15.5	*la♭*	+4.5
30	61	↘	<	19	19	19	*sol*	+4

temps des oiseaux (de 35 à 40)

Des sonorités aiguës et cristallines (glissandi d'harmoniques aux cordes, synthétiseurs) à la fin de chaque geste, apparaissent peu à peu et assurent une transition souple avec la séquence « temps des oiseaux ». Dans celle-ci le geste est contracté à l'extrême, ce qui s'accompagne évidemment de son déplacement dans des fréquences très élevées. L'objet rythme, qui dans le temps humain était constitué de rythmes de percussions, de direction tantôt ascendante tantôt descendante, en crescendo ou decrescendo, en accélération ou décélération, sera ici réalisé par des fusées extrêmement rapides et aiguës (synthétiseurs, bois), ascendantes ou descendantes, et toujours dans une dynamique *mf<ff*. L'objet spectre n'est plus ici qu'une tenue de deux harmoniques suraigus de violons ou de violoncelles.

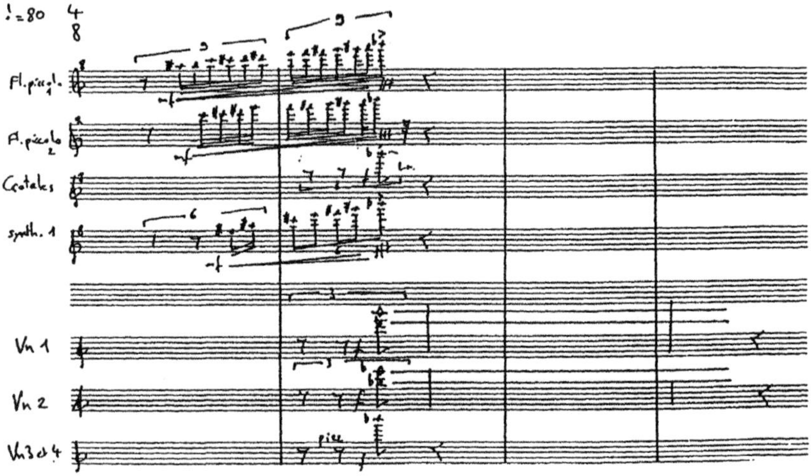

La structure de cette courte séquence (28.5 secondes contre 7 minutes environ pour celle du « temps des hommes ») fait se superposer deux « voix » formée chacune d'une succession de gestes. Parmi ces gestes, certains sont mis en valeur : ajout, dans la partie « bruit », de percussions (makubios, crotales pour la voix 1, xylorimba, glockenspiel, woodblocks pour la voix 2) ; attaque *fff* du « spectre » au lieu de *f*. Ceci crée des groupes de gestes séparés dans le schéma ci-dessous par des barres de mesure. Chaque note correspond à la note finale du « bruit » qui est aussi la note attaquée en pizz du « spectre » (*sib* dans l'exemple ci-dessus), considérée comme sa « fondamentale ».

Outre le raccourcissement des durées des groupes, et l'accélération globale qu'il engendre, on constate que la première note de chaque groupe sert de fondamentale spectrale virtuelle (ramenée plusieurs octaves plus bas) aux différentes fusées du groupe : dans l'exemple cité plus haut, deuxième geste du premier groupe de la voix 1 (*sib*), la fusée au synthétiseur fait entendre en effet les harmoniques de *fa#*, première note du groupe.

Les six « fondamentales virtuelles » de la voix 1 (*fa#, mi, do#, la#, fa#, do#*) sont elles-mêmes des harmoniques descendants d'un *fa#* grave. La structure de la voix 2 est la transposition de celle de la voix 1 pour les trois premiers groupes (fondamentales *fa, mib, do*, elles-mêmes harmoniques de *fa*), puis semble sous-entendre pour les deux derniers une fondamentale *mi*.

On retrouvera une telle structure spectrale gigogne dans la partie du « temps des baleines » qui s'enchaîne de façon abrupte à la précédente. Alors que les parties du temps des hommes et du temps des oiseaux étaient constituées toutes deux d'une succession de gestes en nombre à peu près égal (ce qui avait pour effet de rendre, à cause de la contraction temporelle, la durée de la deuxième beaucoup plus courte que la première), la partie du temps des baleines ne fera entendre qu'un seul geste extrêmement dilaté, et sera par conséquent divisée en deux sections fortement opposées, correspondant respectivement au « bruit » et au « spectre ».

Si le geste avait une durée chronométrique maximale de 45 secondes environ dans le temps des hommes, et était réduit ensuite à une durée de 4.5 secondes environ (durée maximale du geste dans le temps des oiseaux), soit dix fois plus courte, il atteindra dans le temps des baleines une durée de 10 minutes environ, soit plus de treize fois plus longue.

temps des baleines, section « bruit » (de 40 à 68)

La section « bruit » se divise elle-même en deux processus contraires. Les caractéristiques de direction fréquentielle (ascendant, descendant), d'agogique (accélération, décélération), de profil dynamique (crescendo, decrescendo) qui affectaient diversement l'objet « bruit » des gestes de la première partie de l'oeuvre, s'opposent ici de manière dichotomique : d'abord un processus décélération / decrescendo / mouvement descendant (de 40 à 53), puis un processus semblant faire marche arrière : accélération / crescendo / mouvement ascendant (de 59 à 68) ; l'étendue des fréquences et celle des variations agogiques étant bien entendu restreintes dans des zones générales respectivement grave et lente, étant donnée la temporalité où l'on se trouve.

Chaque processus fait alterner deux éléments sonores principaux, reproduisant, à l'intérieur même du caractère « bruit », l'antinomie des deux objets du geste initial :

- élément A : coups répétés, périodiques (pizz de vc et cb, attaques de cl. basse, basson et synthétiseur) ; sensation de tempo ;
- parfois varié en A' : ajout de tenues de « Waldteufel » et de cordes graves arco gettato ;
- élément B : structure continue très bruitée : « growl » aux cuivres, tenues écrasées des cordes, animée par des fusées rapides aux bois et trompettes ; absence de sentiment pulsatoire.

Le schéma ci-contre condense la structure du premier processus, qui rappelle celle de la seconde moitié de *Talea*, quoiqu'évoluant en sens inverse, c'est à dire non par ajout mais par disparition progressive d'éléments. Chaque phase, soit chaque ligne, se termine par un troisième élément C, caractérisé surtout par des tenues *flautando molto* des cordes, et des tenues graves soufflées aux flûtes. On constate que l'évolution des éléments A/A' se fait selon une diminution progressive du tempo, avec augmentation contraire du nombre de pulsations pour le premier A de chaque ligne, et invariabilité de celui des autres A/A' (1, 2 et 3 pulsations). L'élément B, ne donnant pas de sensation pulsatoire, reste en général au tempo 80. Comme il est indiqué dans le tableau, le regroupement de B et A (effectué spontanément à l'audition) crée un rythme périodique, en légère accélération au fil du processus.

repères	A	B	A	B	A'	B	A'	C	durée
40	T80 2	T80 8	T80 1	T80 7	T80 2	T80 6	T80 3	T80 3 | T70 1	24.9"
			9		9		9		
43	T70 3	T80 6 | T70 1	T70 1	T80 6	T70 2	T80 4.67		T80 2.33	20.2"
			8		8				
46	T60 4	T80 4 | T60 2	T60 1	T80 4 | T60 1	T60 2			T80 5	19.8"
			7		7				
48	T50 5	T80 3 | T50 2	T50 1	T80 5				T80 3	17.9"
			6						
50	T40 6	T80 5	T40 1					T80 4	17.2"
			6						
52	T30 7	T50 6							

section bruit : premier processus

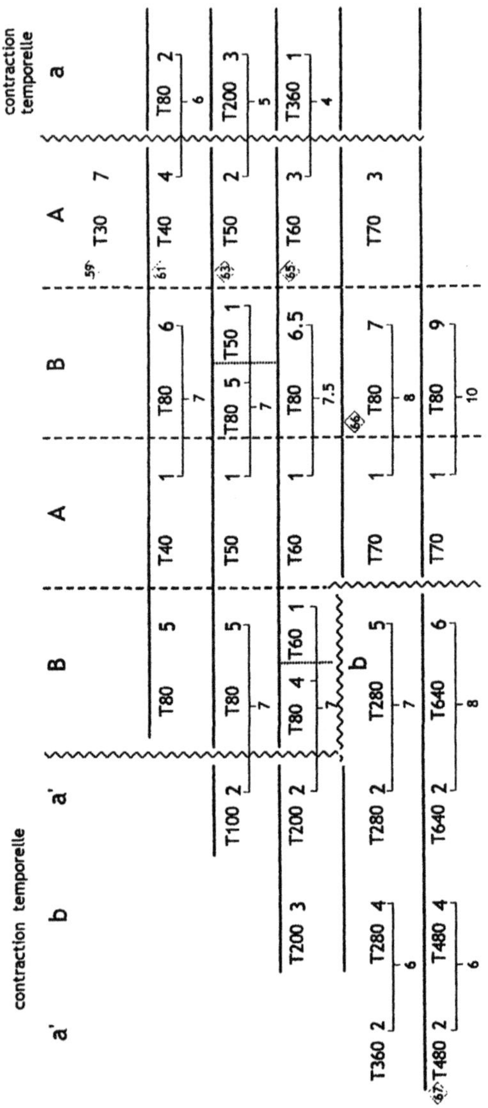

section bruit : deuxième processus

La structure du deuxième processus (ci-contre), peut être assimilée grosso modo à une rétrogradation de celle du premier. Elle est cependant fortement troublée par l'insertion, après le début de l'élément A à la fin de chaque phase, d'une structure temporelle très contractée, insertion effectuée par une sorte de déclenchement brusque (comme dans la première partie de *Transitoires*). Tout se passe comme si les dernières pulsations de A étaient perçues dans une temporalité plus réduite (d'abord « humaine », puis évoluant à chaque ligne vers une échelle encore plus petite) : c'est en effet l'addition des pulsations de A et de a (= A contracté) qui reproduit, inversée, l'augmentation du nombre de pulsations propre au premier processus (soit 7, 6, 5, 4, 3). De la même façon, les éléments de la gauche du tableau (s'enchaînant donc directement à a) sont eux aussi projetés dans une dimension temporelle contractée (les tempi très élevés qui en résultent ne sont que des repères mathématiques abstraits, les rythmes étant transcrits dans la partition à des tempi moins farfelus). Tous ces inserts, d'une durée très courte, augmentent le sentiment d'accélération et de montée de tension que produit ce second processus.

Ces deux processus, miroirs l'un de l'autre, ne se suivent pas immédiatement, et les 38 secondes environ qui les séparent sont occupées par la texture de bruissements du début de l'œuvre, revenant ici inchangée. Cette texture commence à se faire entendre au début du dernier élément A du premier processus (T30, une mesure avant 52) et disparaît, de façon symétrique, à la fin du premier élément A (T30) du second processus (chiffre 59). Le ralentissement, la descente vers le grave et le decrescendo de la première phase sont façonnés de telle sorte que l'arrivée de la texture se fait sans heurt ; celle-ci est même perçue comme l'aboutissement du processus, révélant peut-être le stade ultime d'une extension temporelle, quand un son n'est plus perçu que sous forme d'infimes perturbations proches de l'inaudible. Cette texture apparaîtra une dernière fois à l'extrême fin de l'œuvre, après la section « spectre » du temps des baleines.

temps des baleines, section « spectre » (de 68 à la fin)

Afin de réaliser l'extension d'un seul spectre sur une durée d'environ six minutes, le compositeur imagine une structure gigogne semblable à celle remarquée dans la partie du « temps des oiseaux ». Un spectre harmonique de fondamentale *do*, commençant et finissant cette section « spectre », sert de point de référence à un processus de 9 phases (voir ci-contre), commençant chacune par le déploiement aux vents, *fff*, d'un spectre harmonique dont la fondamentale se fait entendre un peu après:

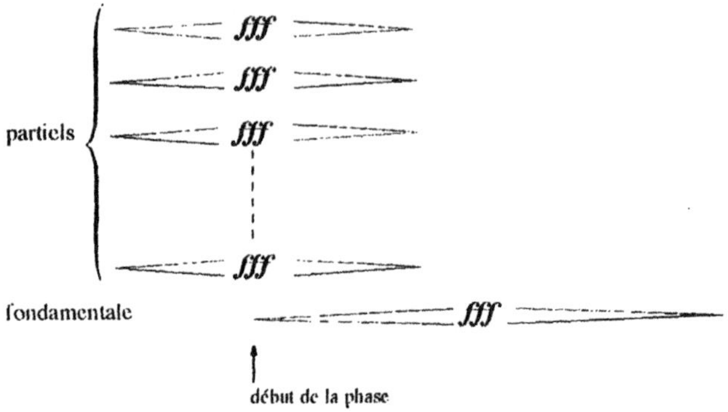

Les fondamentales initiales des 9 phases sont respectivement *do, mi, sol, sib, do, ré, mi, fa#*, et *do*, soit les harmoniques de *do* transposés vers le grave.

Après ce premier spectre se succèdent plusieurs spectres harmoniques, parfois enrichis de frottements inharmoniques, qui forment une texture fluide et continue : ligne ascendante régulière des fondamentales ; décalage des soufflets dynamiques des différents partiels (<*ff*>), alors que ceux du spectre initial sont synchrones ; tuilage d'un spectre au suivant par un jeu de sons communs, pouvant être considérés, aux approximations près, comme harmoniques des deux fondamentales, mais de numéros différents.

L'évolution rythmique globale du processus consiste en une diminution du tempo de 15 unités à chaque phase (sauf pour la phase 5, qui revient sur la fondamentale *do*), le nombre de pulsations étant invariablement de 33. L'effet de ralentissement produit est amoindri, sans être contrarié, par l'augmentation du nombre de spectres dans chaque phase. On note en outre le passage de l'apériodicité à la périodicité de durées séparant les fondamentales.

À l'enchaînement continu des spectres harmoniques s'ajoutent deux lignes mélodiques, respectivement aux vents et aux percussions résonnantes, dessinant entre le début et la fin de chaque phase une courbe globale descendante-ascendante. Les sons principaux de ces figures mélodiques sont les

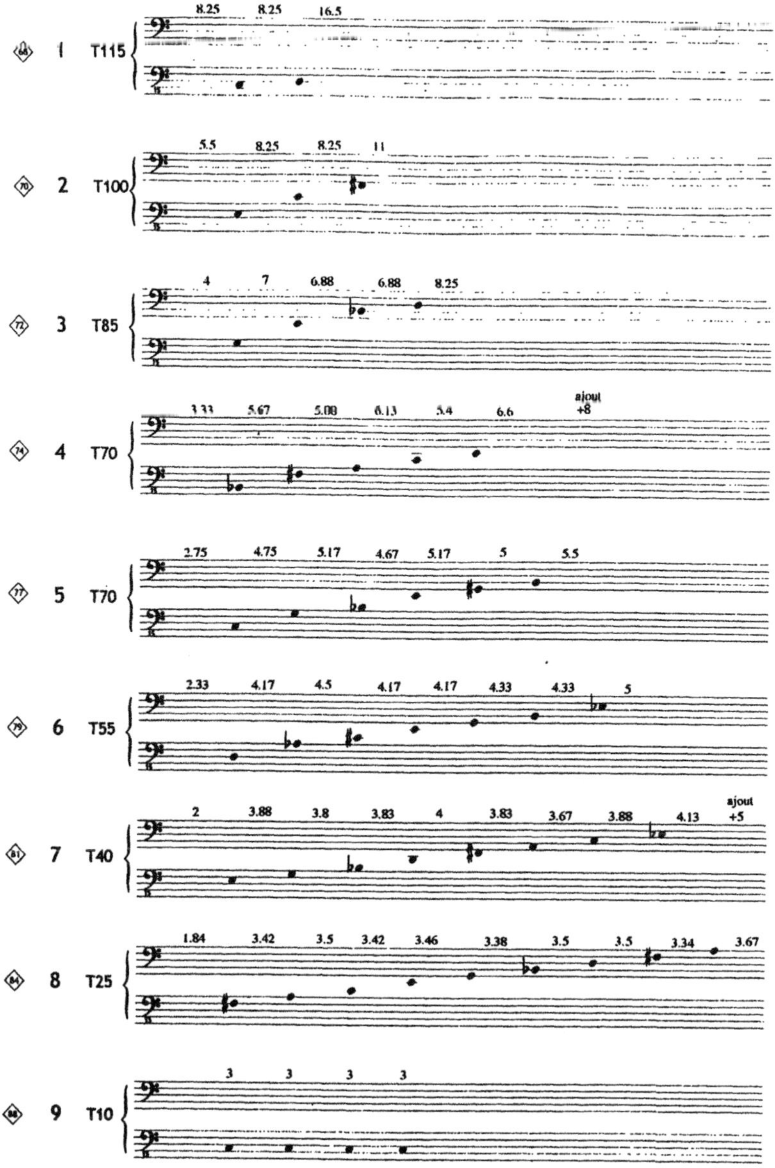
68 1 T115
8.25 8.25 16.5
70 2 T100
5.5 8.25 8.25 11
72 3 T85
4 7 6.88 6.88 8.25
74 4 T70
3.33 5.67 5.08 6.13 5.4 6.6 ajout +8
77 5 T70
2.75 4.75 5.17 4.67 5.17 5 5.5
79 6 T55
2.33 4.17 4.5 4.17 4.17 4.33 4.33 5
81 7 T40
2 3.88 3.8 3.83 4 3.83 3.67 3.88 4.13 ajout +5
84 8 T25
1.84 3.42 3.5 3.42 3.46 3.38 3.5 3.5 3.34 3.67
88 9 T10
3 3 3 3

harmoniques de la fondamentale initiale de chaque phase : ceci est à mettre en parallèle avec les groupes fusées de la partie du temps des oiseaux. Les courbes se plient au ralentissement général du processus, en passant progressivement de l'agitation suraiguë des flûtes et des glockenspiels et crotales (phase 1) aux lentes lignes mélodiques des cors et aux interventions très espacées de sons de cloches et vibraphone (phases 7 et 8). Ainsi traverse-t-on de manière continue, à l'intérieur même de cette section « spectre » du temps des baleines, toute l'étendue des différentes temporalités de l'œuvre.

La dernière phase (T10) est particulière : la périodicité de 3 pulsations est créée par la répétition textuelle d'une séquence déployant le spectre harmonique de fondamentale *do*. Cette phase qui devrait, dans la logique rythmique du processus, contenir 11 répétitions de 3 pulsations, est interrompue brusquement après la quatrième, par le retour de la « texture de bruissements » du début de l'œuvre, dont l'arrêt subit après quelques secondes laisse place au silence final.

Les trois apparitions de cette texture dans le cours de l'œuvre servent de points d'ancrage de la forme. Liées à un temps extrêmement lent, elles sont origines et aboutissements de deux cycles accélération / décélération (inspiration / expiration, tension / détente) auxquels peut se résumer le déroulement temporel de l'œuvre (voir schéma ci-contre). Le premier cycle est moins nettement dessiné que le second, car dans le processus de la première partie, la montée de tension produite par l'accélération interne est contrariée par l'allongement des durées des gestes, et par le passage de l'apériodique au périodique, alors que le processus final (spectre du temps des baleines) fait converger les différentes évolutions : décélération, allongement des durées, passage de l'apériodique au périodique. La lente répétition périodique du spectre harmonique sur *do* à la fin de l'œuvre est bien un moment de repos absolu, aboutissement de la forme.

Le retour de la texture de bruissements est plus qu'un simple élément de liaison entre les deux cycles. Alternant au début de l'œuvre avec un processus morcelé qui semble en naître peu à peu, cette texture sonore caractérisée et reconnaissable revient au milieu de la section « bruit » du « temps des baleines », comme si elle était engendrée par le processus de décélération qui la précède. Ici se manifeste la volonté, de plus en plus fréquente à partir des années 80 chez Grisey,

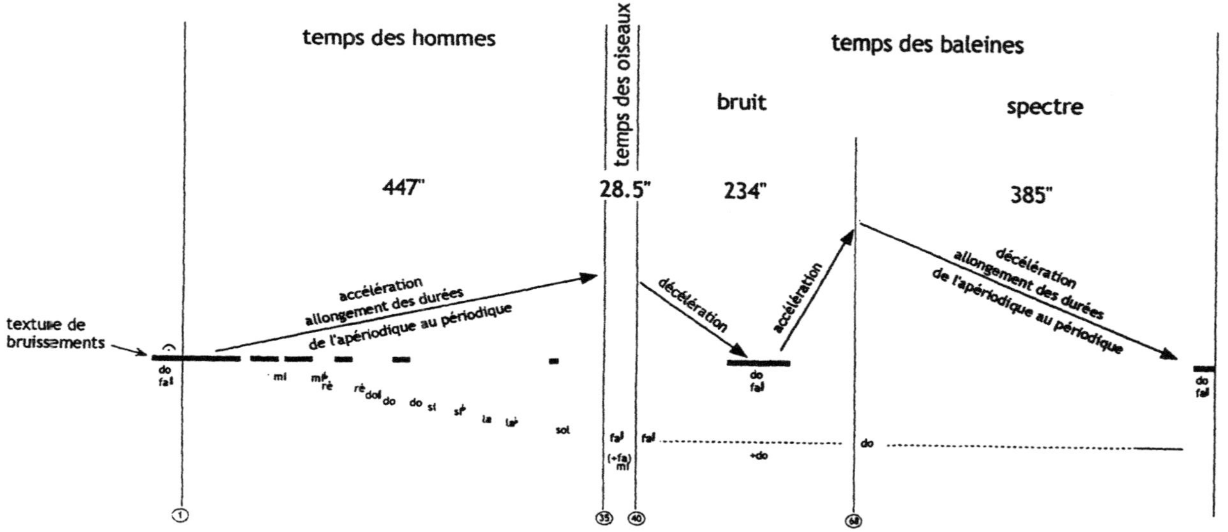

Le Temps et l'Écume : plan général

de jouer sur le retour d'éléments identiques dans la progression sonore et de cimenter la structure formelle par la reconnaissance mémorielle de l'auditeur.

La forme du *Temps et l'Écume* ne trouverait-elle pas sa cohérence dans sa structure tensionnelle en deux cycles et ces réminiscences sonores, plus que dans la division selon trois échelles de temps différentes que laisse apparaître le schéma global ? La partie du « temps des hommes » est-elle placée au début de l'œuvre afin que l'auditeur, après avoir mémorisé le geste initial, puisse apprécier son transfert dans les deux autres temporalités ? L'expérience de l'audition prouve qu'il n'en est rien : seule se détache clairement la partie du temps des oiseaux, par sa structure sonore caractéristique et sa durée très courte, en revanche l'unique geste dilaté du temps des baleines est animé de l'intérieur par des micro-événements (comme la réduction du geste initial, à l'intérieur même de la section « bruit ») qui sont eux perçus au niveau humain : on entend par exemple, dans la dernière partie, une succession de spectres et non un spectre dilaté. Ne ressent-on finalement pas mieux la différence de temporalité dans un long processus comme celui de la dernière section, en décélération progressive ?

Il est clair que la concordance entre structuration formelle et perception, que les premières œuvres spectrales revendiquaient, se pose comme un problème crucial dans les œuvres plus tardives de Grisey, et particulièrement là où entrent en jeu ces rapports de temporalités. On en verra une autre manifestation dans *L'Icône paradoxale*. C'était là une des préoccupations majeures de Grisey, qui écrit dans la notice de présentation du *Temps et l'Écume* :

> « Toute combinatoire entre ces temps est possible, mais le doute subsiste quant à la perception que l'on peut en avoir. C'est la question que pose et me pose *Le Temps et l'Écume*. Il y aura sans doute une fois de plus une légère inadéquation entre l'intention et la réalisation, entre le rêve et la réalité. Mais n'est-ce pas cette fragilité humaine et cette gaucherie devant un trop vaste projet qui laissent subsister un peu de ce qu'il est convenu d'appeler la beauté ? »

L'Icône paradoxale

L'œuvre est un hommage à Piero della Francesca. Composée en 1993-94, elle est écrite pour deux voix de femmes (soprano et mezzo-soprano) et grand orchestre divisé en deux groupes.[1] La forme générale schématisée page suivante est une superposition des trois temporalités propres au style tardif de Grisey. Elle est une synthèse de processus de mise en phase progressive (mises en phase aux chiffres 41 et 68) et du procédé des personnages rythmiques de Messiaen, aux évolutions opposées. Je décrirai la structure de bas en haut, du temps le plus lent au temps le plus rapide.

temps dilaté

Le niveau inférieur, base de l'édifice, est le temps dilaté, découpé en 13 phases de durées décroissantes, de 12 en 12 pulsations au tempo 50. Chaque phase est caractérisée par une fondamentale qui détermine la majeure partie des événements des couches supérieures. Ces fondamentales sont, selon le principe gigogne cher à Grisey, les harmoniques impairs de *sib*, approchés au demi-ton. Chaque phase débute par un accord d'enveloppe cresc. / decresc., de plus en plus ample au fil du processus. On peut voir page 201 que ces spectres s'enrichissent progressivement de sons inharmoniques voisins de sons harmoniques. L'ambitus s'élargit en vidant peu à peu le registre médium.

Juste au-dessus est placée une autre manifestation du temps dilaté, la synthèse orchestrale de sonagrammes de signatures de Piero prononcées par le compositeur. Les différentes syllabes simulées sont inscrites sur la partition, la dilatation temporelle est assez importante pour que la totalité du texte simulé puisse être notée sur le schéma. L'orches-

---

[1] Voir aussi chapitre 2.

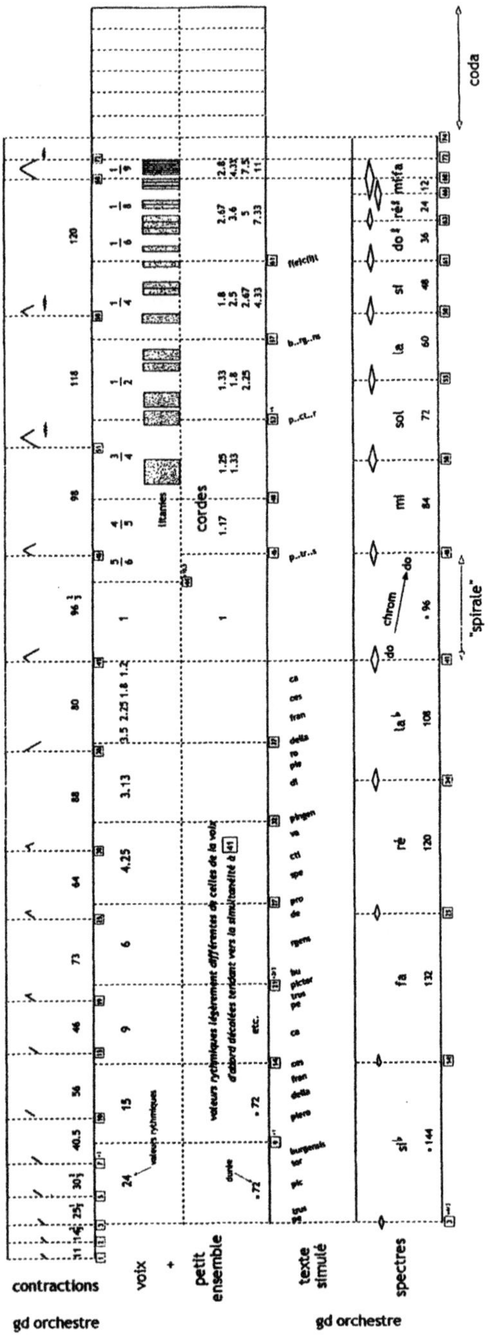

L'Icône paradoxale : plan général

○ = inharmonique
● = harmonique
□ = fondamentale
14
25
34
41
46
50
55
58
61
63
66
68

tration a ici pour fonction de réaliser au mieux les consonnes comme les voyelles. Celles-ci sont représentées par des harmonies graves où les deux formants caractérisants les différentes voyelles sont mis en valeur, par la dynamique et l'instrumentation. Voici la réduction harmonique des premières syllabes. Les sons appartiennent à un spectre compressé de fondamentale *sib*, sur lequel je reviendrai plus loin. Les formants sont signalés par les notes blanches. On remarque facilement le formant supérieur très aigu du [i], les formants graves et resserrés du [u].

temps normal

Le temps normal, humain, au centre de la superposition, est manifesté très naturellement par les voix, auxquelles s'adjoint un petit orchestre de solistes. Cet ensemble est disposé devant le grand orchestre et entoure les deux chanteuses. Dans la deuxième partie du processus, les cordes du grand orchestre seront aussi dans cette couche temporelle. Le processus contient 13 phases de durée invariable (72 noires tempo 50, avec une distorsion pour la « spirale » centrale). Les syllabes chantées par les deux voix sont d'abord de durées très longues (24 noires, nécessité de relais entre les deux chanteuses) et accélèrent irréversiblement jusqu'au neuvième de noire. Les lignes mélodiques sont toujours ascendantes, sur les harmoniques de la fondamentale déterminée par le temps dilaté. Leur ambitus est d'abord restreint puis s'élargit progressivement. Dans la première partie (avant 41), le petit orchestre harmonise chaque syllabe par un accord qui en reproduit les formants, comme dans cet exemple :

Contrairement à ce schéma harmonique, le petit orchestre est toujours en décalage rythmique par rapport aux voix, décalage tendant progressivement vers la simultanéité de la spirale à 41.

L'arrivée de la spirale, centre de l'œuvre, est manifestée par la mise en phase des trois couches temporelles. Les valeurs rythmiques de la voix sont alors d'une durée de 1 noire, l'ambitus est raisonnable : les lignes ascendantes ne sont jamais aussi proches d'une réelle mélodie que dans cette partie centrale de l'œuvre. Le petit orchestre, harmonisant la voix de façon synchrone, est complété ici par l'ensemble de l'orchestre. Cette spirale mérite une analyse détaillée. Les deux pages suivantes montrent la réduction harmonique de son début.

L'idée générale est de créer un écheveau de lignes mélodiques qui descendent ou montent sans cesse, le tout étant assimilé à une spirale qui reviendrait toujours au semblable mais jamais à l'identique. Deux artifices vont permettre à Grisey de concrétiser cette idée, la structure spectrale gigogne, et l'identité par transposition d'octaves.

La première conséquence est l'assimilation des harmoniques à des notes qu'on peut affecter à n'importe quel registre. Dans l'analyse qui va suivre, les notes sont donc définies par un numéro impair qui correspond à leur apparition la plus grave dans un spectre. Exemple pour une fondamentale *do* :

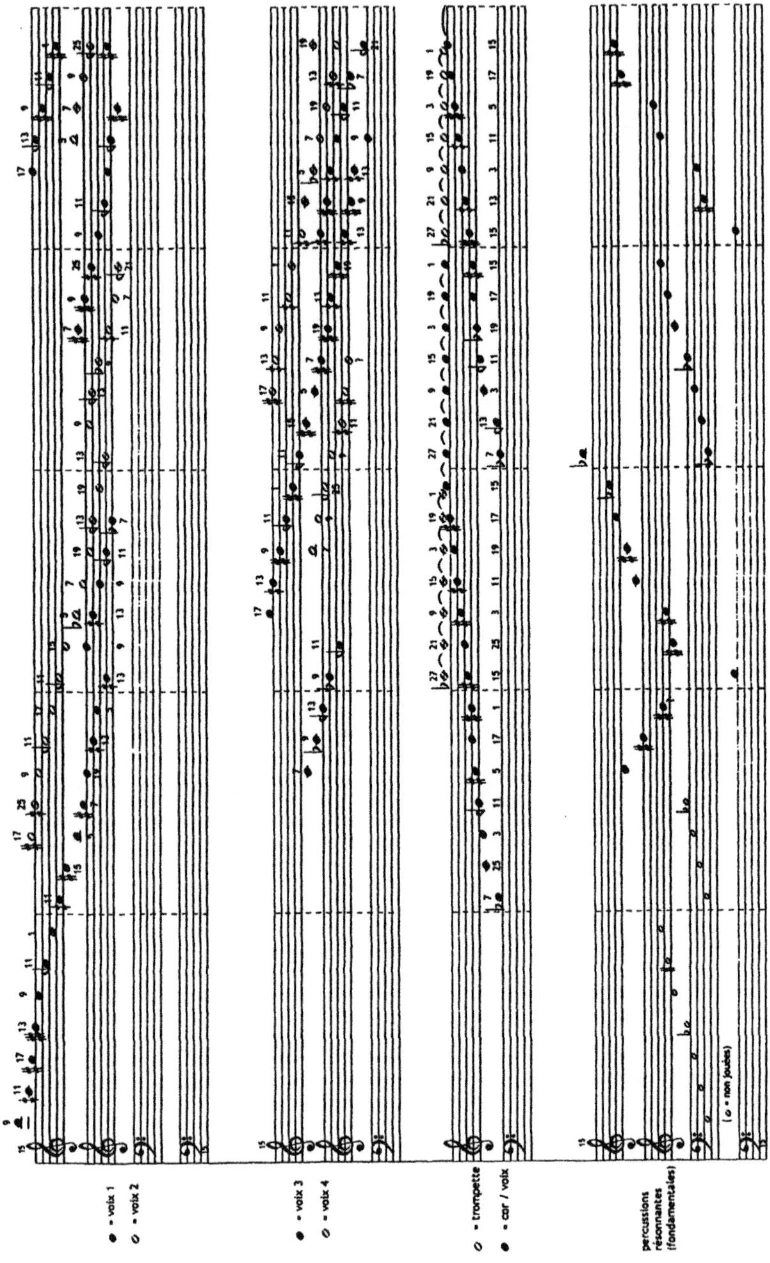
• = voix 1
o = voix 2
• = voix 3
o = voix 4
o = trompette
• = cor / voix
percussions résonnantes (fondamentales)
(o = non jouées)

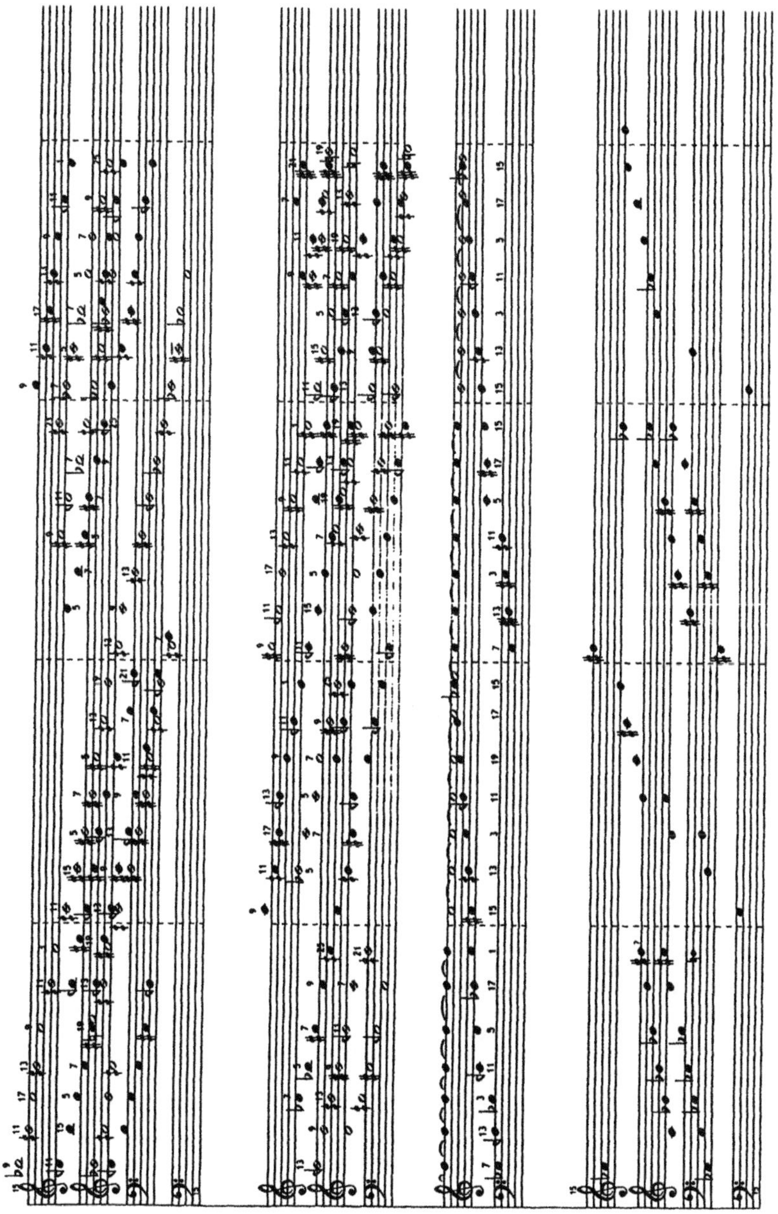

Grisey élabore en premier lieu la superposition contrapunctique suivante :

L'ensemble représente 7 pulsations successives, dans un tempo de 45 ou 50 : donc à la fois 7 accords enchaînés, et une superposition de lignes ascendantes ou descendantes et de tenues horizontales. Le tout est conçu pour être répété en boucle.

En bas on voit les sept fondamentales, respectivement harmoniques 1, 5, 3, 7, 9, 11, 13 de *sib*, approchés au demi-ton parce que supportant leurs propres harmoniques. Elles sont jouées par les percussions résonnantes (piano, vibraphone par exemple), dans cette disposition ou dans un ambitus bien plus élargi, et souvent avec des doublures d'octaves. Ces fondamentales sont donc rarement de réelles basses harmoniques et peuvent même être dans le suraigu. L'ensemble forme une suite ascendante de tierces majeures ou mineures, infinie si on la met en boucle et si on néglige les différences d'octaves.

Au-dessus se trouve une ligne ascendante d'intervalles plus petits, entre le ton et le demi-ton. Elle est conçue aussi pour s'enchaîner à elle-même sans fin. Affectée au cor et aux voix, elle ne couvrira dans la partition que deux octaves. Chaque note est un harmonique, approché au quart de ton, de la fondamentale inscrite au-dessous d'elle.

Sur la même portée est placée la note tenue qui elle ne change pas d'octave. Elle est affectée à la soprano ou à la trompette. Grisey doit recourir au vingt-septième harmonique et à une approximation au demi-ton du vingt et unième, pour pouvoir justifier cette pédale de chacune des sept fondamentales.

Enfin le reste de l'orchestre joue les quatre portées supérieures. Répétées, elles forment une grande ligne descendante, si on fait suivre chaque portée de la portée inférieure, puis la quatrième de la première. La polyphonie sera donc à quatre voix, jouant chacune cette grande ligne, avec un décalage d'une « boucle », soit sept notes. Ici, afin de matérialiser cette ligne, tous les registres, toutes les doublures d'octave sont permis. La superposition théorique du schéma est donc constamment renversée, redoublée. Les notes sont là aussi harmoniques de la fondamentale placée au-dessous d'elles.

Grisey compare cette structure à un cercle, à cause de son retour sur elle-même, à cause aussi sans doute de l'unité sous-jacente qu'il voit entre les sept fondamentales, harmoniques d'une « super-fondamentale » virtuelle. Pour passer du cercle à la spirale, Grisey va répéter cette structure non pas à l'identique, mais en la transposant à chaque fois d'un demi-ton vers le grave. Il prend prétexte de l'approximation au demi-ton qui fait de la dernière fondamentale aussi bien l'harmonique 13 de la super-fondamentale présente (ici *sol* h.13 de *sib*), que l'harmonique 7 de la suivante (soit *sol* h.7 de *la*). Les différentes lignes s'en trouvent un peu perturbées au passage de la septième note à la première, mais sans que leur direction, ascendante ou descendante, soit contredite. On peut voir pages précédentes le début de la réalisation de tout ce système dans la partition, en particulier la mise en route voix après voix de la polyphonie, les redoublements progressifs des quatre voix supérieures, ainsi que la découpe toutes les deux boucles des voix et des percussions.

L'élaboration harmonique de cette « spirale » est représentative du style ultime de Grisey, abandonnant, consciemment ou non, l'idée de l'harmonie fréquentielle au profit d'une atonalité assez libre fondée sur une grille de référence issue du tempérament égal, la division de l'octave en 24 intervalles égaux. Le spectre n'est qu'un modèle pré-compositionnel réduit à une échelle de notes, qu'on peut écrire ainsi pour une fondamentale *do* :

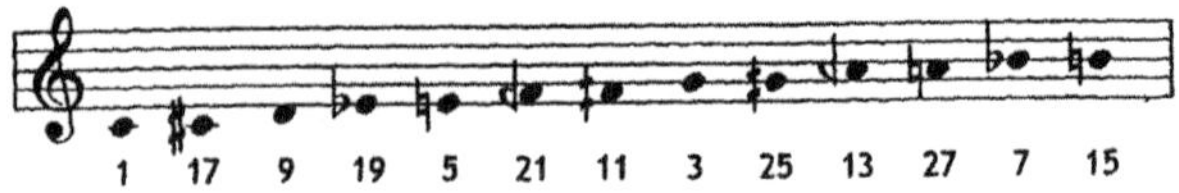

Les partiels sont approchés au quart de ton le plus proche, sauf l'harmonique 7 qui devrait être logiquement approché au *la demi-dièse* mais que Grisey préfère associer au *si bémol*, par référence sans doute à l'approximation historique de l'harmonique 7 dans la musique tonale.

Après cette spirale, la voix et l'orchestre prennent des évolutions divergentes : la voix poursuit l'accélération et l'élargissement de l'ambitus de ses lignes ascendantes, alors que les cordes du grand orchestre dessinent des lignes descendantes, issues de la spirale, de plus en plus lentes. Dans le processus de la voix sont insérés des éléments étrangers, appelées litanies : il s'agit de brèves cellules rythmiques chantées sur deux ou trois sons répétés, et accompagnées de façon synchrone par le petit ensemble et les gongs thaïlandais. Leur première apparition n'est pas issue de ce qui précède et constitue au contraire une nouveauté dans le déroulement sonore. Leur retours sont en outre imprévisibles, même s'ils deviennent de plus en plus fréquents jusqu'à la fin du processus.

temps contracté

Enfin, en haut de la superposition temporelle, le processus du temps contracté est divisé en phases de durées croissantes (de 8 en 8 mais avec des irrégularités et des permutations). Chaque début de phase est signalé par l'apparition d'un extrait ou de la totalité de la contraction temporelle du processus du temps humain et des sonagrammes de signatures. Cette contraction est de l'ordre de 1/54 : chaque phase du processus de la voix est réduite à 1 mesure de 4 pulsations au tempo 150, soit 1.6 secondes. Les 13 phases réduites durent donc à peine plus de 20 secondes.

Les sept premières phases du temps normal proposent une montée globale de fréquence, une accélération, une densification, caractères reproduits par les 7 premières mesures de la contraction. Des tenues suraiguës de cordes réduisent les tenues des chanteuses, et des motifs de percussions simulent les consonnes des signatures orchestrées. À partir de la huitième phase (spirale), la contraction reproduit la descente, le decrescendo, le ralentissement des lignes des cordes du temps normal. Le processus de la voix, lignes ascendantes rapides et litanies, est réduit dans le suraigu par deux violons soli très virtuoses. Les treize mesures de la contraction ne sont entendues intégralement qu'à la dernière apparition, au chiffre 68. Avant, elle est proposée par bribes successives, et les violons soli ne sont présents que pour les trois dernières apparitions :

repères	contraction													
1	1													
2	1	2												
3	1	2	3											
5		2	3	4										
7			3	4	5									
10			3	4	5	6	7							
15				4	5	6								
19					5	6	7	8	(9)					
25					(5)	6	7	8						
30							7	8	9	10				
36								8	9	10	11	12	13	
41						6	7	8	9	10	11	12	13	
46				4	5	6	7	8	9	10	11	12		
51	1	2	3	4	5	6	7	8	9	10	11	12		+ violons soli
58					5	6	7	8	9	10	11	(12)		+ violons soli
68	1	2	3	4	5	6	7	8	9	10	11	12	13	+ violons soli décalés à la fin

Le chiffre 68 marque la deuxième mise en phase de la superposition des trois temporalités : c'est le moment le plus intense de l'œuvre où s'accumulent tous les événements sauf les sonagrammes orchestrés (contractions, litanies, lignes ascendantes, spectres). Au chiffre 72, à la fin de la contraction, un bref geste ascendant de l'orchestre laisse à découvert les deux violons soli (contractions de la voix) qui ont été décalés par rapport à la contraction générale (pour être entendus et pour créer cet effet de contraste). Ils laissent place à un quasi-silence avant la coda.

coda

La coda est pensée exclusivement dans le temps humain. Elle utilise un spectre compressé sur *sib*, fondamentale de référence de l'œuvre. La distorsion du spectre s'exprime par la fonction : $y = Fx^{0.92}$, avec F fréquence fondamentale et x numéro de partiel. Le deuxième partiel baisse d'un demi-ton environ.

On distingue 6 parties (voir schéma ci-dessous). Dans chacune d'elles le spectre compressé est d'abord entendu tel quel, plus ou moins filtré, et gagnant à chaque fois vers l'aigu. Puis le spectre disparaît à l'exception de quelques sons choisis pour être des harmoniques d'une fondamentale, plus ou moins octaviés et librement approchés au quart de ton ou au demi-ton. D'autres harmoniques s'ajoutent alors pour compléter l'accord. Les six fondamentales sont respectivement les harmoniques 5, 3, 7, 9, 11, 13 de *sib*. On obtient une alternance entre l'inharmonicité du spectre compressé et la clarté des accords « harmoniques », clarté liée en outre à l'absence du registre grave. Les solistes chantent dans la coda que « la couleur peut être claire ou obscure suivant que la lumière varie ». Leurs courtes cellules mélodiques sur deux ou trois sons, en dialogue avec le cor, sont un souvenir des litanies mais n'ont plus leurs rythmes heurtés. Les sons de ces cellules appartiennent aux harmonies qui les supportent.

La forme globale de *L'Icône paradoxale* se résume en une superposition de deux évolutions contraires, affectées respectivement à la voix et à l'orchestre. Les voix chantent au début de l'œuvre de longues tenues sur des voyelles et progressent peu à peu vers un débit rapide articulant nettement les consonnes. La musique jouée par l'orchestre au début de l'œuvre est marquée par l'archétype « bruit » : forte présence des contractions et des sonagrammes orchestrés, faible présence des spectres. La présence moindre des contractions, l'étalement des spectres de plus en plus rapprochés, la disparition des sonagrammes, manifestent dans la deuxième partie de l'œuvre l'archétype « son ». Ces deux parcours son-bruit en sens inverse se croisent dans la spirale du milieu de l'œuvre, conçue comme un moment d'équilibre.

La coda s'entend comme un autre équilibre entre la voix et l'orchestre. Inscrite dans le temps humain, elle laisse la voix à découvert, mais elle est aussi l'expression maximale dans l'œuvre de l'archétype « son », amenée par l'évolution de l'orchestre : accords tenus tuilés, peu d'attaques, douceur des timbres du cor et de la voix.

Vortex Temporum[1]

Vortex Temporum, pour piano et cinq instruments (flûte, clarinette, violon, alto, violoncelle), a été composé entre 1994 et 1996. L'œuvre est formée de trois mouvements que Grisey nomme *Vortex Temporum I*, *Vortex Temporum II*, *Vortex Temporum III*. Chaque mouvement, même le dernier, est suivi d'un interlude, constitué de bruissements presque inaudibles. On peut jouer l'intégralité ou seulement les deux premiers mouvements.

Quatre notes du piano sont baissées d'un quart de ton :

Ces quatre sons seront très utiles pour faciliter l'intégration du piano dans les harmonies en quarts de ton des autres instruments.

L'élaboration de la partition prend pour fondement une cellule mélodique tirée de *Daphnis et Chloé* de Maurice Ravel (chiffre 105) :

[1] Une analyse de l'œuvre a été faite par Jean-Luc Hervé (« Vortex Temporum de Gérard Grisey, l'abolition du matériau au profit de la durée pure », *Musik und Ästhetik*, Stuttgart, éd. Klett-Cotta, octobre 1997).

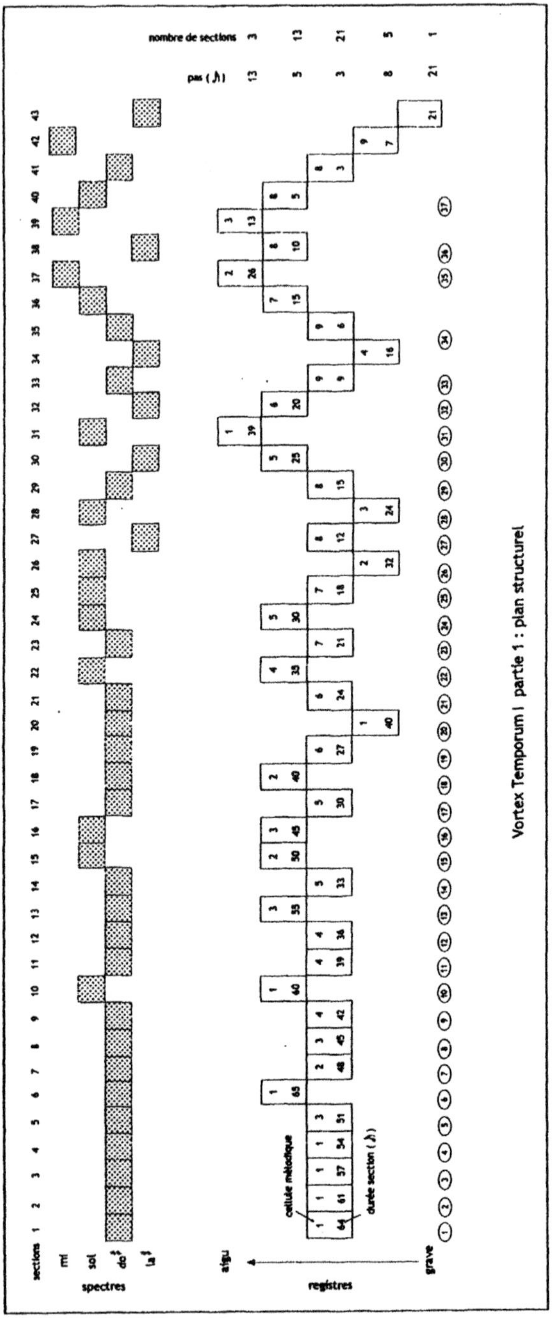

Vortex Temporum I partie 1 : plan structurel

Cette cellule ne sera jamais citée telle quelle, Grisey conserve seulement sa forme globale, sa *Gestalt*, qui se rapproche d'une onde sinusoïdale, mouvement mélodique neutre souvent privilégié par le compositeur.

Vortex Temporum I

Le premier mouvement se divise lui-même en trois parties de caractères très différents. L'idée de Grisey est d'associer à chacune de ces parties une onde sonore particulière : l'onde sinusoïdale de la cellule ravélienne pour la première partie, l'onde carrée pour la deuxième, l'onde en dent de scie pour la troisième. Chaque partie est constituée par un processus d'alternance d'objets, divisé en 43 phases (ou sections).

première partie (de 1 à 38)[1]

Les objets du processus global (voir ci-contre) sont cinq registres fréquentiels dont l'alternance mène vers la *Gestalt* de la cellule mélodique ravélienne. (Le registre le plus grave est réservé à la dernière section qui est une transition vers la deuxième partie). Cette cellule constitue par ailleurs le matériau sonore principal de toute la première partie. Au sein de chaque phase, représentée par une case, la cellule mélodique tourbillonnante est répétée sans interruption et en decrescendo. Le tempo est de 130 à la noire. À la cellule s'ajoute, sauf dans certaines phases au début du processus, une note tenue en crescendo.

Pour chaque registre, la transformation des phases est régie par des facteurs semblables :

• transformation de la cellule mélodique par diminution progressive de sa périodicité (voir page suivante) ;

• diminution de la durée des phases, selon un pas propre à chaque registre (respectivement 13, 5, 3, 8 doubles croches[2], de l'aigu vers le grave). La durée des phases n'étant pas nécessairement un multiple de la périodicité de la cellule sinusoïdale, la dernière cellule de la phase est souvent coupée par le début de la phase suivante.

---

[1] CD Accord 206352, plage 1 de 0:00 à 2:55.

[2] Nombres issus d'une série de Fibonacci, comme presque partout dans *Vortex Temporum*, et comme souvent chez Grisey.

cellule
périodicité (♬)
1
8
2
7
3
6
4
5
5
4
6
4 / 3
7
3
8
3 / 2
9
2

Quatre spectres dilatés déterminent les sons des cellules mélodiques. Ces spectres sont de fondamentales *do#, mi, sol, la#*, la distorsion s'exprime par la fonction $y=Fx^{1.046}$ (l'harmonique 2 est haussé d'un quart de ton environ). Voici les spectres sur *do#* et *sol* :

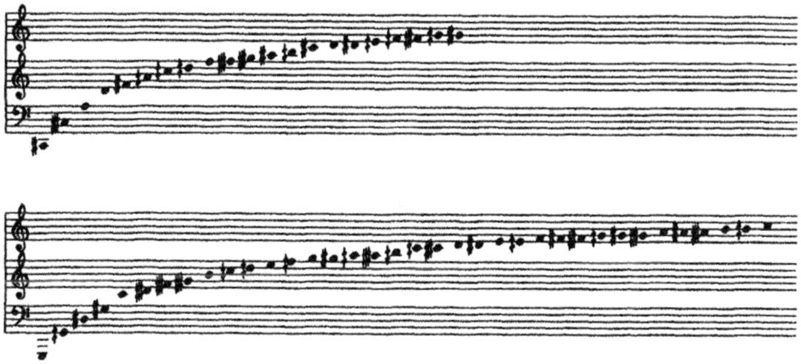

L'alternance des spectres est déterminée par un algorithme qui se confond plus ou moins avec le processus d'alternance des registres. Ces spectres ne sont que des réservoirs dont le compositeur choisit quelques sons pour la réalisation des cellules mélodiques. Ce choix est immuable pour chacun des registres : autrement dit, les cellules mélodiques de deux phases de même registre et de même spectre sont identiques, aux transformations rythmiques près.

deuxième partie (de 38 à 68)[1]

Elle est conçue de façon similaire à la première. Le modèle d'onde sonore est ici l'onde carrée, qui se manifeste mélodiquement par une cellule de trois sons dont les valeurs rythmiques alternent longues et brèves :

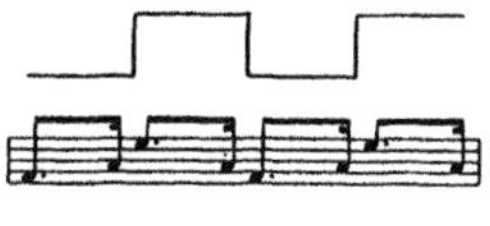

[1] CD plage 1 de 2:55 à 7:48.

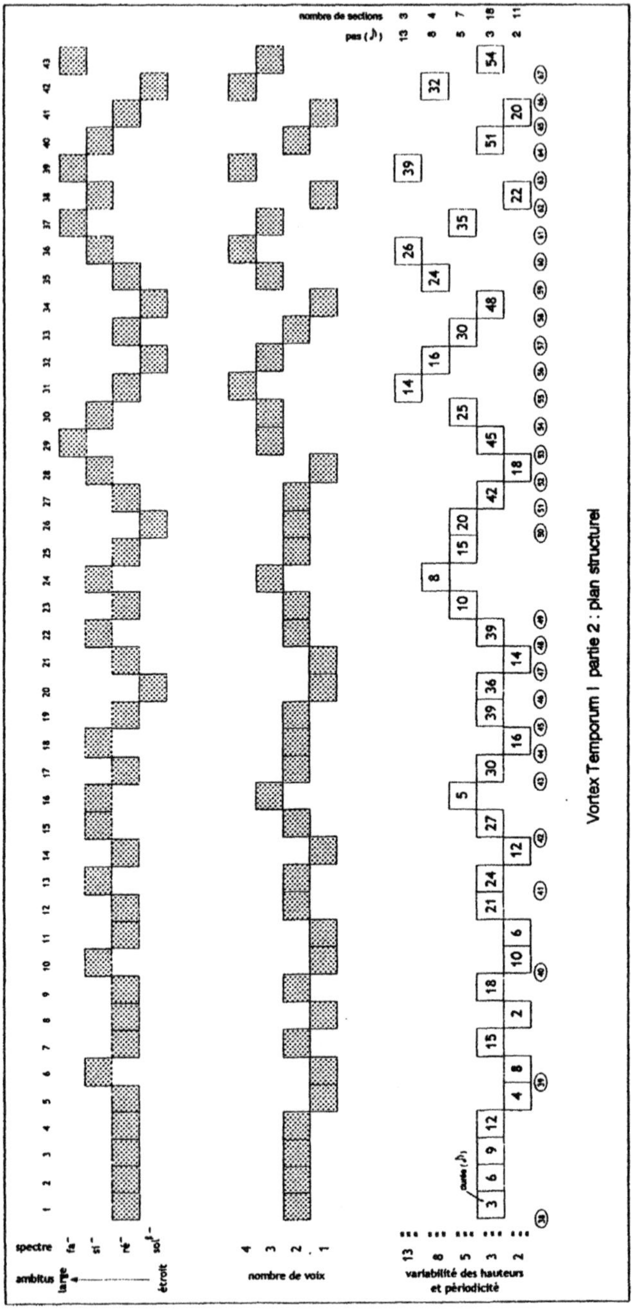

Vortex Temporum I partie 2 : plan structurel

Cette cellule est le matériau sonore principal de la deuxième partie, à laquelle s'ajoutent des sons tenus en crescendo.

Le processus global (voir ci-contre, en bas) alterne cinq objets caractérisés selon deux éléments :

• la périodicité de la cellule, respectivement de 2, 3, 5, 8 et 13 croches, ou multiples, souvent perturbée par des syncopes ou le léger décalage des instruments ;

• la variabilité de hauteur absolue des trois sons de la cellule : pour la cellule de périodicité 2, les trois hauteurs sont fixes, dans la cellule 3 la hauteur centrale est variable, pour la cellule 5 seule la hauteur inférieure est fixe, pour la cellule 8 seule la hauteur centrale est fixe, pour la cellule 13 les trois hauteurs sont variables.

L'alternance du processus devrait mener, en parallèle avec le processus de la première partie, à la forme d'une onde carrée. Plutôt que d'appliquer exactement ce modèle qui privilégierait les deux objets extrêmes (2 et 13), Grisey en retient l'idée de discontinuité abrupte, qu'on peut observer dans l'alternance des dernières sections. La durée des phases augmente selon un pas égal à la périodicité de la cellule mélodique (l'augmentation de l'objet 2 n'étant pas linéaire). Les cellules ne sont donc jamais coupées avant leur fin.

À l'exception des trois premières phases du processus, chaque début de phase est manifesté par un son accentué au piano. Les autres instruments jouent la cellule mélodique, parfois synchrones, souvent décalés, mais jamais à l'unisson. Le piano joue la cellule une seule fois vers la fin du processus (annonce de la troisième partie). Le nombre d'instruments jouant la cellule varie de 1 à 4 selon un algorithme calqué sur le processus principal (voir ci-contre, au centre).

L'ambitus de la cellule mélodique est quant à lui déterminé par le processus d'alternance de registres de la première partie. Ce qui était registre devient ici largeur de la bande de fréquence. Quatre bandes de fréquences, de l'étroit au large, sont définies et alternent jusqu'à reproduire, sur le papier, le forme de l'onde sinusoïdale initiale (voir ci-contre, en haut).

Ce même processus détermine l'alternance de quatre spectres, utilisés en tant que réservoirs de sons, de manière identique à la première partie. Il s'agit de spectres compressés ($y=Fx^{0.954}$, l'harmonique 2 est baissé d'un quart de ton environ), de fondamentales *ré, si, sol#, fa* :

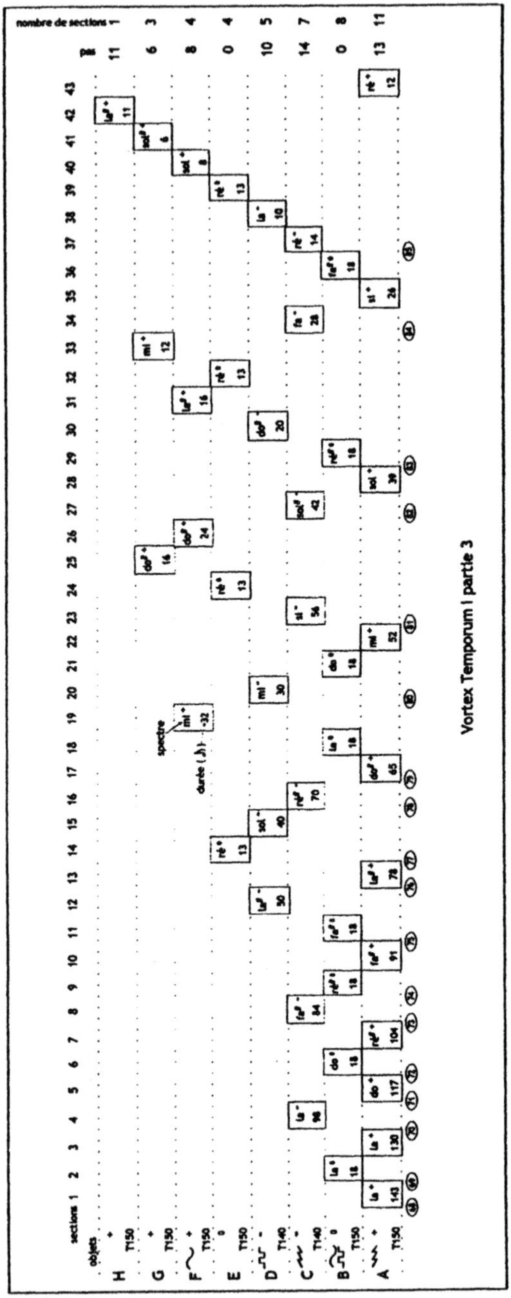

Vortex Temporum I partie 3

Ces spectres compressés sont donc pensés en symétrie aux spectres dilatés de la première partie. Tout le matériau harmonique de *Vortex Temporum* appartient soit à des spectres distordus selon les deux fonctions observées jusqu'ici, soit à des spectres harmoniques. Dans les divers schémas de l'analyse, les spectres sont indiqués par le nom de la fondamentale (accompagné éventuellement de l'indice d'octave), suivi de + pour les spectres dilatés, - pour les spectres compressés, et 0 pour les spectres harmoniques.

troisième partie (de 68 à la fin)[1]

Elle est réservée au piano solo. L'onde sonore qui sert de modèle est l'onde en dent de scie pouvant prendre deux aspects :

ou

Les ondes sinusoïdales et carrées seront aussi présentes comme matériel secondaire.

Le processus global (voir ci-contre) est un processus d'alternance de huit objets A à H fortement caractérisés. L'alternance mène vers la forme de l'onde en dent de scie. À chaque section du processus est associé un spectre-réservoir. Pour chaque objet la fondamentale varie (par intervalle de tierce mineure ou majeure, en négligeant les différences d'octaves) mais la distorsion est invariable : l'objet A n'utilise que des spectres dilatés, l'objet B que des spectres harmoniques, etc. La durée des phases diminue selon un pas propre à chaque objet, seuls les objets C et E sont de durée invariable (ce sont aussi les seuls qui utilisent les spectres harmoniques). Présentons maintenant les huit objets :

[1] CD plage 1 de 7:48 à 11:16.

A : le modèle est l'onde en dent de scie. Le trait vertical est réalisé par la montée rapide de l'étendue du clavier en trois groupes de sons. Cette figure véhémente, débutant le solo de piano, fait le lien avec la cellule de trois sons de la deuxième partie. La ligne descendante ou montante de l'onde en dent de scie est manifestée par des lignes mélodiques dont ne sont entendues que quelques bribes, le reste étant remplacé par du silence :

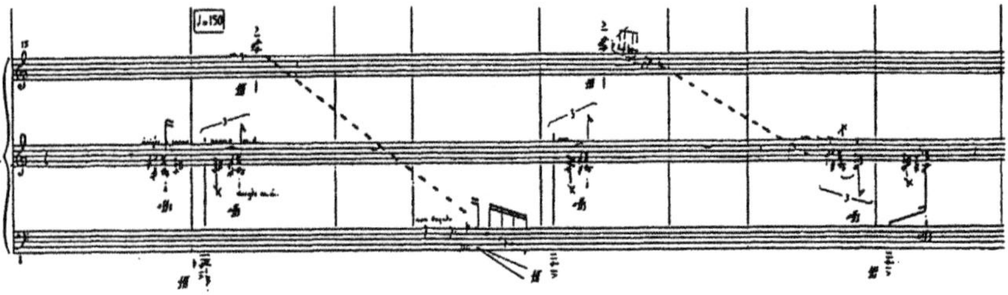

B : il conjugue dans son écriture les cellules mélodiques des parties 1 et 2, mais c'est surtout la cellule ravélienne qui domine à l'écoute. Celle-ci subit les transformations rythmiques propres à la première partie :

C : le modèle est l'onde en dent de scie. Chaque mesure alterne un groupe rythmique invariable croche pointée, double croche, croche, et un groupe rythmique variable de valeurs égales. L'ensemble crée un phénomène de quasi-périodicité, renforcé par l'invariabilité des hauteurs et l'accentuation du début de chaque mesure par le son le plus grave. Le choix des spectres compressés permet la présence constante du *la demi-bémol* médium, souvent comme premier son accentué :

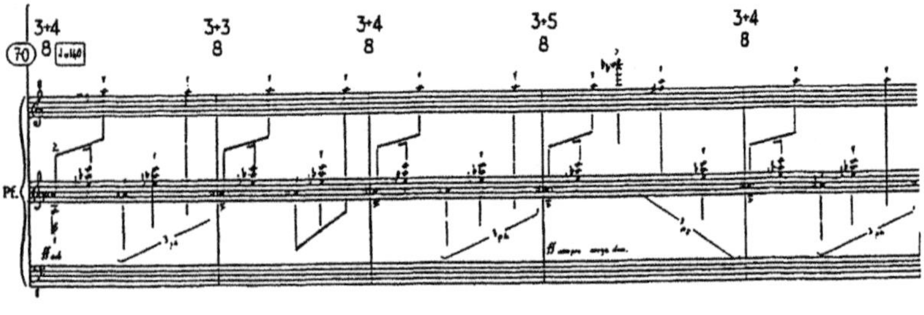

D : Le modèle est sans doute l'onde carrée, réduite à deux hauteurs alternant brusquement :

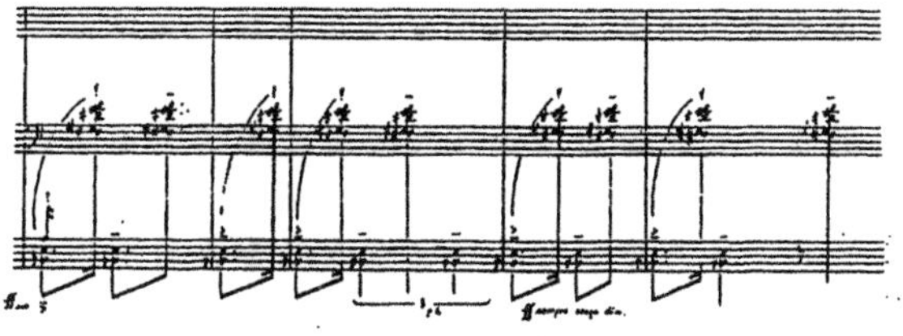

E : fragment d'onde sinusoïdale :

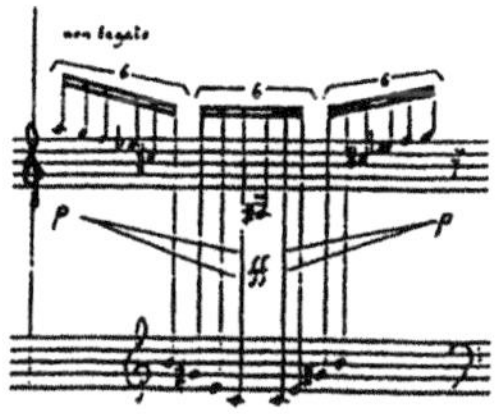

F : son accentué suivi d'une onde sinusoïdale :

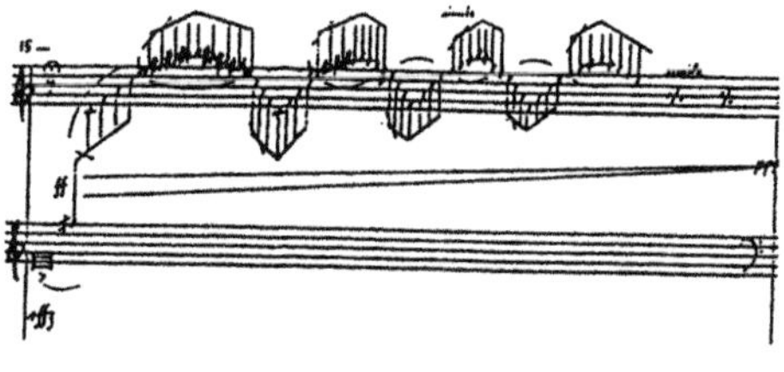

G et **H** :

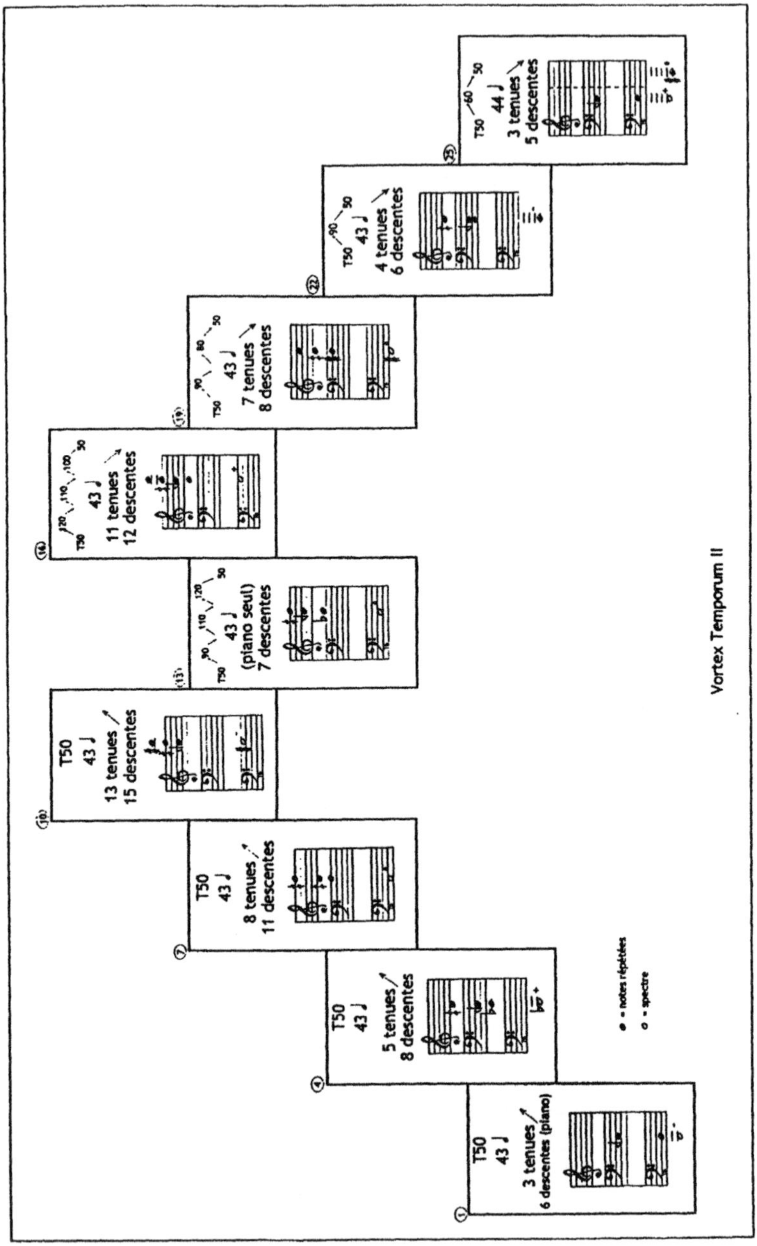

T50
43 ♩
3 tenues
6 descentes (piano)
T50
43 ♩
5 tenues
8 descentes
T50
43 ♩
8 tenues
11 descentes
T50
43 ♩
13 tenues
15 descentes
T50 90 110 120 50
43 ♩
(piano seul)
7 descentes
T50 120 110 100 50
43 ♩
11 tenues
12 descentes
T50 90 80 50
43 ♩
7 tenues
8 descentes
T50 90 50
43 ♩
4 tenues
6 descentes
T50 60 50
44 ♩
3 tenues
5 descentes
● = notes répétées
o = spectre
Vortex Temporum II

Vortex Temporum II[1]

La forme du mouvement est pensée comme la dilatation temporelle de la cellule mélodique initiale du premier mouvement (motif ravélien). Chaque note devient ici une section de 43 noires, les hauteurs relatives deviennent des registres fréquentiels (voir ci-contre). Le mouvement est ainsi séparé en une première moitié de quatre sections ascendantes et une deuxième moitié de quatre sections descendantes, la section centrale se détachant par la seule présence du piano. Le tempo est invariablement de 50 dans les quatre premières sections, à partir de la cinquième les pulsations subissent des accélérations fluctuantes locales.

Chaque section est constituée des éléments suivants :

1) un groupe de 2 à 4 sons répétés toutes les noires au piano, contenant au moins une des quatre notes désaccordées ;

2) des lignes descendantes en noires régulières au piano, partant de la note répétée supérieure pour finir sur la note répétée inférieure. Le nombre de ces descentes par section est croissant dans la première moitié du mouvement (6, 8, 11, 15), décroissant dans la deuxième (12, 8, 6, 5) ;

3) des accents sur certains sons des descentes, créant une ligne descendante plus lente à l'intérieur de chaque section. La section centrale n'en contient pas. Mises bout à bout, ces lignes forment une ligne descendante ininterrompue parcourant tout le mouvement, si l'on néglige les différences d'octaves, et si l'on saute la section centrale :

[1] CD plage 2 de 1:26 à 9:29.

Dans la cinquième section, la ligne d'accents est dédoublée (notes blanches). Le nombre d'accents est calculé pour obtenir un total de 43 si l'on néglige ces accents dédoublés.

4) des sons tenus aux autres instruments que le piano (soufflets d'intensité <>). Dans chacune des quatre premières sections, ces sons sont ascendants, les durées les séparant sont décroissantes. Dans chacune des quatre dernières, ils sont descendants, les durées les séparant sont croissantes. Ils sont en nombre croissant dans la première partie du mouvement (3, 5, 8, 13), en nombre décroissant dans la deuxième (11, 7, 4, 3). Ils sont absents dans la section centrale.

Tous les sons contenus dans chaque section sont déterminés par un spectre spécifique, approché au demi-ton pour le piano (à l'exception des quatre notes désaccordées), au quart de ton pour les cinq autres instruments. L'alternance de spectres compressés, dilatés, harmoniques, et les diverses fondamentales sont choisies afin de permettre la présence des notes désaccordées du piano, ainsi que de sons communs d'une section à l'autre. En particulier les derniers sons tenus à la fin d'une section sont tuilés au début de la suivante car ils appartiennent aux spectres des deux sections. Cette précaution est un peu vaine puisque les spectres ne sont ici que des réservoirs de notes, dont le regroupement en accord est arbitraire et libre : ce n'est pas l'appartenance ou non d'un son à un spectre distordu qui crée le sentiment harmonique. Les fondamentales (qui ne sont pas jouées et qui, de toute façon, ne constituent pas des basses harmoniques) forment une ligne chromatique descendante si l'on néglige les différences d'octave et si l'on saute la section centrale : il s'agit d'un parallèle voulu aux descentes de noires et aux descentes de notes accentuées, mais qui n'a aucune incidence perceptible.

Dans la première moitié du mouvement, les lignes descendantes du piano sont contrariées par la montée de registre et les montées de sons tenus. Dans la deuxième moitié, toutes les évolutions fréquentielles sont descendantes : ceci a pour effet de créer une enveloppe générale tension (quatre premières sections), sommet (solo de piano), détente (quatre dernières sections), corroborée par l'évolution des densités d'événements et de l'intensité générale.

Vortex Temporum III[1]

Le troisième mouvement est conçu comme la reprise de la première partie du premier mouvement, mais déformée par l'insertion de déformations temporelles, contraction ou dilatation. On distingue donc les trois temporalités des dernières œuvres de Grisey, caractérisant 3 types de sections :

• A : temps normal, manifesté par des sections proches de celles du processus de la première partie du premier mouvement, où la cellule ondulatoire ravélienne est entendue plus ou moins dans sa vitesse initiale. Le rappel est tout d'abord textuel, puis de plus en plus perturbé : ralentissement ou accélération de l'onde, remplacements de certains sons par des silences, dédoublement mélodique par accentuation de certains sons, selon le modèle suivant :

• α : temps dilaté, élargissant d'abord cette cellule puis l'abandonnant progressivement pour une simple écriture du *caractère* « temps dilaté ». L'échelle de dilatation, de plus en plus importante au fil du mouvement, fait finalement disparaître tout sentiment mélodique et même harmonique. Dès lors tout événement sonore peut survenir, c'est pourquoi Grisey introduit à la fin du mouvement un rappel de la cadence de piano du premier mouvement.

• *a* : temps contracté, raccourcissant des portions entières de musique, antérieures ou postérieures. Les sections A deviennent des motifs virtuoses suraigus et bruités, les sections α des tenues écrasées aux cordes ou soufflées aux vents, et les sections *a* elles-mêmes se transforment en silence.

L'alternance des trois types de sections mène à la forme de l'onde sinusoïdale :

a *a* *a* *a*
A A A A A A A A A A A A A A A A A A A
α α α α α α α

[1] CD plage 3 de 0.00 à 16:30.

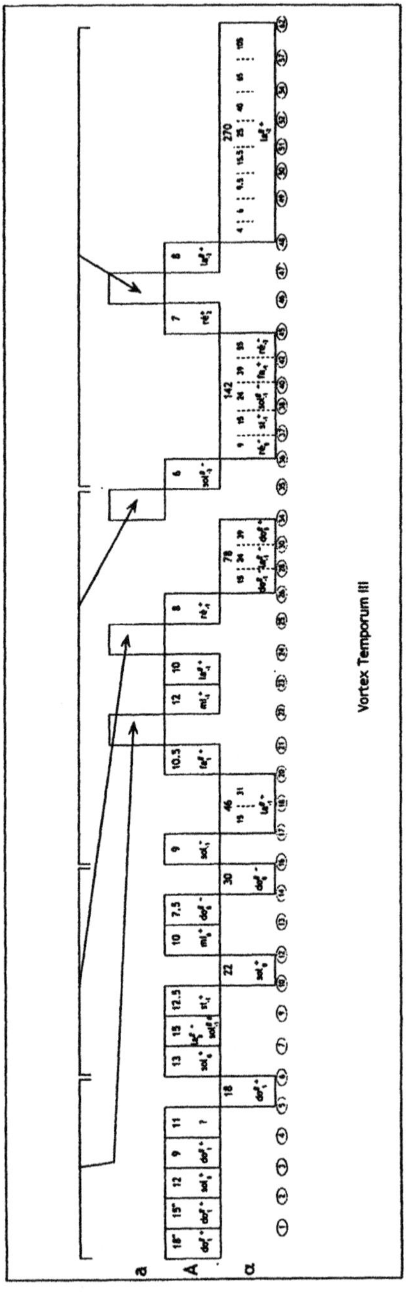

Vortex Temporum III

Ce même schéma représenté de façon chronométrique montre l'envahissement des séquences de temps dilaté. À titre de comparaison, la durée de la première partie du premier mouvement est indiquée dans la même échelle :

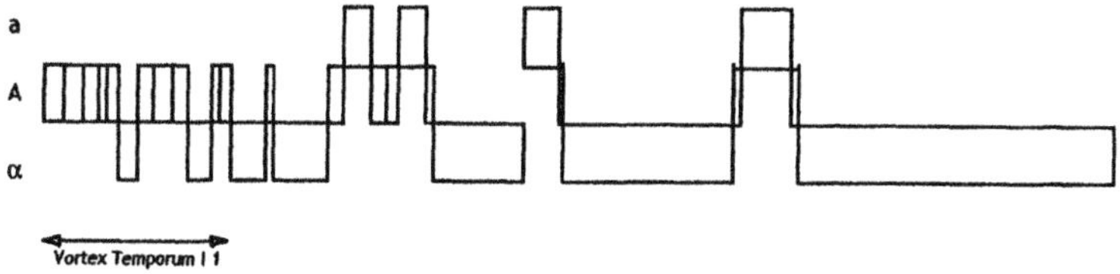

En raison de leurs grandes durées, les quatre dernières sections α se subdivisent respectivement en 2, 3, 5, 8 sous-sections, dont la séparation est parfois peu marquée (voir plan structurel ci-contre). Ce découpage permet de totaliser 43 sections ou sous-sections pour l'ensemble de *Vortex Temporum III*. 43 était aussi le nombre de sections de chaque partie du premier mouvement, et le nombre de noires des sections du deuxième mouvement.

Chaque section ou sous-section de A et α est régie harmoniquement par un spectre dilaté ou compressé, rarement harmonique. Les successions sont souvent choisies pour permettre la présence de sons communs.

Les durées des sections A (arrondies) diminuent de façon non linéaire, selon un pas changeant toutes les trois sections : -3, +2, -2.5, +1.5, -2, +1 (en secondes). Les durées des sections α observent une augmentation de type logarithmique : le pas double à chaque fois (4, 8, 16... secondes). Les durées des sous-sections obéissent plus ou moins à des suites de Fibonacci. Les sections *a* contiennent beaucoup de points d'orgue, leurs durées ne semblent pas avoir été précisément définies.

Quatre Chants pour franchir le seuil

Dernière œuvre achevée, les *Quatre Chants pour franchir le seuil* ont été composés entre 1996 et 1998. Ils sont écrits pour soprano et quinze musiciens, l'ensemble formant quatre groupes séparés : un groupe constitué par la chanteuse et trois instruments de tessiture similaire (flûte, trompette, violon), et trois groupes comportant chacun deux instruments à vents médium ou graves, un instrument à cordes pincées, et un percussionniste (instruments résonnants, grosse caisse, peaux).

Les quatre chants utilisent quatre textes évoquant la mort, provenant chacun d'une civilisation différente, et auxquels Grisey a apporté des modifications, plus ou moins importantes. L'analyse qui suit, loin de vouloir décrire entièrement cette partition complexe, s'attache aux structures générales des deux premiers chants.

1. D'après *Les heures à la nuit* de Guez Ricord[1]

Le texte du premier chant provient de la civilisation chrétienne. C'est le seul qui est contemporain de Gérard Grisey. Christian Guez Ricord et le compositeur s'étaient rencontrés en 1972 à la Villa Médicis et avaient alors projeté de travailler ensemble. Le texte choisi par Grisey est un poème posthume, probablement l'un des derniers écrits par le poète avant sa mort en 1988. Sa structure métrique et numérique détermine les structures temporelles du premier chant, ainsi que, dans une moindre mesure, celle des suivants.

---

[1] La Sétérée 1992 Jacques Clerc éditeur.

De qui se doit
de mourir
comme ange
....

comme il se doit de mourir
comme un ange
je me dois
de mourir
moi même

il se doit son mourir,
son ange est de mourir
comme il s'est mort
comme un ange

Il est possible que les trois premiers vers, fortement séparés des autres par la mise en page, soient conçus comme une sorte de titre ou d'exergue. Quoiqu'il en soit, Grisey les traite comme une strophe à part entière, le poème compte donc trois strophes. Le deuxième vers de la dernière strophe est modifié par Grisey qui écrit « son ange *est* de mourir » au lieu de « son ange *et* de mourir ». Ce changement, qui perturbe la syntaxe et la sémantique, n'a pas d'incidence sur la métrique et modifie peu la phonétique.

La première analyse faite sur le poème est le dénombrement des occurrences d'un même groupe sémantique :

De qui	se doit	de mourir	comme	ange			
			comme		il		
	se doit	de mourir	comme	un ange		je	
	me doit	de mourir				moi même	
					il		
	se doit	son mourir		son ange			et/est
		de mourir	comme		il		
		s'est mort	comme	un ange			
1	4	6	5	4	3	2	1

Cette analyse paradigmatique a été faite par Grisey (elle est visible dans les esquisses), qui a dû apprécier en particulier la diminution systématique de 6 à 1. On observe que le verbe *mourir* reste à l'infinitif sauf pour sa dernière occurrence. Le mot *mort* sera soigneusement réservé pour le *climax* du mouvement, sur le *contre-ut* de la soprano. La forme *il s'est mort* résulte de l'emploi du verbe pronominal *se mourir* dans un temps inusité (passé composé de l'indicatif).

Grisey ne tient pas compte du premier terme *de qui*, sans doute trop peu signifiant, et totalise alors 25 groupes (4+6+5+4+3+2+1). Ce nombre 25 détermine la durée globale du premier chant qui comporte (on verra les détails plus loin) 25 × 25 pulsations.

C'est surtout la structure métrique du poème qui jouera le rôle principal. On peut l'analyser de deux façons, en comptant soit le nombre de syllabes, soit le nombre de valeurs rythmiques issues de la transcription des vers en une alternance de brèves et de longues. Les valeurs longues, valant deux brèves, sont placées uniquement sur la syllabe finale de chaque vers, à l'exception de l'avant-dernier vers, qui place deux longues sur *s'est mort* :

A	De qui se doit	4	⏑ ⏑ ⏑ —	5
B	de mourir	3	⏑ ⏑ —	4
C	comme ange	2	⏑ —	3
D	comme il se doit de mourir	7	⏑ ⏑ ⏑ ⏑ ⏑ ⏑ —	8
E	comme un ange	3	⏑ ⏑ —	4
F	je me dois	3	⏑ ⏑ —	4
G	de mourir	3	⏑ ⏑ —	4
H	moi même	2	⏑ —	3
I	il se doit son mourir,	6	⏑ ⏑ ⏑ ⏑ ⏑ —	7
J	son ange est de mourir	6	⏑ ⏑ ⏑ ⏑ ⏑ —	7
K	comme il s'est mort	4	⏑ ⏑ — —	6
L	comme un ange	3	⏑ ⏑ —	4

Grisey se sert essentiellement de la deuxième analyse (colonne de droite). Le premier groupe 5, 4, 3 (qui correspond aussi aux nombres de vers respectifs des trois strophes) engendre les rapports de vitesse entre les trois groupes instrumentaux. Les durées jouées par le groupe 1 sont jouées à l'identique par le groupe 2, mais augmentées par un facteur de 5/4. Le groupe 3 augmente les valeurs du groupe 2 de 4/3. Ce phénomène se reproduira dans le quatrième chant, entre les trois percussions.

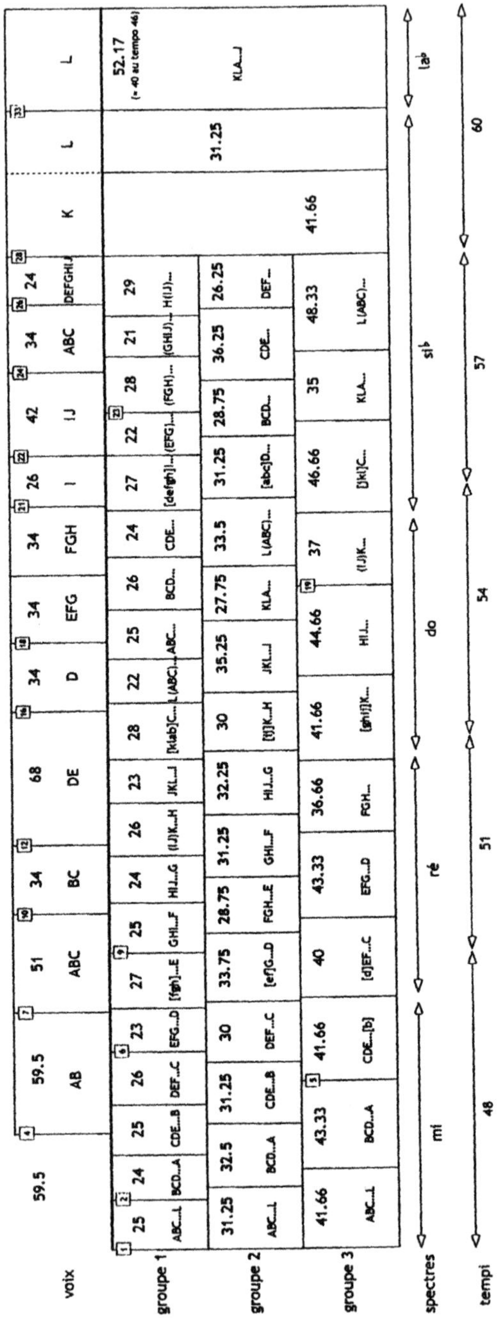
voix
groupe 1
groupe 2
groupe 3
spectres
tempi
mi
ré
do
si♭
la♭
48
51
54
57
60
52.17
(= 40 au tempo 46)

Le plan ci-contre représente l'organisation structurelle du premier chant. La durée totale est conçue comme égale à 25 × 25 pulsations, mais le tempo est variable, ce qui est très rare chez Grisey : en général, l'unité de la structure numérique est soit la seconde, soit la pulsation dans un tempo invariable. Ceci témoigne d'une abstraction des formes caractéristique des dernières œuvres. Après le chiffre 33, il faut continuer à compter les pulsations à 60 pour arriver au total de 25 × 25, alors que le tempo marqué est 46.

Ce découpage en 25 × 25 est décelable dans le processus du groupe instrumental 1 : la durée des phases successives oscille autour d'une valeur moyenne de 25. Les groupes 2 et 3 reprennent cette oscillation en multipliant la valeur moyenne selon les facteurs de la proportion 5, 4, 3 : 25 × 5/4 = 31.25 × 4/3 = 41.66. L'oscillation propre aux groupes 2 et 3 est par ailleurs inversée par rapport à celle du groupe 1 (comme une opposition de phase d'ondes sinusoïdales). Une seule mise en phase apparaît au chiffre 28 qui marque le *climax* du mouvement. Ensuite, les trois groupes jouent une seule musique.

Cinq spectres harmoniques successifs, de fondamentales descendantes par ton, engendrent des échelles en quarts de ton régissant les hauteurs des groupes instrumentaux. Chaque groupe n'utilise qu'une bande particulière du spectre : le groupe 3 utilise les harmoniques les plus faibles, les groupes 2 et 1 utilisent des harmoniques respectivement de plus en plus élevés.

Chaque phase est faite d'une succession de lignes descendantes *legato*, de plus en plus graves, dont le rythme est celui des vers du poème : les brèves sont jouées en valeurs égales, la longue par une valeur double. Ces lignes sont accompagnées par des trémolos de percussions résonnantes. Seul le vers K (*comme il s'est mort*) subit un traitement particulier : les deux brèves sont jouées aux cordes pincées, et les deux longues, qui ne sont par forcément le double des brèves, sont réalisées par deux coups de grosse caisse. Tous ces rythmes sont joués dans les trois vitesses propres aux différents groupes.

Les vers sont joués dans l'ordre du poème et en boucle, mais à chaque phase un vers est sauté : ainsi la première phase joue ABCDEFGHIJKL, la deuxième BCDEFGHIJKLA, et ainsi de suite. Le vers K, qui tranche fortement avec le reste par sa scansion percussive, se déplace ainsi régulièrement et ne coïncide que rarement avec un début de phase : le découpage des phases temporelles est en fait quasiment inaudible. À chaque changement de fondamentale spectrale, quelques vers ne sont pas joués, indiqués par des minuscules entre crochets. Au fil du processus, la succession régulière des vers est perturbée, par amalgame ou interversion de vers successifs (marqués entre parenthèses), renversement de la direction, fractionnement des lignes, etc. Au chiffre 33, les trois groupes, alors synchrones, retrouvent une succession mélodique régulière.

Le découpage temporel du processus de la voix obéit à une autre logique, bien qu'il observe la mise en phase au chiffre 28. Les durées sont les multiples des durées des vers du poème, pris de la strophe 3 à la strophe 1 :

×	7	7	6	4	8	4	4	4	3	5	4	3
8.5	59.5	59.5	51	34	68	34	34	34	25.5	42.5	34	25.5

Le début des phases est ici facilement perceptible, il correspond à l'arrivée du chant, toujours précédée d'un moment purement instrumental. Les vers chantés par la soprano sont indiqués par les lettres : on voit que le vers K est réservé pour la mise en phase, et le dernier vers pour la fin. Le poème est chanté sous forme de brèves interventions syllabiques très sèches, séparées de silence, sauf sur les mots *ange* et *même* chantés sur une tenue en crescendo doublée par la trompette. Au fil du processus, les silences séparateurs raccourcissent, le chant devient une scansion martelée au chiffre 28 (*comme il s'est mort*). Ultime étape du processus de raccourcissement des silences, le vers L (*comme un ange*) est chanté *legato*, en homorythmie avec les groupes instrumentaux, c'est la première apparition à la voix d'une réelle forme mélodique.

2. D'après les sarcophages égyptiens du Moyen Empire

Le Livre des Morts des égyptiens a influencé, on l'a vu, Grisey dans la composition de *Sortie vers la lumière du jour* et *Jour, Contre-jour. Anubis* et *Nout* sont aussi des pièces évoquant l'Égypte antique. Ici Grisey s'intéresse aux textes contenus dans les sarcophages du Moyen Empire, inscrits sur les parois intérieures. Plus tard, de tels textes, inscrits sur des papyrus, constitueront le livre des morts. Il s'agit de textes devant accompagner le défunt dans son trépas, préceptes ou formules lui permettant d'orienter son destin post-mortem.

Grisey s'est servi du catalogue de Paul Barguet, classant les différents textes par thèmes.[1] À la fin du livre sont regroupés les textes incomplets, les fragments détruits. C'est cette partie du livre qui intéresse Grisey, et plutôt que de prendre les textes égyptiens eux-mêmes, c'est le catalogue qu'il a sous les yeux que Grisey met en musique, après quelques ajouts et transformations. Ainsi la soprano devra chanter, outre les fragments de textes égyptiens, les numéros du catalogue et les commentaires de l'auteur entre parenthèses :

> n°811 et 812 : (presque entièrement disparus)
> n°814 : « Alors que tu reposes pour l'éternité »
> n°809 : (détruits) [...]

Deux types de traitement vocal alternent donc : phrases souples et lyriques sur les textes égyptiens, dont l'ampleur et l'intensité augmentent peu à peu, et déclamation recto tono, proche du langage parlé, sur les numéros et les indications entre parenthèses. L'accompagnement instrumental, très dépouillé, laisse la voix à découvert. Jamais dans l'œuvre de Grisey un texte n'a été aussi aisément compréhensible que dans cette sobre énumération.

Jamais non plus la musique de Grisey n'a atteint le degré de dépouillement de ce second chant, dépouillement sans sécheresse qui libère une émotion intense et contenue. La structure formelle est la manifestation extrême et ultime de l'idéal que portait Grisey vers une musique comme simple mouvement du temps.

---

[1] *Textes des sarcophages égyptiens du Moyen Empire*, introduction et traduction de Paul Barguet, Paris, CNRS, éd. du Cerf, 1986, 725p.

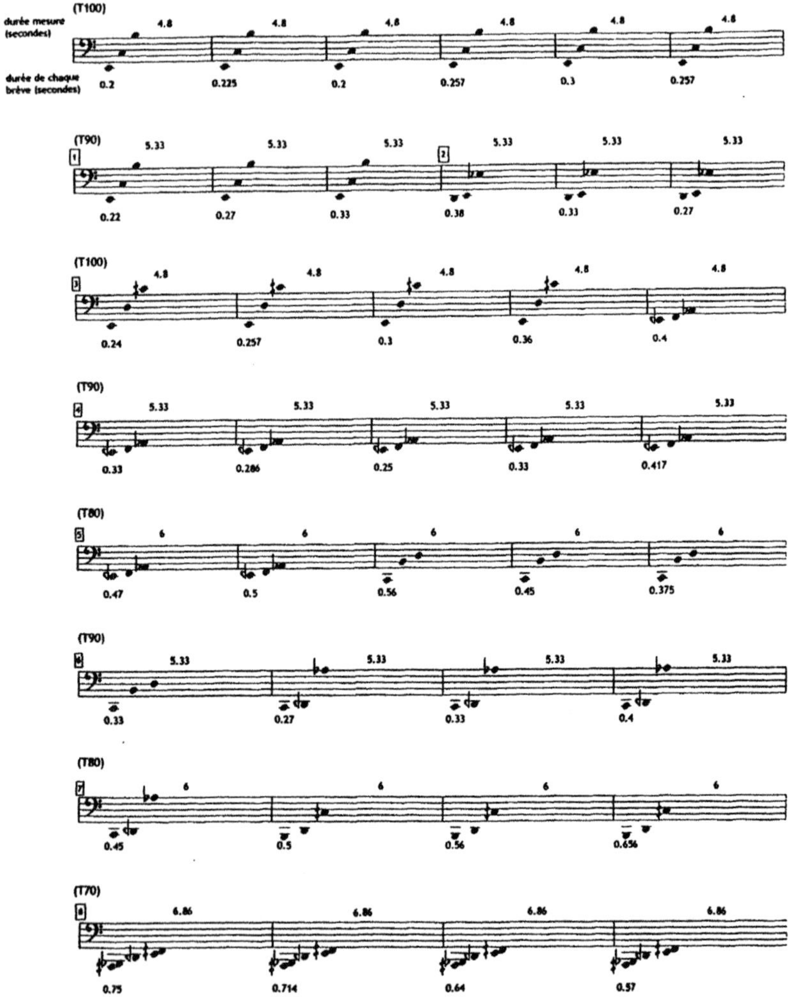
(T100)
durée mesure (secondes)
4.8 4.8 4.8 4.8 4.8 4.8
durée de chaque brève (secondes)
0.2 0.225 0.2 0.257 0.3 0.257
(T90)
1
5.33 5.33 5.33
2
5.33 5.33 5.33
0.22 0.27 0.33 0.38 0.33 0.27
(T100)
3
4.8 4.8 4.8 4.8 4.8
0.24 0.257 0.3 0.36 0.4
(T90)
4
5.33 5.33 5.33 5.33 5.33
0.33 0.286 0.25 0.33 0.417
(T80)
5
6 6 6 6 6
0.47 0.5 0.56 0.45 0.375
(T90)
6
5.33 5.33 5.33 5.33
0.33 0.27 0.33 0.4
(T80)
7
6 6 6 6
0.45 0.5 0.56 0.656
(T70)
8
6.86 6.86 6.86 6.86
0.75 0.714 0.64 0.57

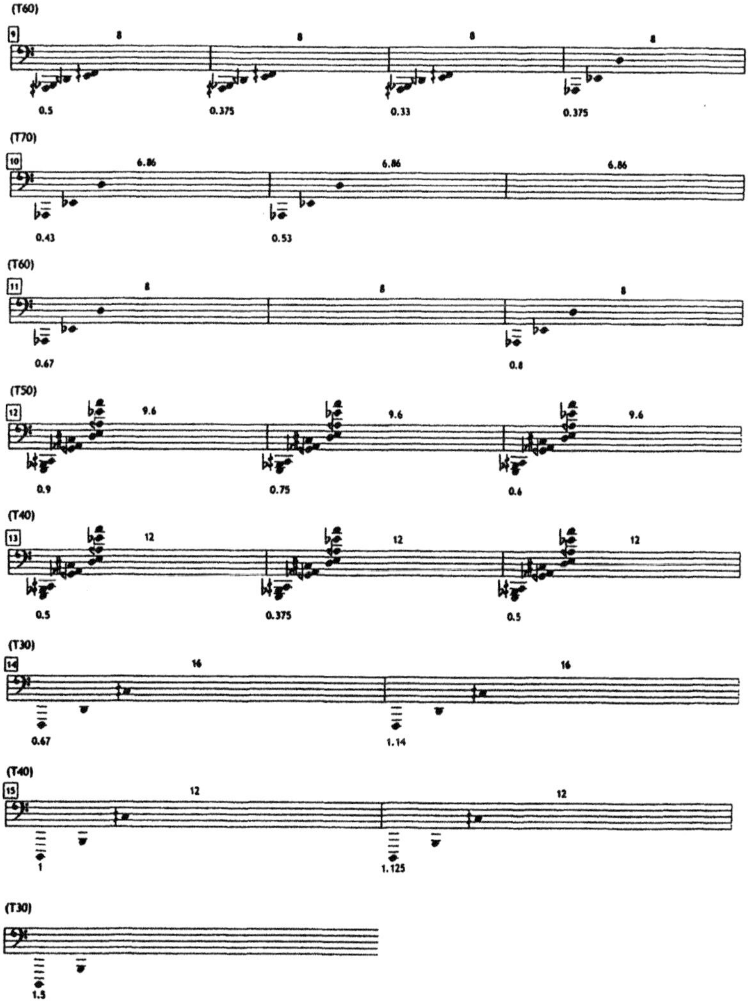
(T60)
9
8
8
8
8
0.5
0.375
0.33
0.375
(T70)
10
6.86
6.86
6.86
0.43
0.53
(T60)
11
8
8
8
0.67
0.8
(T50)
12
9.6
9.6
9.6
0.9
0.75
0.6
(T40)
13
12
12
12
0.5
0.375
0.5
(T30)
14
16
16
0.67
1.14
(T40)
15
12
12
1
1.125
(T30)
1.5

Les pages précédentes condensent le processus formel. Au début de chaque mesure (à 8/8), une formule mélodique de trois sons ascendants est jouée aux instruments résonnants. La résonance est doublée par des tenues de faible intensité. Le rythme est toujours l'anapeste, issu du vers K du poème de Guez Ricord (*comme il s'est mort*), amputé de sa dernière longue. Les deux brèves initiales sont de même durée. Cette durée varie à chaque mesure et augmente globalement tout au long du mouvement, mais de façon non linéaire, selon la courbe suivante :

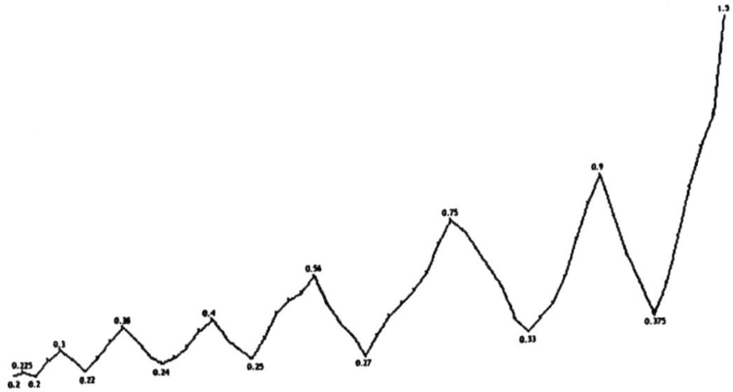

La durée des mesures va elle aussi augmenter, selon une courbe similaire :[1]

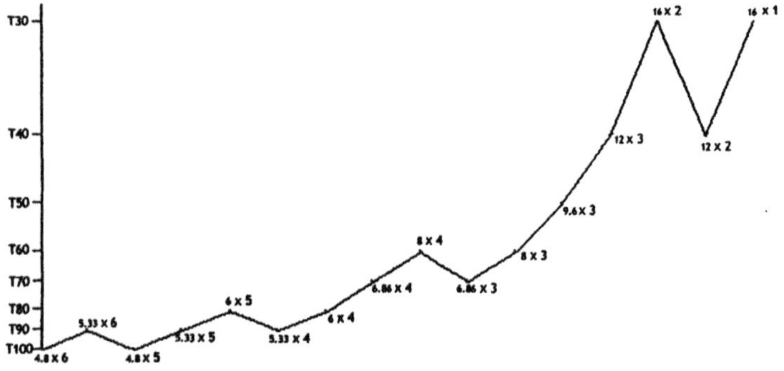

[1] Les différents tempi ne servent ici qu'à déterminer la durée des mesures, invariablement à 8/8, mais ne se manifestent jamais par des pulsations. Chaque changement de tempo entraîne un changement de durée de mesure.

On observe que le nombre de mesures successives pour un même tempo diminue progressivement, de 1 unité à chaque nouvelle montée de la courbe. La diminution de 6 à 1 est issue de l'analyse paradigmatique du poème de Guez Ricord (voir plus haut). Seules les mesures au tempo 30 n'obéissent pas à la règle en omettant à chaque fois une mesure, sans doute pour ne pas rendre trop longue la fin du mouvement, mais aussi pour permettre la structuration harmonique qui se plie à la métrique du même poème. Les changements de sons de la cellule anapestique créent en effet le découpage suivant (nombres de mesures) :

9 3 4 8 4 4 3 7 7 6 4 1

En scindant la première valeur en 5 + 4 (ce qui correspond à l'entrée de la trompette), on obtient les valeurs rythmiques du poème de Guez Ricord, avec une inversion au début de la seconde strophe et l'ajout d'une mesure terminale (dans laquelle la cellule anapestique est interrompue pour laisser place à l'interlude) :

5 4 3   4 8 4 4 3   7 7 6 4   1

Chronologie des œuvres[1]

1. œuvres de jeunesse

Fête en Alsace

date de composition : 1955
1 page manuscrite. Inédit
instrumentation non précisée [accordéon?]
remarque : contient l'indication manuscrite : *cette partition a été écrite par G. Grisey à 9 ans*

Merlin

date de composition : décembre 1957
1 page manuscrite. Inédit
instrumentation non précisée (accordéon ou clavier)

Étude harmonique

date de composition : 1958 révisé 1961
2 pages manuscrites. Inédit
instrumentation non précisée (piano ou accordéon)
remarque : un point d'interrogation est marqué au crayon en face de la date

Fugue en sol mineur

date de composition : 1960-1961
2 pages manuscrites. Inédit
instrumentation non précisée (accordéon ou clavier)
remarque : date barrée au crayon avec annotation : *Nul*

---

[1] Cette chronologie a été établie à partir des archives Raphaël Grisey.

Prélude en do# mineur

date de composition : 1962
2 mouvements
2 pages manuscrites. Inédit
effectif : accordéon

Étude pour accordéon n°1

(quasi perpetuum mobile)
date de composition : juin 1962
Presto
tonalité : mi mineur
2 pages manuscrites. Inédit

Petit caprice en la majeur

pour deux accordéons
date de composition : 1962 ?
lieu de composition : Belfort
Moderato
6 pages manuscrites. Inédit
dédicace : *Dédié à ma mère*

Magnificat

pour voix de femmes, piano, percussion et quatre instruments à vent
date de composition : 1962 ?
inachevé
effectif: chœur (sop, mez, alto), piano, flûte, cl. basse, sax. cont.(?), cor, percussions, timbales
inédit

Étude en fa majeur

(étude pour accordéon n°2)
date de composition : 1963
édition Helbling, Zürich, 1964 (n°002156), 2 p.

Étude en la mineur n°3

pour accordéon
date de composition : 1963 ?
1 page mansucrite. Inédit

2. œuvres d'apprentissage

Suite en mi

pour flûte, hautbois et basson
date de composition : 1965
quatre mouvements :
I tempo di marcia, II Andante ma non troppo, III Scherzino, IV Moderato
inédit

Passacaille

pour accordéon
date de composition : juillet 1966
lieu de composition : Paris
inédit
effectif : accordéon
dédicace : *À Madame Darrou*

Épode extrait de "La muse qui est la grâce"

[à l'état d'esquisses]
date de composition : 1967
effectif présumé : voix de baryton, piano, percussions I et II (dont xylo, vibra, temple block, toms, caisse claire, cymbale(?), wood-block) [effectif similaire à celui des deux madrigaux]
texte : Paul Claudel

Deux madrigaux

pour voix de baryton, piano et percussion
date de composition : 1967
1/ Un son très pur...
2/ Hymne à la Matière
Inédit
effectif : voix de baryton, piano, percussion (deux exécutants) : vibra., xylo., caisse claire, tom-tom grave, médium, aigu, cymb. suspendue, triangle, temple-blocks (4 hauteurs), wood-block, maracas, claves
textes : 1/ Un son très pur, Extrait de Présence de Dieu au monde (Teilhard de Chardin)
2/ Hymne à la matière d'après Teilhard de Chardin
dédicaces :
1/ : *À Melle Jocelyne Simon*
2/ : *Au R.P. de Miscault*

Antigone

Musique de scène pour la pièce de Sophocle pour chœur et petit orchestre
date de composition : 1968

inédit
effectif : 1fl, 1cl.basse, 1 vlc, sop I, sop II, altos, ténors, basses, percussion, piano

Échanges

pour trois musiciens
date de composition : juillet et octobre 1968
inédit
effectif : contrebasse, piano (1 pianiste sur le clavier, 1 pianiste dans les cordes)

Répons

pour l'Abbaye Notre-Dame du Bec
date de composition : 1969
inédit
effectif : chœur à 3 voix dont 2 voix d'hommes au moins
texte : onomatopées

Mégalithes

pour quinze cuivres
date de composition : 1969
inédit
effectif : 4 trp, 3 trb ténors, 1 trbn basse, 6 cors en fa, 1 tuba / tuba cb
dédicace : *À la mémoire des victime de Biafra / « ... cette sorte d'idolâtrie artificielle pour laquelle on a perpétué l'usage des sacrifices humain » Lanza del Vasto*

Charme

pour clarinette seule
date de composition : août 1969
lieu de composition : Siena
partition éditée : Ricordi 132300, 1976

Perichoresis

pour 3 groupes instrumentaux
date de composition : juillet 1969-mars 1970.
lieu de composition : Paris
inédit
effectif :
groupe 1 : 1 alto, 1 cl.basse, 1 trbn. ténor, 2 pianos préparés
groupe 2 : 1 flûte (prend petite flûte), 1 cl. sib, 1 tuba, 1 harpe
groupe 3 : 1 trp en ut, 1 cor anglais, 1 cb, 1 percussion : 2 bongos, 2 tumbas, 1 gc, 1 tomtom basse, 4 temple blocks, 1 wood block, 2 maracas, 1 cymbale cloutée, 1 grande cymbale, 2 tam tams moyens, 1 marimba, 1 jeux de cloches-tubes, 1 jeu de crotales aiguës

Essais sur l'espace

date de composition : 1970
3 mouvements numérotées 1, 2, 3
inédit
effectif : piano, contrebasse, voix de baryton, cl. sib, bongos, cor anglais, vibraphone, trombone, flûte
commanditaire : M.J.C. de Rennes
texte : onomatopées

Initiation

pour trombone, voix de baryton et contrebasse
date de composition : août-octobre 1970
partition éditée : Ricordi R. 2387
texte : onomatopées

Vagues, Chemins, le Souffle

pour grand orchestre avec clarinette solo
date de composition : juillet 1970 - janvier 1972
partition éditée : Éditions Billaudot
effectif : 3.3.5.3/4.3.3.1/4perc./cordes (16.12.12.12.8)

Projet pour une pièce électroacoustique à partir de sons de clarinette

date de composition : 1971
inachevé
inédit

3. œuvres de maturité

D'eau et de pierre

date de composition : avril-octobre 1972
partition éditée : Salabert 1972
effectif :
Premier groupe (sonorisé) : 1.0.1.1/2.0.0.0/2vlns, 1alto, 1vlc, 1cb
Deuxième groupe : 0.2.1.0/0.1.2.1/2perc.

Dérives

pour deux groupes d'orchestre
date de composition : 1973-74
lieu de composition : Rome
partition éditée : Ricordi 132281, 1974
effectif :
- grand orchestre : 3.3.3.3/4.4.3.2/4perc./cordes(14.12.10.8.6)

- petit ensemble (amplifié): 1.0.2.1/sax/1.0.0.0/1accordéon/2vlns, 1alto, 1vlc, 1cb

Périodes

pour sept instruments
date de composition : février-mai 1974
lieu de composition : Rome
partition éditée: Ricordi 132243, 1974
effectif : fl (aussi fl en sol et picc), cl en la (aussi cl sib et cl mib), vln, alto, vlc, cb, trbn complet
dédicace : *À Jocelyne*

Partiels

pour 18 musiciens
date de composition : 1975
lieu de composition : Paris et Tirepois
partition éditée: Ricordi 132423, 1976
effectif : 2.1.3.0/2.0.1.0/accordéon/2perc./2vlns, 1alto, 1vlc, 1cb

Manifestations

pour petit orchestre de débutant
date de composition : 1976
1/ ... pour trouver le silence
2/ ... pour échapper à la télévision
3/ ... pour obtenir une aire de jeux...
partition éditée : 1/ Ricordi R. 2235, 1977
2/ Ricordi R. 2237, 1977
3/ Ricordi R. 2258, 1980
effectif :
1/ et 2/ : 2fl, 2 cl sib (ou sax mib), instrument aigu ad lib (orgue électrique, harmonium, accordéon, violon, etc.), instrument grave ad lib (cor, trombone, basson, orgue électrique, harmonium, etc.), 2 percussions (2 cymbales, 1 xylophone, 1 wood-block, 1 bongo, 1 caisse claire, 1 tom-tom), 4 solfégistes (matériaux divers), 1 piano (un ou deux instrumentistes), 2 guitares, 8 vlns (ou 6 vlns + 2 altos) , 4vlc, 1cb ad lib.
3/ : idem + 2 guitares

Atelier I

Appels
date de composition : 1976 ?
inédit
effectif : libre
partition d'improvisation

Prologue

pour alto seul
date de composition : 1976
partition éditée : Ricordi R 2248, 1978
dédicace : *A Gérard Caussé*

Modulations

pour 33 musiciens
date de composition : 1976-1977
partition éditée : Ricordi R 2246, 1978
effectif : 2.2.3.2/2.2.2.1/harpe/1clavier (orgue Hammond-piano-célesta), 3 perc., 5 vlns, 3 altos, 2 vlcs, 2 cbs
dédicace : *Pour Olivier Messiaen à l'occasion de son soixante dixième anniversaire*

Sortie vers la lumière du jour

date de composition : janvier-juillet 1978
partition éditée : Ricordi R 2256, 1978
effectif : 2.2.0.0/1.1.1.0/orgue électrique/2perc./2 vln, 1 alto, 1 vlc, 1 cb

Jour, Contre-jour

pour 13 musiciens, orgue électrique et bande magnétique 4 pistes
date de composition : 1979
lieu de composition : Paris
partition éditée : Ricordi R 2260, 1979
effectif : 2.2.0.0/1.1.1.0/orgue électrique/1perc./2 vln, 1 alto, 1 vlc, 1 cb, bande magnétique 4 pistes

Tempus ex machina

pour six percussionnistes
date de composition : 1979
partition éditée : Ricordi R.2270, 1980

Transitoires

pour grand orchestre
date de composition : 1980-1981
lieu de composition : Berlin
partition éditée : Ricordi R.2311
effectif : 4.4.5.2/2sax/4.4.3.1/harpe/accordéon/orgue Hammond/guitare/ 4 perc/ cordes (12.10.10.8.6)

Solo pour deux

pour clarinette en sib et trombone
date de composition : avril-juin 1981
lieu de composition : Berlin
partition éditée : Ricordi R.2313, 1983
dédicace : *Pour Michel Arrignon et Beni Sluchin*

Les Chants de l'Amour

pour douze voix mixtes et bande magnétique quatre pistes
date de composition : 1982-84
lieu de composition : Paris, Berkeley
partition éditée : Ricordi R.2363, 1984
textes : originaux + extrait de *Rayeula* de Cortazar
effectif : 3 soprani, 3 contralti, 3 ténors, 3 basses, bande

Anubis, Nout

deux pièces pour clarinette contrebasse en si bémol
date de composition : juillet, août 1983
lieu de composition : Berkeley
partition éditée : Ricordi R.2362
dédicace : *À la mémoire de mon ami Claude Vivier, assassiné en mars 1983 / composé pour Harry Sparnaay*

Épilogue

pour grand orchestre
date de composition : 1985
lieux de composition : Berkeley, Paris
partition éditée : Ricordi R.2383, 1985
effectif : identiques à Transitoires
dernière pièce des **Espaces acoustiques** (Prologue, Périodes, Partiels, Modulations, Transitoires, Épilogue), ne peut être joué isolément.

Talea

pour flûte, clarinette, violon, violoncelle et piano
date de composition : 1985-86
lieux de composition : Paris, Berkeley, Bruxelles
partition éditée : Ricordi R.2410, 1986

Accords perdus

Cinq miniatures pour deux cors en fa
date de composition : 1987
lieu de composition : Bruxelles
1/ Mouvement, 2/ Accord perdu, 3/ Faux mouvement, 4/ Cor à cor, 5/ Chute
partition éditée : Ricordi R.2436, 1988
dédicace : *Pour Elliott Carter, à l'occasion de son 80e anniversaire*

Le Temps et l'Écume

pour 4 percussionnistes, 2 synthétiseurs et orchestre de chambre
date de composition : 1988-89
lieu de composition : Paris, Bruxelles
partition éditée : Ricordi R. 2471, 1989
effectif : 2.2.3.2/2.2.2.0/4perc./2synthé/4 vln, 2 altos, 2 vlc, 2 cb

Le Noir de l'Étoile

pour six percussionnistes, bande magnétique et retransmission *in situ* de signaux astronomiques
date de composition : 1989-1990
lieux de composition : Bruxelles, Paris, San Lorenzo
partition éditée : Ricordi R.2758, 1990
dédicace : *Pour mon fils Raphaël, affectueusement et pour les Percussions de Strasbourg*

Anubis et Nout

deux pièces pour saxophone basse en sib ou saxophone baryton en mib
date de composition : mai 1990
lieu de composition : Paris
partition éditée : Ricordi R 2496, 1990
dédicace : *Pour Claude Delangle*

L'Icône paradoxale

(Hommage à Piero della Francesca)
pour deux voix de femmes et grand orchestre divisé en deux groupes
date de composition : 1992-1994
lieux de composition : Paris, Bruxelles, San Lorrenzo, Schlanz, Dieulefit, St Genest Malifaux, St Polgues
partition éditée : Ricordi R. 2676, 1994
textes : signatures de Piero della Francesca, extraits de *De prospectiva pingendi* (traité de perspective de Piero della Francesca)
effectif : 4.2.5.4/1sax/4.4.3.2/6perc./1piano (aussi célesta)/ cordes (14.12. 10.8.8), soprano, mezzo-soprano

Vortex Temporum I, II, III

pour piano et cinq instruments
date de composition : 1994-1996 (I : 1994-1995, II: 1995, III: 1996)
lieu de composition : II et III : Paris
partition éditée : Ricordi R. 2714, 1995
effectif : fl (do, picc, sol, fl basse), cl (sib, la, cl b sib), vln, alto, vlc, piano
dédicaces : I : *A Gérard Zinsstag*
II : *A Salvatore Sciarrino*
III : *A Helmut Lachenmann*
remarque : on peut jouer soit I, II, III, soit I, II

Stèle

pour deux percussionnistes
date de composition : janvier 1995
lieu de composition : Schlans
partition éditée : Ricordi R.2708, 1995
effectif : 2 grosses caisses
dédicace : *À la mémoire de Dominique Troncin*

Quatre Chants pour franchir le seuil

pour voix de soprano et quinze musiciens
date de composition : 1996-98
1/ D'après *Les heures à la nuit* de Guez Ricord
2/ D'après *Les sarcophages égyptiens du moyen empire*
3/ D'après *Erinna*
4/ D'après *L'épopée de Gilgamesh*
partition éditée : Ricordi R.2862, 1998
sources des textes :
1/ Guez Ricord, Christian Gabriel/le, *Les Heures à la nuit* suivi de *« Le sujet de ma poésie c'est ma poésie »*, La Sétérée 1992 Jacques Clerc éditeur.
2/ *Textes des sarcophages égyptiens du Moyen Empire*, introduction et traduction de Paul Barguet, publié avec le concours du CNRS, éditions du Cerf, Paris, 1986, 725p.
3/ Yourcenar, Marguerite, *La couronne et la lyre : poèmes*, Gallimard, 1979, 481p.
4/ *L'Épopée de Gilgames. Le grand homme qui ne voulait pas mourir*, traduit de l'akkadien et présenté par Jean Bottéro, Gallimard, 1992, 299p.
effectif : 1.0.2.0/2sax/0.1.0.1/harpe/3perc./1vln, 1vlc, 1cb

esquisses pour une œuvre pour voix de mezzo et contrebasse

date de composition : 1998
commanditaire : Stefano Scodanibbio
texte : d'après un poème de Samuel Beckett (*Mirlitonnades*, Paris, Les Éditions de Minuit, 1978)

Bibliographie

Écrits et entretiens de Gérard Grisey :

« Zur Enstehung des Klanges », *Darmstädter Beitrage zur Neuen Musik*, XVII, Mainz, Schott, 1978, pp.73-79.

« La musique, le devenir des sons », *Darmstädter Beitrage zur Neuen Musik*, XIX, Mainz, Schott, 1982, pp.16-23 ; in *Conséquences*, n°7-8, 1985-86 ; in *La Revue Musicale*, n°421-424, Paris, Richard-Masse, 1991, pp.291-300 ; in *Vingt-cinq ans de création musicale contemporaine. L'Itinéraire en temps réel*, dir. Danielle Cohen-Levinas, Paris, L'Itinéraire / L'Harmattan, 1998.

« Tempus ex Machina », *Neuland*, Ansätze zur Neuen Musik der Gegenwart, Jahrbuch, Band 3, 1982-83, pp.190-202.

Texte pour le catalogue d'une exposition de Nicole Bottet, galerie Nichido, Paris, 1985

« Devenir du son », *Siècle*, n°1, printemps 1986, pp.130-136. (Extraits en français de « Zur Enstehung des Klanges »)

« Paris, Berlin, Berkeley », *XXème siècle. Images de la musique française*, textes et entretiens réunis et présentés par J.P.Derrien, Paris, Sacem/Papiers, 1986, pp.102-105.

« Tempus ex Machina », version revue et complétée, en anglais dans *Contemporary Music Review*, London, Harwood Academic Publishers, 1987, vol.2, part 1, pp.239-275 ; en français dans *Entretemps*, n°8, Paris, 9/1989, pp.83-119.

Interview par Ivanka Stoïanova, plaquette éditions Ricordi, Paris, 1990, pp.22-23.

« Le goût de l'aventure », *Ars Musica '90*, « new gesture and virtuosity in music », 1990, pp.21-22.

« Structuration des timbres dans la musique instrumentale », *Le timbre : métaphore pour la composition*, Paris, IRCAM/Bourgois, 1991, pp.352-385.

« Autoportrait avec l'Itinéraire », *La Revue Musicale*, n°421-424, 1991, pp.41-50 ; *Vingt-cinq ans de création musicale contemporaine. L'Itinéraire en temps réel*, dir. Danielle Cohen-Levinas, Paris, L'Itinéraire / L'Harmattan, 1998.

Entretien avec Stephen Dunkelman, *Les cahiers de l'Acme*, n°118, Bruxelles, 31/07/1991, pp.33-37.
« Le temps de le prendre », *Cahiers du Renard*, n°15, 12/1993, pp.13-17.
« Henri Dutilleux novateur ! », *Revue Musicale de Suisse Romande*, n°3, septembre 1994, p.53.
Écrits, Paris, L'Itinéraire / L'Harmattan, à paraître.

Sur Gérard Grisey :

Catalogue des œuvres, Milan, éditions Ricordi, 1998.
Hommage à Gérard Grisey, pour une esthétique de la création musicale, dir. Danielle Cohen-Levinas, actes de colloque (Sorbonne, juin 1999), Paris, L'Itinéraire / L'Harmattan, à paraître.
BAILLET, Jérôme, 1995, *Aspects formels de la musique de Gérard Grisey*, mémoire de D.E.A. (IRCAM/EHESS), dir. Hugues Dufourt, 1995.
BAILLET, Jérôme, « Du son au sens, l'ultime dérive de Gérard Grisey », *Accents*, journal de l'Ensemble Intercontemporain, n°9, septembre-décembre 1999.
BUNDLER, David, « A Broadband Interview with Gérard Grisey », *20th Century Music*, mars 1996.
CASTANET, Pierre-Albert, « Fin de siècle : portrait de Gérard Grisey en compagnie de ses contemporains », programme *Musica 96*, 1996, pp.21-24.
COHEN-LEVINAS, Danielle, « Gérard Grisey : du spectralisme formalisé au spectralisme historicisé », *La Revue Musicale*, n°421-424, 1991, pp.51-61 ; *Vingt-cinq ans de création musicale contemporaine. L'Itinéraire en temps réel*, Paris, L'Itinéraire / L'Harmattan, 1998.
CONDE, Gérard, « Retour à l'évidence musicale. Une rencontre avec Gérard Grisey », *Le Monde*, 7 mars 1978.
DE LA CRUZ PADRON LOPEZ - LE DILLY, Maria, *Aspects de la musique spectrale : Modulations de Gérard Grisey*, mémoire de D.E.A (IRCAM/ EHESS), dir. Hugues Dufourt, 1993.
GRISEY, G., BARRIERE, J.B., BAISNEE, P.F., « Les Chants de l'Amour, a piece for computer, generated tape and mixed choir », *Proceedings of the International Computer Music Conference*, San Francisco, The Computer Music Association, 1985.
HERVE, Jean-Luc, « Vortex Temporum de Gérard Grisey, l'abolition du matériau au profit de la durée pure », *Musik und Ästhetik*, Stuttgart, éd. Klett-Cotta, 10/1997.
JUGY, Pascal, *"Le Noir de l'Etoile" de Gérard Grisey pour les Percussions de Strasbourg*, rapport de stage, diplôme d'Université "Directeur du son", centre PRIMUS, Université des sciences humaines de Strasbourg, janvier 1992, 66p.
LELONG, Guy, « Les dérives sonores de Gérard Grisey », *Art Press*, n°123, Paris, 1988, pp.45-47.
LUMINET, Jean-Pierre, « Musique avec pulsar obligé. A propos du Noir de l'Etoile de Gérard Grisey », *Les cahiers de l'IRCAM*, n°4, Paris, éd. Ircam - Centre Georges Pompidou, 1993, pp.133-143.

MERIGAUD, Bernard, « Pour l'amour du spectre », *Télérama*, n°2526, Paris, 10 juin 1998, pp.61-62.
NAJARRO, Jean-Philippo, *A propos de Talea et Jour, Contre-jour de Gérard Grisey*, Paris, L'Itinéraire, 1991, 11p.
ORCALLI, Angelo, *Gérard Grisey nell'estetica dell'Itinéraire*, Padova, Imprimatur, 1990, 102p.
ORCALLI, A., « Gérard Grisey, la "durée réelle" e la dilatazione del tempo musicale », *Sonus*, n°4, 1991, pp.38-68.
ORCALLI, A., *Fenomenologia della musica sperimentale*, Sonus Edizioni Musicali, Potenza, 1993, 328p.
SANDRED, Örjan : *Temporal structures and time perception in the music of Gérard Grisey*, Mc Gill University, Faculty of Music, Montréal.
SOLOMOS, Makis, « L'identité du son. Notes croisées sur Jonathan Harvey et Gérard Grisey », *Résonance*, n°13, 1998, pp.12-15.
WILSON, Peter Niklas, « Unterwegs zu einer "Ökologie des Klänge" : Gérard Griseys Partiels und die Ästhetik der Groupe de l'Itinéraire », *Melos*, Mainz, Schott, 2/1988, pp.33-55 ; traduction française par Martin Kaltenecker dans *Entretemps*, n°8, Paris, 1989, pp.55-81.
WINTLE, Christopher, « Gérard Grisey : New Sources of Invention », *IAMS newsletter* (Institute of Advanced Musical Studies), n°6, january 1996, pp.19-21.

Autres références :

Entretemps, n°8 « Grisey-Murail », Paris, septembre 1989.
Vingt-cinq ans de création musicale contemporaine. L'Itinéraire en temps réel, dir. Danielle Cohen-Levinas, Paris, L'Itinéraire / L'Harmattan, 1998, 575p., première édition par *La Revue Musicale*, n°421-424, 1991.
ANDERSON, Julian, 1996 : Entretien avec Tristan Murail, texte de présentation du CD Ades 205212 (Serendib, L'esprit des dunes, Désintégration, EIC, dir. David Robertson), pp.37-47.
BONNET, Antoine, 1991 : *Conditions et possibilités actuelles de la composition musicale*, diplôme de doctorat Sciences humaines - Musique, Université de Tours, dir. C. Deliège, J.M. Vaccaro, 377p. [pour la notion de processus]
COHEN-LEVINAS, Danielle, « Entretien avec Tristan Murail », *Les cahiers de l'IRCAM*, n°1, Paris, éd. Ircam - Centre Georges Pompidou, 1992, pp.19-34.
COHEN-LEVINAS, Danielle, « Combinatoire sérielle, maïeutique spectrale : une généalogie du matériau », *Musurgia*, vol.3, n°3, « Création musicale et analyse aujourd'hui », Paris, éd. Eska, 1996, pp.81-89.
COURTOT, Francis, « Image et figure », *L'espace : Musique / Philosophie*, dir. Jean-Marc Chouvel / Makis Solomos, Paris, L'Harmattan, 1998, pp.73-83.
DALBAVIE, Marc-André, « Pour sortir de l'avant-garde », *Le timbre, métaphore pour la composition*, Paris, IRCAM/Christian Bourgois, 1991, pp.303-334.

DUFOURT, Hugues, *Musique, pouvoir, écriture*, Paris, Christian Bourgois, 1991, en particulier « Timbre et espace » pp. 275-88, « Musique spectrale » pp.289-94.

DUFOURT, Hugues, « L'espace sonore, "paradigme" de la musique de la seconde moitié du XXème siècle », *L'espace : Musique / Philosophie*, dir. Jean-Marc Chouvel / Makis Solomos, Paris, L'Harmattan, 1998, pp.177-186.

HUMBERTCLAUDE, Éric, « Le reflet d'une oreille », *XXe siècle. Images de la musique française*, Paris, Sacem/Papiers, 1986, pp.62-69.

HUMBERTCLAUDE, Éric, *La transcription dans Boulez et Murail. De l'oreille à l'éveil*, Paris, L'Harmattan, 1999, 96p.

HUREL, Philippe, « Le phénomène sonore, un modèle pour la composition », *Le timbre, métaphore pour la composition*, Paris, IRCAM/ Christian Bourgois, 1991, pp.261-271.

LELONG, Guy, « Nouvelles inductions musicales », *Art Press*, n°145, Paris, mars 1990, pp.48-50.

LEVY, Fabien, « Le tournant des années 70 : de la perception induite par la structure aux processus déduits de la perception », *Hommage à Gérard Grisey*, Paris, L'Itinéraire / L'Harmattan, à paraître.

MOSCOVITCH, Viviana, « French spectral music : an introduction », *Tempo*, n°200, London, avril 1997, pp.21-27.

MURAIL, Tristan, « La révolution des sons complexes », *Darmstädter Beitrage zur Neuen Musik*, XVIII, Mainz, Schott, 1980, pp.77-92.

MURAIL, T., « Spectres et lutins », *Darmstädter Beitrage zur Neuen Musik*, XIX, Mainz, Schott, 1982, pp. 24-34 ; *La Revue Musicale*, n°421-424, 1991, pp.309-322.

MURAIL, T., « Questions de cible », *Entretemps*, n°8, Paris, 1989, pp.147-172.

MURAIL, T., « Écrire avec le live-electronic », *La Revue Musicale*, n°421-424, 1991, pp.93-103 ; *Vingt-cinq ans de création musicale contemporaine. L'Itinéraire en temps réel*, Paris, L'Itinéraire / L'Harmattan, 1998.

NICEPHOR, Sylvie, « L'itinéraire de 1973 à 1983 : le renouvellement du matériau sonore », *Revue Internationale de Musique Française*, n°30, nov.1989, pp.63-72.

PERRAUD, Edward, *Approche de la personnalité musicale de Tristan Murail, et analyse de la modélisation fractale de sa pièce Serendib*, mémoire de D.E.A. (IRCAM / EHESS), dir. Hugues Dufourt, 1995.

UHRING, Jérôme, *Mémoire/Érosion de Tristan Murail. Aperçu des nouveaux modèles compositionnels : l'esthétique de l'Itinéraire et de Tristan Murail*, maîtrise de musicologie, Université Lumière Lyon 2, dir. Daniel Kawka, 1992.

Discographie

Initiation : J.F. Jenny Clark, A. Duhamel, S. Sakkas
Point Radiant LPL 3200

Dérives ; *Partiels* : Orchestre National de France, dir. Jacques Mercier
Erato STU 71157

Modulations : Ensemble InterContemporain, dir. Pierre Boulez
Erato ECD 88263
Erato 4509-98496-2
Erato 0630-15993-2

Talea : Ensemble de l'Itinéraire, dir. Pascal Rophé
Fonit Cetra CDC 59

Talea ; *Prologue* ; *Anubis* ; *Nout* ; *Jour, Contre-jour* : Gérard Caussé, Claude Delangle, Ensemble L'Itinéraire, dir. Mark Foster et Pascal Rophé
Accord 201952

Talea : Kammarensemble N, direction B.Tommy Anderson
Caprice CAP 21181

Stèle : Ensemble FA : Nicolas Piguet, Thierry Miroglio
MFA 216007

Vortex Temporum I, II, III ; *Talea* : Ensemble Recherche, dir. Kwamé Ryan
Accord 206352

Les Espaces acoustiques : Ensemble Court-Circuit, dir. Pierre-André Valade, Frankfurter Museumsorchester, dir. Sylvain Cambreling
Accord 206532

Index des noms

Index des œuvres citées

Table

Collection Univers Musical
dirigée par Anne-Marie Green

La collection *Univers Musical* est créée pour donner la parole à tous ceux qui produisent des études tant d'analyse que de synthèse concernant le domaine musical.
Son ambition est de proposer un panorama de la recherche actuelle et de promouvoir une ouverture musicologique nécessaire pour maintenir en éveil la réflexion sur l'ensemble des faits musicaux contemporains ou historiquement marqués.

Déjà parus

GELIOT Christine, *Mel Bonis, femme et compositeur (1858-1937)*, 2000.
GUILLON Roland, *Le hard bop*, 2000.
MOUSNIER Philippe, *Pierre Monteux*, 2000.
REY Xavier, *Niccolò Paganini, le romantique italien*, 1999.
JOOS Maxime, *La perception du temps musical chez Henri Dutilleux*, 1999.
HUMBERTCLAUDE Éric, *La transcription dans Boulez et Murail*, 1999.
HACQUARD Georges, *La dame de six, Germaine Tailleferre*, 1998.
GUIRARD Laurent, *Abandonner la musique ?* 1998.
BAUER-LECHNER Natalie, *Mahleriana, souvenirs de Gustave Mahler*, 1998.

655749 - Mai 2016
Achevé d'imprimer par

1livre.com
du rêve à la réalité !